山东工商学院2023年度特色研究项目（共同富裕专项）资助

新时代财富管理研究文库

Bridging the Gap:Shandong's Journey to
Common Prosperity

弥合差距：
山东省共同富裕研究（2022）

山东工商学院共同富裕研究院／著

经济管理出版社
ECONOMY & MANAGEMENT PUBLISHING HOUSE

图书在版编目（CIP）数据

弥合差距：山东省共同富裕研究 . 2022/山东工商学院共同富裕研究院著 . —北京：经济管
理出版社，2023. 10
ISBN 978-7-5096-9404-6

Ⅰ. ①弥…　Ⅱ. ①山…　Ⅲ. ①共同富裕—研究—山东—2022　Ⅳ. ①F127. 52

中国国家版本馆 CIP 数据核字（2023）第 205638 号

组稿编辑：赵天宇
责任编辑：赵天宇
责任印制：许　艳
责任校对：张晓燕

出版发行：经济管理出版社
　　　　　（北京市海淀区北蜂窝 8 号中雅大厦 A 座 11 层　100038）
网　　　址：www. E-mp. com. cn
电　　　话：（010）51915602
印　　　刷：唐山昊达印刷有限公司
经　　　销：新华书店
开　　　本：720mm×1000mm/16
印　　　张：15. 75
字　　　数：318 千字
版　　　次：2023 年 10 月第 1 版　　2023 年 10 月第 1 次印刷
书　　　号：ISBN 978-7-5096-9404-6
定　　　价：88. 00 元

本书作者

（按姓氏笔画排序）

于凤琴　王君玲　王晓娟　王鑫影　方　舟　宁国星
刘振琦　李　跃　孙　颖　闫　晴　陈仙月　陈邵阳
辛　波　张添胜　张咏梅　岳宗福　金　星　国鑫宇
林　悦　娄译丹　郭凯杰　唐寿山　高晓峰　傅志明
廖少宏　魏　俊

"新时代财富管理研究文库"总序

我国经济持续快速发展，社会财富实现巨量积累，财富管理需求旺盛，财富管理机构、产品和服务日渐丰富，财富管理行业发展迅速。财富管理实践既为理论研究提供了丰富的研究素材，同时也越发需要理论的指导。

现代意义上的财富管理研究越来越具有综合性、跨学科特征。从其研究对象和研究领域看，财富管理研究可分为微观、中观、宏观三个层面。微观层面，主要包括财富管理客户需求与行为特征、财富管理产品的创设运行、财富管理机构的经营管理等。中观层面，主要包括财富管理行业的整体性研究、基于财富管理视角的产业金融和区域金融研究等。宏观层面，主要包括基于财富管理视角的社会融资规模研究、对财富管理体系的宏观审慎监管及相关政策法律体系研究，以及国家财富安全、全球视域的财富管理研究等。可以说，财富管理研究纵贯社会财富的生产、分配、消费和传承等各个环节，横跨个人、家庭、企业、各类社会组织、国家等不同层面主体的财富管理、风险防控，展现了广阔的发展空间和强大的生命力。在国家提出推动共同富裕取得更为明显的实质性进展的历史大背景下，财富管理研究凸显出更加重要的学术价值和现实意义。"新时代财富管理研究文库"的推出，意在跟踪新时代下我国财富管理实践发展，推进财富管理关键问题研究，为我国财富管理理论创新贡献一份力量。

山东工商学院是一所以经济、管理、信息学科见长，经济学、管理学、理学、工学、文学、法学多学科协调发展的财经类高校。学校自2018年第三次党代会以来，立足办学特点与优势，紧密对接国家战略和经济社会发展需求，聚焦财商教育办学特色和财富管理学科特色，推进"学科+财富管理"融合发展，构建"素质+专业+创新创业+财商教育"的复合型人才培养模式，成立财富管理学院、公益慈善学院等特色学院和中国第三次分配研究院、共同富裕研究院、中国艺术财富高等研究院、黄金财富研究院等特色研究机构，获批慈善管理本科专业，深入推进财富管理方向研究生培养，在人才培养、平台搭建、科学研究等方面有了一定的积累，为本文库的出版奠定了基础。

未来，山东工商学院将密切跟踪我国财富管理实践发展，不断丰富选题，提高质量，持续产出财富管理和财商教育方面的教学科研成果，把"新时代财富管理研究文库"和学校 2020 年推出的"新时代财商教育系列教材"一起打造成为姊妹品牌和精品项目，为中国特色财富管理事业持续健康发展做出贡献。

目 录

第五篇 乡村振兴与共同富裕

第一篇

水平测度与区域差异

省际共同富裕水平测度研究

一、共同富裕的内涵

共同富裕是中国式现代化的必然要求，亦是一个长期的历史过程。习近平总书记在《求是》撰文提出"共同富裕是全体人民共同富裕，是人民群众物质生活和精神生活都富裕，不是少数人的富裕，也不是整齐划一的平均主义"[①]。在党的二十大报告中，习近平总书记更是多次提及共同富裕，并明确了时间表和路线图。共同富裕具有鲜明的时代特征和中国特色，其内涵亦在不断丰富和发展。

专家学者从共同富裕的主体、内容、方式和过程四个维度，对共同富裕的内涵开展大量研究。从共富主体维度研究认为，共同富裕是国家富强和人民富裕的统一，国家富强为人民富裕提供物质基础，人民富裕是国家富强题中的应有之义。[②] 共同富裕不是少数人或部分人的富裕[③][④]，而是惠及全体人民的富裕[⑤]，要求人人共享经济发展果实。从共富内容维度研究认为，共同富裕是全面富裕，不仅是物质水平上的富裕，也包括精神生活上的富裕，是物质富裕和精神富裕的统一。[⑥] 共同富裕是多维度、高水平的富裕，是物质、精神、政治、社会和生态等

① 习近平. 扎实推动共同富裕 [J]. 求是，2021 (20)：4-8.

② 屠静芬，曹珍. 新时代共同富裕三维探析：内涵、价值、路径 [J]. 石河子大学学报（哲学社会科学版），2022，36 (2)：18-24.

③ 钞小静，任保平. 新发展阶段共同富裕理论内涵及评价指标体系构建 [J]. 财经问题研究，2022 (7)：3-11.

④ 王海燕. 共同富裕的内涵特征、时代必然性和工作重点 [J]. 人民论坛·学术前沿，2022 (Z1)：103-108.

⑤ 蒲清平，向往. 新时代共同富裕的内涵特征、现实困境、实现机制与实践进路 [J]. 新疆师范大学学报（哲学社会科学版），2022 (6)：15-26.

⑥ 刘洪森. 新时代共同富裕的生成逻辑、科学内涵和实践路径 [J]. 思想理论教育，2022 (3)：23-29.

方面的全方位富裕①②，而不单是物质享受、资源占有。共同富裕涉及人们对美好生活向往的方方面面，是实现人的全面发展和社会全面进步的统一，是政治、经济、社会、文化和生态建设"五位一体"高度综合协调的发展状态③。从共富方式维度研究认为，共同富裕并不是两极分化，也不是"劫富济贫"，更不是同时富裕、同步富裕和同等富裕④，共同富裕是在消灭贫穷和"两极分化"基础上的差别富裕。共同富裕不是平均主义，是普遍富裕与适度差距的统一，是富裕社会的全体成员人人都达到富裕水平但存在合理差距的普遍富裕。从共富过程维度研究认为，共同富裕不仅是一个经济问题，也是一个政治问题。共同富裕是分阶段全过程促进的全程富裕⑤，是阶段目标和长远目标的统一，是动态发展的渐进过程。共同富裕的实现需要全体人民的共同努力，不能急于求成、一蹴而就，要脚踏实地、久久为功。综上分析，共同富裕应是惠及全体人民的富裕，是物质、精神、政治、社会和生态等方面的全方位富裕，是在消灭贫穷和"两极分化"基础上的差别富裕，是分阶段动态发展实现的富裕。

二、省际共同富裕评价指标体系构建

共同富裕评价指标体系构建是衡量共同富裕水平、制订和完善共同富裕方案的基础和前提。国外学者认为共同富裕是共享经济成果、共享发展、包容性增长的发展过程，包含发展与共享两个维度，人人平等共享发展成果，共享繁荣溢价。⑥ 最初，国内学者仅从物质层面评价共同富裕水平，并从"总体富裕"和"共享富裕"两个维度构建共同富裕评价指标体系，具体表现为人均国民收入和人均可支配基尼系数两个维度相乘的几何平均。⑦ 随着共同富裕内涵的不断丰富、发展，专家学者认为"做大蛋糕"的同时还要考虑如何"分配好蛋糕"；在物质生活富足的同时，也要兼顾精神文化的自立自强、公共服务的普及普惠。进而，开始从物质、精神和社会三个维度构建评价指标体系，即在富裕水平、居民收入等指标的基础上，纳入城乡差距、区域差距、精神文化生活水平、公共服务

① 张耀军，张玮 . 共同富裕与区域经济协调发展 ［J］. 区域经济评论，2022（4）：5-15.

② 贾则琴，龚晓莺 . 新时代共同富裕的时代内涵、长效困境与实现路径 ［J］. 新疆社会科学，2022（4）：20-29+188.

③ 宋群 . 我国共同富裕的内涵、特征及评价指标初探 ［J］. 全球化，2014（1）：35-47+124.

④ 胡鞍钢，周绍杰 . 2035 中国：迈向共同富裕 ［J］. 北京工业大学学报（社会科学版），2022，22（1）：1-22.

⑤ 周文，施炫伶 . 共同富裕的内涵特征与实践路径 ［J］. 政治经济学评论，2022，13（3）：3-23.

⑥ Stiglitz J E，Meier G M. Frontiers of Development Economics ［J］. World Bank Publications，2001，34（100）：965-968.

⑦ 万海远，陈基平 . 共同富裕的理论内涵与量化方法 ［J］. 财贸经济，2021，42（12）：18-33.

普惠水平等指标①②。此外，陈丽君等（2021）从发展性、共享性及可持续性三个维度构建评价指标体系③；李金昌和余卫（2022）从共同富裕过程和结果视角对共同富裕指标进行考量④；吕新博和赵伟（2021）借鉴 MPI 指标体系，从教育、健康、生活水平、生活环境四个维度构建了评价指标体系⑤。

综上所述，专家学者从不同的视角对共同富裕的内涵和评价指标体系进行研究，取得了丰硕的研究成果，但目前对于共同富裕评价指标体系还没有达成共识。多数研究主要从"富裕"和"共享"两个维度评价；虽然也有学者从多个维度评价共同富裕，但多为理论分析，鲜有实证研究。共同富裕是中国式现代化的价值目标，应涵盖经济、政治、文化、社会、生态等多个方面⑥⑦，是一种全社会综合发展的高级状态，更具体地说是指全体人民普遍达到生活富裕富足、精神自信自强、环境宜居宜业、社会和谐和睦和公共服务普及普惠的目标，实现人的全面发展和社会全面进步，共享改革发展成果和幸福美好生活的一种社会状态。

基于已有的研究成果⑧，遵循客观性、科学性、全面性和代表性等原则，从"五位一体"总体布局视角构建省际共同富裕评价指标体系，包括治理能力、经济富裕、民生福祉、精神富足以及生态环境 5 个一级指标，社会组织、公共服务财政支出总额等 17 个二级指标，以及 29 个三级指标（见表 1-1-1）。

表 1-1-1　中国省际共同富裕指标体系构成及其说明

一级指标	二级指标	三级指标	参考文献	指标属性	
				指标方向	数据来源
治理能力	社会组织	社会组织数量	作者设计	正向	国家统计局网站
	公共服务财政支出总额	一般公共服务财政支出	周成等，2021①	正向	国家统计局网站
	城镇化率	年末城镇人口占总人口比例	李旭辉等，2018②	正向	国家统计局网站

①　孙学涛，于婷，于法稳. 新型城镇化对共同富裕的影响及其作用机制——基于中国 281 个城市的分析 [J]. 广东财经大学学报，2022，37（2）：71-87.

②　刘培林，钱滔，黄先海，董雪兵. 共同富裕的内涵、实现路径与测度方法 [J]. 管理世界，2021，37（8）：117-129.

③　陈丽君，郁建兴，徐铱娜. 共同富裕指数模型的构建 [J]. 治理研究，2021，37（4）：5-16+2.

④　李金昌，余卫. 共同富裕统计监测评价探讨 [J]. 统计研究，2022，39（2）：3-17.

⑤　吕新博，赵伟. 基于多维测度的共同富裕评价指标体系研究 [J]. 科学决策，2021（12）：119-132.

⑥　方世南. 新时代共同富裕：内涵、价值和路径 [J]. 学术探索，2021（11）：1-7.

⑦　毛勒堂. 作为总体性的共同富裕及其实现路径 [J]. 思想理论教育，2022（3）：4-9.

⑧　徐政，郑霖豪. 高质量发展促进共同富裕的内在逻辑与路径选择 [J]. 重庆大学学报（社会科学版），2022（4）：39-52.

续表

一级指标	二级指标	三级指标	参考文献	指标属性	
				指标方向	数据来源
经济富裕	创新驱动	R&D 经费支出占 GDP 的比重	成春林等，2022③	正向	国家统计局网站
		每万人发明专利授权量	成春林等，2022③	正向	国家统计局网站
	经济效率	人均 GDP	李金昌和余卫，2022④	正向	国家统计局网站
		劳动生产率	李旭辉和朱启贵，2018⑤	正向	国家统计局网站
	收入保障	城镇登记失业率	李金昌和余卫，2022④	负向	国家统计局网站
		人均可支配收入	李金昌和余卫，2022④	正向	国家统计局网站
	结构优化	恩格尔系数	李金昌和余卫，2022④	负向	国家统计局网站、《中国统计年鉴》
		第三产业占 GDP 的比重	唐娟和秦放鸣，2022⑥	正向	国家统计局网站
民生福祉	医疗健康	每万人拥有卫生技术人员数	许宪春等，2019⑦	正向	国家统计局网站
		每万人拥有医疗卫生机构床位数	许宪春等，2019⑦	正向	国家统计局网站
	交通	高速公路里程数	作者设计	正向	国家统计局网站
		每万人拥有公共交通车辆数	李金昌和余卫，2022④	正向	国家统计局网站
	社会保障	城镇职工养老保险参保率	许宪春等，2019⑦	正向	国家统计局网站
		社会保障支出占 GDP 的比重	李旭辉和朱启贵，2018⑤	正向	国家统计局网站
	教育	每万人高等教育在校生人数	李金昌和余卫，2022④	正向	国家统计局网站
		教育支出占 GDP 的比重	周成等，2021①	正向	国家统计局网站
精神富足	素质提升	艺术表演场馆观众人次	作者设计	正向	国家统计局网站
		人均公共图书馆藏书量	李旭辉，2019⑧	正向	国家统计局网站、《中国统计年鉴》
	文化产业发展	居民文教娱乐服务占家庭消费支出的比重	李金昌和余卫，2022④	正向	国家统计局网站、《中国统计年鉴》

续表

一级 指标	二级指标	三级指标	参考文献	指标属性	
				指标 方向	数据来源
精神 富足	文化产业发展	人均教育文化娱乐消费 支出	李旭辉和朱启贵，2018⑤	正向	国家统计局网站、 《中国统计年鉴》
		文旅财政支出占比	王静和方德斌，2022⑨	正向	国家统计局网站
生态 环境	水质量	废水排放量中化学需氧量 排放量	周永道等，2018⑩	负向	国家统计局网站
	空气质量	二氧化碳排放总量	周永道等，2018⑩	负向	《中国统计年鉴》 等相关数据
	土壤质量	单位耕地面积化肥施用量	许宪春等，2019⑦	负向	国家统计局网站
	环境治理	生活垃圾无害化处理率	成春林等，2022③	正向	国家统计局网站
		城市污水日处理能力	成春林等，2022③	正向	国家统计局网站

注：①周成，张旭红，张倩，柳炳华．黄河流域"五位一体"综合评价体系建构与空间差异研究 [J]．中国沙漠，2021，41（4）：1-11．②李旭辉，朱启贵，胡加媛．基于"五位一体"总布局的长江经济带城市经济社会发展动态评价研究 [J]．统计与信息论坛，2018，33（7）：74-83．③成春林，李涵，陶士贵．长江经济带高质量发展指标体系构建与测度 [J]．统计与决策，2022，38（9）：99-103．④李金昌，余卫．共同富裕统计监测评价探讨 [J]．统计研究，2022，39（2）：3-17．⑤李旭辉，朱启贵．基于"五位一体"总布局的省域经济社会发展综合评价体系研究 [J]．中央财经大学学报，2018（9）：107-117+128．⑥唐娟，秦放鸣．中国经济高质量发展水平测度及驱动因素分析 [J]．统计与决策，2022，38（7）：87-91．⑦许宪春，郑正喜，张钟文．中国平衡发展状况及对策研究——基于"清华大学中国平衡发展指数"的综合分析 [J]．管理世界，2019，35（5）：15-28．⑧李旭辉．"五位一体"总布局视角下经济社会发展绩效综合评价研究——以中国"十二五"期间实证为例 [J]．科技管理研究，2019，39（6）：63-71．⑨王静，方德斌．基于"五位一体"的中国经济高质量发展指数研究 [J]．宏观经济研究，2022（5）：22-34+73．⑩周永道，孟宪超，喻志强．区域综合发展的"五位一体"评价指标体系研究 [J]．统计与信息论坛，2018，33（5）：19-25．

三、省际共同富裕水平测度

借鉴相关研究成果①，本书使用熵值法，将中国省际共同富裕指数定义为相对指数的方法进行测度。在权重设计方面，采用等权重法和熵值法相结合的方式。在"五位一体"总体布局中，经济、政治、文化、社会和生态五个方面同等重要，故各个维度的权重采用等权重法，均取 1/5。在各个维度下各指标的权重 ω_j 采用熵值法。计算过程如下：

---

① 孙豪，曹肖烨．中国省域共同富裕的测度与评价 [J]．浙江社会科学，2022（6）：4-18+155.

首先，为消除不同指标之间由于量纲或数量级不同所造成的影响，对原始数据进行标准化处理，使指标之间具有可比性。

正向公式：$X_{ij} = \dfrac{x_{ij} - \min\{x_j\}}{\max\{x_j\} - \min\{x_j\}}$ (1-1-1)

负向公式：$X_{ij} = \dfrac{\max\{x_j\} - x_{ij}}{\max\{x_j\} - \min\{x_j\}}$ (1-1-2)

其中，X_{ij} 为标准化后的数据，x_{ij} 为第 i 个评价对象的第 j 项指标；$\max\{x_j\}$ 和 $\min\{x_j\}$ 分别为第 j 项指标的最大值和最小值。

其次，三级指标权重确定为 $W_j = 1/5 \times \omega_j$。

$$p_{ij} = \dfrac{X_{ij}}{\sum\limits_{i=1}^{30} X_{ij}}$$ (1-1-3)

$$e_j = -\dfrac{1}{\ln 30} \times \sum_{i=1}^{30} p_{ij} \ln p_{ij}$$ (1-1-4)

$$\omega_j = \dfrac{1 - e_j}{\sum\limits_{j=1}^{m} 1 - e_j}$$ (1-1-5)

其中，p_{ij} 是第 j 项指标下第 i 个评价对象的权重，m 为各个维度下指标个数，ω_j 为不同维度下各指标的权重占比。

最后，计算共同富裕指数：

$$CP_i = \sum_{j=1}^{29} X_{ij} W_j$$ (1-1-6)

借助熵值法，基于前面构建的评价指标体系，对中国 30 个省级行政区（不包含香港、澳门、台湾和西藏）的共同富裕水平进行测算，并按照共同富裕指数均值的大小将其划分为三个梯队，其中 $CP_j \geq 0.5$ 划分为第一梯队，$0.5 > CP_j \geq 0.3$ 划分为第二梯队，$0.3 > CP_j \geq 0.2$ 划分为第三梯队，具体结果如表 1-1-2 所示。

从整体看，中国各省份共同富裕水平较低，距离共同富裕目标任重道远。分组别看，北京（0.6044）、上海（0.5269）、江苏（0.5082）3 个省份共同富裕指数相对较高，处于第一梯队；广东（0.4688）、浙江（0.4542）、山东（0.3578）等 5 个省份共同富裕指数属于偏中等水平，处于第二梯队；湖南（0.2934）、青海（0.2917）、四川（0.2903）等 22 个省份共同富裕指数偏低，处于第三梯队。从共同富裕均值水平来看，中国多数省共同富裕水平较低，集中于第三梯队，主要分布在中部和西部地区，第一梯队和第二梯队分布在东部地区。缩小区域差距是实现共同富裕的关键所在。

表1-1-2 中国省际共同富裕水平

梯队	地区	2008	2009	2010	2011	2012	2013	2014	2015	2016	2017	2018	2019	2020	均值
第一梯队	北京	0.6045	0.6201	0.6213	0.6313	0.6068	0.5958	0.5896	0.5995	0.6083	0.6039	0.6017	0.5972	0.5775	0.6044
	上海	0.5420	0.5484	0.5556	0.5715	0.5223	0.5248	0.5103	0.5243	0.5236	0.5216	0.5099	0.4986	0.4973	0.5269
	江苏	0.4406	0.4991	0.4863	0.5155	0.5180	0.5486	0.5449	0.5355	0.5281	0.5235	0.5057	0.4937	0.4671	0.5082
	广东	0.4646	0.4418	0.4622	0.4912	0.4751	0.4655	0.4428	0.4486	0.4661	0.4908	0.5159	0.4833	0.4466	0.4688
	浙江	0.3955	0.4363	0.4544	0.4598	0.4425	0.4365	0.4363	0.4507	0.4794	0.4607	0.4726	0.4894	0.4905	0.4542
第二梯队	山东	0.3862	0.3909	0.3645	0.3564	0.3675	0.3391	0.3340	0.3274	0.3484	0.3498	0.3620	0.3597	0.3652	0.3578
	天津	0.3729	0.3654	0.3741	0.3779	0.3626	0.3718	0.3588	0.3587	0.3554	0.3438	0.3347	0.3277	0.3373	0.3570
	辽宁	0.3196	0.3321	0.3317	0.3426	0.3623	0.3520	0.3456	0.3395	0.3560	0.3566	0.3748	0.3319	0.2934	0.3414
	湖南	0.2188	0.2388	0.2398	0.2623	0.2764	0.2758	0.3006	0.3156	0.3231	0.3315	0.3411	0.3478	0.3422	0.2934
	青海	0.2484	0.2622	0.2779	0.2851	0.2965	0.2759	0.3062	0.2991	0.2995	0.2937	0.2980	0.3080	0.3419	0.2917
	四川	0.2459	0.2652	0.2579	0.2800	0.3162	0.2988	0.2934	0.2926	0.2993	0.3056	0.3142	0.3104	0.2947	0.2903
	湖北	0.2518	0.2626	0.2634	0.2723	0.2859	0.2911	0.3076	0.3096	0.3140	0.3060	0.3053	0.2973	0.2667	0.2872
	陕西	0.2510	0.2712	0.2663	0.2880	0.2942	0.2872	0.2848	0.2840	0.2800	0.2695	0.2872	0.2819	0.2932	0.2799
第三梯队	福建	0.2511	0.2551	0.2614	0.2741	0.2818	0.2892	0.2808	0.2747	0.2581	0.2523	0.2659	0.2643	0.2715	0.2677
	内蒙古	0.2401	0.2607	0.2592	0.2590	0.2705	0.2619	0.2751	0.2757	0.2760	0.2760	0.2760	0.2634	0.2584	0.2655
	黑龙江	0.2414	0.2444	0.2465	0.2452	0.2498	0.2640	0.2615	0.2801	0.2919	0.2834	0.2720	0.2939	0.2659	0.2646
	新疆	0.2347	0.2452	0.2455	0.2542	0.2672	0.2639	0.2686	0.2782	0.2795	0.2658	0.2594	0.2612	0.2542	0.2598
	河南	0.2298	0.2466	0.2354	0.2471	0.2642	0.2522	0.2513	0.2491	0.2576	0.2628	0.2832	0.2886	0.2642	0.2563

续表

梯队	地区 年份 共同富裕指数	2008	2009	2010	2011	2012	2013	2014	2015	2016	2017	2018	2019	2020	均值
第三梯队	安徽	0.2166	0.2275	0.2277	0.2465	0.3169	0.2606	0.2557	0.2521	0.2470	0.2480	0.2639	0.2593	0.2557	0.2521
	山西	0.2304	0.2403	0.2444	0.2433	0.2577	0.2680	0.2599	0.2628	0.2546	0.2412	0.2548	0.2535	0.2522	0.2510
	吉林	0.2389	0.2325	0.2430	0.2464	0.2456	0.2474	0.2405	0.2640	0.2637	0.2512	0.2569	0.2502	0.2695	0.2500
	甘肃	0.2091	0.2107	0.2081	0.2074	0.2308	0.2350	0.2297	0.2476	0.2581	0.2704	0.2886	0.2886	0.2981	0.2448
	重庆	0.2122	0.2307	0.2403	0.2588	0.2522	0.2443	0.2489	0.2515	0.2546	0.2505	0.2580	0.2252	0.2480	0.2442
	河北	0.2322	0.2387	0.2285	0.2307	0.2402	0.2330	0.2278	0.2365	0.2458	0.2493	0.2734	0.2763	0.2614	0.2441
	宁夏	0.2113	0.1994	0.2439	0.2227	0.2195	0.2376	0.2467	0.2607	0.2586	0.2499	0.2581	0.2487	0.2610	0.2398
	广西	0.2064	0.2525	0.2293	0.2353	0.2408	0.2382	0.2366	0.2419	0.2394	0.2304	0.2494	0.2278	0.2376	0.2358
	江西	0.2013	0.2111	0.2084	0.2276	0.2467	0.2298	0.2278	0.2302	0.2181	0.2381	0.2498	0.2528	0.2589	0.2308
	云南	0.1924	0.1990	0.2058	0.2056	0.2192	0.2166	0.2109	0.2132	0.2245	0.2291	0.2347	0.2273	0.2416	0.2169
	贵州	0.1732	0.1901	0.1946	0.1994	0.2171	0.2202	0.2276	0.2346	0.2315	0.2331	0.2334	0.2359	0.2149	0.2158
	海南	0.1690	0.1806	0.1920	0.2145	0.2214	0.2154	0.2113	0.2049	0.2101	0.2027	0.2492	0.2448	0.2642	0.2139

省际共同富裕水平时空演化特征与区域差异研究

一、研究背景

随着我国全面建成小康社会，在实现第一个一百年目标的基础上，开启了全面建设社会主义现代化强国的新征程，向第二个一百年奋斗目标进军，我国进入了新发展阶段。站在新的历史交汇点上，我们统筹国内国际新形势，深刻认识主要矛盾带来的新变化，立足我国基本国情，为实现中华民族伟大复兴而奋斗，为建设富强民主文明和谐美丽的社会主义现代化强国而奋进，为实现共同富裕而努力。习近平总书记指出："适应我国社会主要矛盾的变化，更好满足人民日益增长的美好生活需要，必须把促进全体人民共同富裕作为为人民谋幸福的着力点。"共同富裕是社会主义的本质要求，是中国式现代化的重要特征。党的十九届五中全会首次提出了"全体人民共同富裕取得更为明显的实质性进展"，并就扎实推进全体人民共同富裕作出重大战略部署。至此，共同富裕正式由远大目标落实到现实要求。共同富裕是我们党矢志不渝的奋斗目标，是人民群众的共同期盼。共同富裕不能作为一种理念来对待，最重要的是真正落实到实际，扎实地制定政策、细化方案，关键在于准确把握中国各地区扎实推动共同富裕进程的差距，摸清省际共同富裕时空演化特征，进而有针对性地建立长效解决机制，为共同富裕取得实质性进展贡献力量。

二、数据来源与方法

（一）数据来源

本书以中国 30 个省级行政区（不含香港、澳门、台湾和西藏）为研究对象，在前文测度中国省际共同富裕水平的基础上，进一步分析省际共同富裕的时空特征和区域差异。考虑到数据可得性、横向可比性，故选用 2008~2020 年的样本数据。研究涉及的数据来源为 2009~2021 年《中国统计年鉴》以及国家统计局网站等。

（二）研究方法

1. 共同富裕水平的区域差异测度

Dagum 基尼系数法不同于测度地区差距的 Theil 指数以及传统基尼系数方法，它能够有效解决样本间的交叉重叠问题，准确识别各个地区差距对总体差异的贡献程度[①]。Dagum 基尼系数公式如下：

$$G = \frac{\sum_{j=1}^{k} \sum_{h=1}^{k} \sum_{i=1}^{n_j} \sum_{r=1}^{n_h} |y_{ji} - y_{hr}|}{2\mu n^2} \tag{1-2-1}$$

式（1-2-1）中，n 为中国省级行政区（不含香港、澳门、台湾和西藏）个数，k 为划分区域的个数，y_{ji} 和 y_{hr} 分别表示区域 j 或 h 内地区 i 或 r 的共同富裕指数，n_j 和 n_h 分别表示区域 j 或 h 内地区的个数，μ 表示中国各省份共同富裕指数的均值。

根据 Dagum 分解方法，总体基尼系数 G 可分为区域内部差异 G_w、区域间差异 G_{nb} 以及超变密度 G_t 三部分，即 $G = G_w + G_{nb} + G_t$。公式如下：

$$G_{jj} = \sum_{i=1}^{n_j} \sum_{r=1}^{n_j} |y_{ji} - y_{jr}| / 2n_j^2 \mu_j \tag{1-2-2}$$

$$G_{jh} = \sum_{i=1}^{n_j} \sum_{r=1}^{n_h} |y_{ji} - y_{hr}| / n_j n_h (\mu_j + \mu_h) \tag{1-2-3}$$

$$G_w = \sum_{j=1}^{k} G_{jj} p_j s_j \tag{1-2-4}$$

$$G_{nb} = \sum_{j=2}^{k} \sum_{h=1}^{j-1} G_{jh} (p_j s_h + p_h s_j) D_{jh} \tag{1-2-5}$$

$$G_t = \sum_{j=2}^{k} \sum_{h=1}^{j-1} G_{jh} (p_j s_h + p_h s_j) (1 - D_{jh}) \tag{1-2-6}$$

$$D_{jh} = (d_{jh} - p_{jh}) / (d_{jh} + p_{jh}) \tag{1-2-7}$$

$$d_{jh} = \int_0^{\infty} dF_j(y) \int_0^{y} (y - x) dF_h(x) \tag{1-2-8}$$

$$p_{jh} = \int_0^{\infty} dF_h(y) \int_0^{y} (y - x) dF_j(x) \tag{1-2-9}$$

式（1-2-2）中的 G_{jj} 表示 j 区域的基尼系数；式（1-2-3）中的 G_{jh} 表示 j 和 h 区域的区域间差异；式（1-2-4）中 G_w 表示区域内部差异，其中，$p_j = n_j / n$，

---

① Dagum C. Decomposition and interpretation of Gini and the generalized entropy inequality measures ［J］. Statistica, 1997, 57 (3).

$s_j = n_j\mu_j / n\mu$；式（1-2-5）中的 G_{nb} 表示区域间差异，D_{jh} 表示 j 和 h 区域之间共同富裕水平的相互影响；y_{ji} 和 y_{jr} 分别表示 j 区域内地区 i 或 r 的共同富裕指数；μ_j 和 μ_h 分别表示 j 或 h 区域的共同富裕指数均值；式（1-2-6）中的 G_t 表示超变密度，用以反映样本间交叉重叠现象；式（1-2-7）中的 d_{jh} 表示区域间共同富裕指数的差值，即 j 和 h 区域之间 $y_{ji} - y_{hr} > 0$ 的全部样本值的数学期望，p_{jh} 则表示 j 和 h 区域之间 $y_{ji} - y_{hr} < 0$ 的全部样本值的数学期望。

2. 耦合协调度模型

耦合协调度模型用以反映系统内部的良性耦合程度，借助已有研究成果[①]，设治理能力、经济富裕、民生福祉、精神富足、生态环境五个子系统的评价指数分别为 X_1、X_2、X_3、X_4 和 X_5，并将其推广为五元系统，耦合度公式如下：

$$C = \left\{ \frac{X_1 X_2 X_3 X_4 X_5}{\left[\dfrac{X_1 + X_2 + X_3 + X_4 + X_5}{5} \right]^5} \right\}^{\frac{1}{5}} \quad\quad (1-2-10)$$

耦合度 C 的取值区间为 ［0，1］。C 值越大，表明子系统之间越协调。当 $C=1$ 时，各子系统之间的协调度最高。

耦合协调度模型的计算公式如下：

$$D = \sqrt{C \times U} \quad\quad (1-2-11)$$

$$U = \alpha X_1 + \beta X_2 + \gamma X_3 + \lambda X_4 + \delta X_5 \quad\quad (1-2-12)$$

其中，D 表示中国省际共同富裕五个子系统的耦合协调度，U 表示五个子系统的综合评价指数。此外，本书认为五个子系统同等重要，故五个子系统的权重为 $\alpha = \beta = \gamma = \lambda = \delta = 1/5$。

协调耦合度等级划分标准如图 1-2-1 所示[②③]。

三、共同富裕水平时空特征分析

从时间趋势来看，中国省际共同富裕指数呈现"逐年上升"的态势。从个体来看，浙江省作为共同富裕示范区，位于全国前列，且共同富裕水平整体呈现"逐年上升"的发展趋势，由 2008 年的 0.3955 上升至 2020 年的 0.4905。2008～

---

① 杨慧芳，张合林. 黄河流域生态保护与经济高质量发展耦合协调关系评价［J］. 统计与决策，2022，38（11）：114-119.

② 李成宇，张士强. 中国省际水—能源—粮食耦合协调度及影响因素研究［J］. 中国人口·资源与环境，2020，30（1）：120-128.

③ 赵良仕，刘思佳，孙才志. 黄河流域水—能源—粮食安全系统的耦合协调发展研究［J］. 水资源保护，2021，37（1）：69-78.

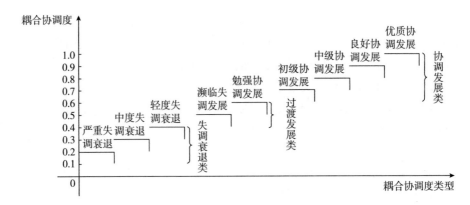

图 1-2-1　耦合协调度类型及其评价标准

2020 年，中国共同富裕水平在省际层面差距较大，发展不均衡。一方面，省际共同富裕水平与地区经济富裕程度密切相关①，中部地区和西部地区经济实力薄弱与东部地区有明显差距。另一方面，西部地区基础建设劣势明显，尤其是医疗、教育、交通等基础设施完善程度较低，产业发展根基薄弱，居民民生福祉水平较低。虽然西部大开发二十多年以来，西部地区经济水平不断提高，基础设施日益完善，生态保护效果显著，边远贫困地区脱贫致富步伐加快，取得了历史性成就，但西部地区发展不平衡不充分问题仍然存在，与东部地区发展差距仍然较大，共同富裕水平有待进一步提升。

此外，分别选取 2008 年、2011 年、2016 年、2020 年及均值数据考察"十一五""十二五""十三五"时期中国省际共同富裕水平时空格局特征。中国省际共同富裕水平梯队分布变化不明显，但总体上呈现向好趋势。在"十一五"向"十二五"过渡时期，江苏共同富裕指数由第二梯队晋升为第一梯队，其他省际梯队无明显变化。在"十二五"向"十三五"过渡时期，湖南、湖北共同富裕水平由第三梯队晋升为第二梯队。在 2020 年，上海、江苏、辽宁、湖北、青海等省际共同富裕水平梯队发生变化，其中青海由第三梯队晋升为第二梯队，共同富裕工作稳步进行。

东中西地区发展的不均衡问题一直是我国区域差异解决的重点问题。本书测度了东中西地区的共同富裕水平，结果如表 1-2-1 所示。由测度结果可知，东部地区共同富裕水平在总体上优于中部地区和西部地区。东部地区共同富裕指数最高，2018 年达到最大值 0.4060，均值为 0.3950。中部地区和西部地区共同富

---

① 张守文.共同富裕：经济路径与法治保障［J］.法治研究，2022（5）：3-13.

裕指数稳定在 0.2~0.3，和东部地区差距较大。先富地区带动后富地区能够有效地促进共同富裕的实现①②，因此，全面发挥东部地区的带动作用，将东部地区的资源以及政策向中西部地区倾斜，实现各地区均衡发展。

为进一步深入分析共同富裕区域演化规律，借鉴国务院发展研究中心刘勇提出的区域划分方法③，根据不同地区社会经济发展状况将全国划分为八大综合经济区，包括东北、北部沿海、东部沿海、南部沿海、黄河中游、长江中游、西南、西北。全国八大经济区共同富裕指数测度结果如表 1-2-1 所示。测度结果显示，沿海地区共同富裕水平优于内陆地区。其中，东部沿海地区最高，北部沿海地区次之，西南地区最低。八大区域共同富裕水平与经济发展水平排名基本相似，说明经济发展是实现共同富裕的前提条件。

四、共同富裕水平区域差异

(一) 总体区域差异

中国东中西三大区域共同富裕指数总体基尼系数及其贡献率如表 1-2-2 所示。由表 1-2-2 可知，2008~2020 年，中国东中西三大区域共同富裕指数总体基尼系数的均值为 0.1648。在各年间总体基尼系数大体上呈现出"逐年下降"的时间趋势。2020 年达到样本期间的最小值 0.1413。这表明中国省域共同富裕指数的差异逐渐缩小，协同效应逐渐增强。从贡献率角度来看，中国省域共同富裕指数大体上呈现出"区域间—区域内—超变密度"依次递减的总体态势。具体来看，区域内差异在样本期间内大体上呈现出"逐年递减"的时间趋势，在各年间均值为 0.0401。这表明区域内差异有所缩小。就贡献率而言，在样本期间内呈现"逐年递增"的时间趋势，区域内差异对总体差异的比重有所增强。区域间差异在样本期间内大体上呈现出"逐年递减"的时间趋势，且变动幅度较大。其中，在 2015 年区域间差异达到最小值 0.0963。超变密度在样本期间内大体上呈现出"先上升后下降"的时间趋势，且波动幅度较大，在 2016 年达到最大值 0.0214。

① Chen A, Partridge D. When are Cities Engines of Growth in China? Spread and Backwash Effects across the Urban Hierarchy [J]. Regional Studies, 2013, 47 (8): 1313-1331.

② Groenewold N, Guo-ping L, An-ping C. Regional output spillovers in China: Estimates from a VAR model [J]. Papers of the Regional Science Association, 2007, 86 (1): 101-122.

③ 刘勇. 关于我国"新三大地带"宏观区域格局划分的基本构想 [J]. 经济研究参考, 2005 (24): 2-12.

表1-2-1 全国分区域共同富裕水平

地区\年份	2008	2009	2010	2011	2012	2013	2014	2015	2016	2017	2018	2019	2020	均值
东部	0.3798	0.3917	0.3938	0.4059	0.4000	0.3974	0.3893	0.3909	0.3981	0.3959	0.4060	0.3970	0.3884	0.3950
中部	0.2286	0.2380	0.2386	0.2488	0.2679	0.2611	0.2631	0.2704	0.2713	0.2703	0.2784	0.2804	0.2719	0.2607
西部	0.2204	0.2352	0.2390	0.2450	0.2567	0.2527	0.2571	0.2617	0.2637	0.2613	0.2688	0.2617	0.2676	0.2532
东北	0.2666	0.2697	0.2737	0.2781	0.2859	0.2878	0.2826	0.2945	0.3038	0.2970	0.3012	0.2920	0.2763	0.2853
北部沿海	0.3990	0.4038	0.3971	0.3991	0.3943	0.3849	0.3776	0.3805	0.3895	0.3867	0.3930	0.3902	0.3854	0.3908
东部沿海	0.4594	0.4946	0.4988	0.5156	0.4942	0.5033	0.4972	0.5035	0.5104	0.5019	0.4961	0.4939	0.4850	0.4964
南部沿海	0.2949	0.2925	0.3052	0.3266	0.3261	0.3233	0.3116	0.3094	0.3115	0.3153	0.3436	0.3308	0.3275	0.3168
黄河中游	0.2378	0.2547	0.2513	0.2593	0.2716	0.2673	0.2678	0.2679	0.2671	0.2624	0.2753	0.2719	0.2670	0.2632
长江中游	0.2222	0.2350	0.2348	0.2522	0.2815	0.2643	0.2729	0.2769	0.2756	0.2809	0.2900	0.2893	0.2809	0.2659
西南	0.2060	0.2275	0.2256	0.2358	0.2491	0.2436	0.2435	0.2468	0.2498	0.2497	0.2580	0.2453	0.2474	0.2406
西北	0.2259	0.2294	0.2438	0.2423	0.2535	0.2531	0.2628	0.2714	0.2739	0.2699	0.2760	0.2766	0.2888	0.2590

表 1-2-2　中国东中西共同富裕指数总体基尼系数及其贡献率　　单位：%

年份	总体	区域内		区域间		超变密度	
		来源	贡献率	来源	贡献率	来源	贡献率
2008	0.1890	0.0428	22.63	0.1317	69.68	0.0145	7.69
2009	0.1849	0.0431	23.30	0.1239	67.04	0.0179	9.66
2010	0.1810	0.0422	23.30	0.1216	67.22	0.0172	9.48
2011	0.1811	0.0426	23.55	0.1225	67.64	0.0160	8.82
2012	0.1634	0.0398	24.36	0.1066	65.22	0.0170	10.42
2013	0.1630	0.0389	23.89	0.1091	66.95	0.0149	9.16
2014	0.1606	0.0406	25.25	0.0999	62.20	0.0201	12.54
2015	0.1570	0.0402	25.62	0.0963	61.35	0.0205	13.03
2016	0.1608	0.0403	25.09	0.0991	61.61	0.0214	13.30
2017	0.1611	0.0404	25.06	0.0999	62.00	0.0208	12.94
2018	0.1486	0.0364	24.49	0.0990	66.65	0.0132	8.86
2019	0.1508	0.0379	25.12	0.0994	65.88	0.0136	9.00
2020	0.1413	0.0364	25.74	0.0896	63.42	0.0153	10.84
均值	0.1648	0.0401	24.42	0.1076	65.14	0.0171	10.44

中国八大经济区共同富裕指数总体基尼系数及其贡献率如表 1-2-3 所示。从总体区域差异的组成来看，2008～2020 年全国八大经济区域的共同富裕指数以区域间差异为主，超变密度次之，区域内差异最小，三者对总体差异的贡献率分别为 75.71%、17.93%、6.37%。从差异结构来看，总体差异以区域间差异为主，区域间差异在 2008～2020 年样本期间内呈现"逐年下降"的时间趋势，表明区域间差异在不断缩小。共同富裕的实现要不断缩小区域差距，实现先富带动后富，各区域之间共享发展成果。区域间差异在不断缩小的同时，其贡献率也在进一步缩小，说明区域内经济的发展得到了进一步加强。超变密度在 2008～2020 年样本期间内呈现出"先上升后下降"的总体趋势，其贡献率呈现相同趋势，这表明区域间和区域内差异的交互作用逐渐减弱。区域内部差异在 2008～2020 年样本期间内呈现出"逐年下降"的趋势，区域内部之间共同富裕指数差距较小。

表 1-2-3　中国八大经济区共同富裕指数总体基尼系数及其贡献率　　单位：%

年份	总体	区域内		区域间		超变密度	
		来源	贡献率	来源	贡献率	来源	贡献率
2008	0.1890	0.0114	6.01	0.1543	81.63	0.0234	12.36
2009	0.1849	0.0114	6.19	0.1463	79.14	0.0271	14.67

年份	总体	区域内		区域间		超变密度	
		来源	贡献率	来源	贡献率	来源	贡献率
2010	0.1810	0.0110	6.08	0.1458	80.57	0.0242	13.35
2011	0.1811	0.0116	6.40	0.1417	78.22	0.0278	15.37
2012	0.1634	0.0109	6.69	0.1175	71.93	0.0349	21.38
2013	0.1630	0.0104	6.40	0.1253	76.91	0.0272	16.69
2014	0.1606	0.0109	6.81	0.1167	72.63	0.0330	20.56
2015	0.1570	0.0103	6.55	0.1150	73.22	0.0318	20.23
2016	0.1608	0.0101	6.26	0.1178	73.24	0.0330	20.49
2017	0.1611	0.0103	6.42	0.1146	71.15	0.0361	22.43
2018	0.1486	0.0097	6.50	0.1095	73.73	0.0294	19.77
2019	0.1508	0.0094	6.20	0.1132	75.07	0.0282	18.73
2020	0.1413	0.0088	6.26	0.1084	76.75	0.0240	16.99
均值	0.1648	0.0105	6.37	0.1251	75.71	0.0292	17.93

由此可见，区域间差异是共同富裕指数总体差异的首要来源，区域间存在明显的差异，协同效应较弱。随着时间的不断推进，全国东中西和八大经济区域的区域间差异均有所缩小，进一步增强了区域间的协调发展。共同富裕的实现需要进一步缩小区域差异，提高各区域之间的发展水平。

（二）区域间差异

区域间差异是推进共同富裕工作中的重点问题，进一步缩小差距，实现各区域协调均衡发展是共同富裕实现的路径之一。共同富裕体现的是全体人民在政治、经济、社会、文化、生态等多个方面的共享程度。要进一步提高居民的幸福指数，缩小各区域间的差距，全面提升经济发展水平，全面实现共同富裕。

如表1-2-4所示，从时间趋势来看，东部与中部、东部与西部区域间差异在样本期间内大体上呈现出"逐年递减"的变动趋势，区域间差距有所缩小。西部与中部区域间差异在样本期间大体上呈现出"先上升后下降"的波动趋势，且在2019年达到最大值（0.0704）。从各区域间差异的大小来看，2008～2020年西部与中部区域间基尼系数最小，均值为0.0597，区域间共同富裕程度发展均衡，区域间差距较小。东部与西部区域间基尼系数最大，均值为0.2379，区域间差距较大，区域间的协同作用较弱。东部地区资源禀赋、地理条件以及自然资源等相对于西部和中部地区有明显的优势，经济等各方面发展水平较快。

表1-2-4 中国东中西共同富裕指数区域间基尼系数

年份	东—西	东—中	西—中
2008	0.2828	0.2677	0.0537
2009	0.2698	0.2624	0.0582
2010	0.2638	0.2626	0.0504
2011	0.2635	0.2546	0.0594
2012	0.2362	0.2194	0.0665
2013	0.2395	0.2276	0.0521
2014	0.2271	0.2193	0.0620
2015	0.2229	0.2126	0.0590
2016	0.2274	0.2194	0.0642
2017	0.2300	0.2194	0.0612
2018	0.2150	0.2027	0.0565
2019	0.2171	0.1927	0.0704
2020	0.1981	0.1872	0.0623
均值	0.2379	0.2267	0.0597

中国八大经济区的区域间差异如表1-2-5所示。从整体来看，大多数区域的区域间差异呈现由前向后"逐年递减"的时间趋势，区域间差异随着时间变化而缩小，区域间的协同作用逐渐增强。东北与东部沿海、北部沿海与东部沿海、黄河中游与长江中游、长江中游与西南、长江中游与西北、西南与西北等经济区的区域间差异随着时间的变化呈现出显著扩张趋势，区域间的差异逐渐扩大。其中，东北与东部沿海地区的区域间差异变动幅度最大。从各区域间差异的大小来看，东部沿海与西南、东部沿海与西北、东部沿海与黄河中游等经济区的区域间差异最大，位于各个经济区的区域间差异的前三位，均值分别为0.3475、0.3149、0.3072。东部沿海地区的发展较快，各项资源、基础设施等优于西南、西北以及长江中游地区。该三大区域间的差异虽然较大，但呈现"逐年递减"的时间趋势，区域间差异逐渐减小。

表1-2-5 中国八大经济区共同富裕区域间基尼系数

年份	东北—北部沿海	东北—东部沿海	东北—南部沿海	东北—黄河中游	东北—长江中游	东北—西南	东北—西北	北部沿海—东部沿海	北部沿海—南部沿海	北部沿海—黄河中游	北部沿海—长江中游	北部沿海—西南	北部沿海—西北	东部沿海—南部沿海
2008	0.2247	0.2655	0.1933	0.0647	0.0990	0.1316	0.0883	0.1549	0.2512	0.2583	0.2886	0.3212	0.2807	0.2455
2009	0.2237	0.2943	0.1767	0.0712	0.0867	0.1067	0.1011	0.1710	0.2428	0.2386	0.2689	0.2856	0.2814	0.2583
2010	0.2176	0.2913	0.1755	0.0660	0.0888	0.1035	0.0802	0.1819	0.2382	0.2424	0.2660	0.2822	0.2551	0.2430
2011	0.2137	0.2993	0.1755	0.0700	0.0763	0.1067	0.0992	0.1906	0.2267	0.2662	0.2427	0.2701	0.2595	0.2327
2012	0.1929	0.2671	0.1652	0.0829	0.0881	0.1051	0.1023	0.1758	0.2096	0.2078	0.1974	0.2394	0.2334	0.2138
2013	0.1883	0.2724	0.1600	0.0690	0.0800	0.1047	0.0817	0.1853	0.2067	0.2066	0.2105	0.2379	0.2224	0.2255
2014	0.1883	0.2752	0.1531	0.0710	0.0856	0.0979	0.0826	0.1896	0.2070	0.2011	0.1955	0.2313	0.2065	0.2312
2015	0.1734	0.2619	0.1494	0.0579	0.0782	0.0983	0.0609	0.1934	0.2145	0.1979	0.1896	0.2254	0.1942	0.2388
2016	0.1673	0.3570	0.1635	0.0728	0.0958	0.1079	0.0689	0.1888	0.2210	0.2026	0.1989	0.2282	0.1954	0.2421
2017	0.1708	0.2564	0.1816	0.0782	0.0873	0.1052	0.0733	0.1870	0.2281	0.2031	0.1844	0.2242	0.1935	0.2366
2018	0.1692	0.2444	0.1592	0.0757	0.0872	0.1014	0.0781	0.1754	0.1976	0.1810	0.1701	0.2137	0.1822	0.1972
2019	0.1629	0.2569	0.1475	0.0613	0.0704	0.1059	0.0626	0.1757	0.1948	0.1822	0.1693	0.2334	0.1786	0.1978
2020	0.1761	0.2742	0.1061	0.0327	0.0511	0.0693	0.0552	0.1676	0.1722	0.1881	0.1739	0.2234	0.1658	0.1939
均值	0.1899	0.2781	0.1620	0.0672	0.0827	0.1034	0.0796	0.1798	0.2162	0.2135	0.2120	0.2474	0.2191	0.2274

续表

年份	东部沿海—黄河中游	东部沿海—长江中游	东部沿海—西南	东部沿海—西北	南部沿海—黄河中游	南部沿海—长江中游	南部沿海—西南	南部沿海—西北	黄河中游—长江中游	黄河中游—西南	黄河中游—西北	长江中游—西南	长江中游—西北	西南—西北
2008	0.3178	0.3481	0.3808	0.3407	0.1933	0.2095	0.2267	0.2053	0.0493	0.0801	0.0403	0.0650	0.0457	0.0661
2009	0.3201	0.3558	0.3699	0.3664	0.1659	0.1801	0.1877	0.1855	0.0505	0.0701	0.0637	0.0646	0.0572	0.0691
2010	0.3300	0.3598	0.3772	0.3433	0.1693	0.1838	0.1922	0.1797	0.0482	0.0625	0.0469	0.0560	0.0565	0.0665
2011	0.3307	0.3431	0.3723	0.3605	0.1698	0.1720	0.1938	0.1860	0.0405	0.0713	0.0648	0.0669	0.0619	0.0740
2012	0.2907	0.2743	0.3298	0.3220	0.1506	0.1501	0.1754	0.1670	0.0462	0.0775	0.0612	0.0883	0.0759	0.0756
2013	0.3062	0.3113	0.3477	0.3307	0.1535	0.1565	0.1761	0.1655	0.0406	0.0710	0.0416	0.0724	0.0487	0.0598
2014	0.2999	0.2912	0.3425	0.3084	0.1418	0.1498	0.1645	0.1521	0.0587	0.0676	0.0517	0.0828	0.0677	0.0705
2015	0.3055	0.2905	0.3422	0.2995	0.1476	0.1589	0.1671	0.1497	0.0663	0.0607	0.0360	0.0843	0.0662	0.0659
2016	0.3130	0.2988	0.3427	0.3015	0.1538	0.1698	0.1667	0.1548	0.0793	0.0583	0.0310	0.0906	0.0783	0.0654
2017	0.3134	0.2823	0.3355	0.3006	0.1752	0.1822	0.1840	0.1748	0.0712	0.0602	0.0325	0.0851	0.0687	0.0664
2018	0.2862	0.2622	0.3158	0.2850	0.1517	0.1578	0.1696	0.1528	0.0607	0.0623	0.0331	0.0826	0.0609	0.0624
2019	0.2900	0.2613	0.3362	0.2820	0.1393	0.1461	0.1742	0.1428	0.0605	0.0811	0.0413	0.1050	0.0643	0.0858
2020	0.2899	0.2665	0.3244	0.2535	0.1159	0.1180	0.1518	0.1191	0.0515	0.0597	0.0591	0.0829	0.0661	0.0911
均值	0.3072	0.3035	0.3475	0.3149	0.1560	0.1642	0.1792	0.1642	0.0557	0.0679	0.0464	0.0790	0.0629	0.0707

由此可见，从时间趋势来看，在样本期间内大多数区域间差异大体上呈现"逐年下降"趋势，区域间差异不断缩小，增强了区域间的协调联动作用，共同促进全国层面整体实现共同富裕。从区域间差异大小来看，东部地区和西部地区，以及东部沿海地区与西南、西北等地区差距较大，这表明经济发展水平较高的地区与经济发展水平较低的地区差距比较明显。要充分发挥先富带动后富的作用，利用东部沿海地区的地理优势带动其他地区的发展，实现协同联动，充分发挥东部沿海地区的带头作用。

（三）区域内差异

如表1-2-6所示，从区域内差异大小来看，在样本期内东部地区、西部地区以及中部地区的区域内部基尼系数均值分别为0.1745、0.0630、0.0467。其中，东部地区区域内部的差异较为明显，区域间的协同效应较弱，中部地区区域内部的差异相对较小，区域间的协同作用较强。从区域内差异变化趋势来看，东部区域内部差异在2008～2020年样本期间内大体上呈现出"逐年递减"的变动趋势，且波动幅度较大。西部地区区域内部差异在2008～2020年样本期间内大体上呈现出"先上升后下降"的变动趋势，2019年之后又有所回升，这表明西部地区区域内部的差距较不平稳，波动性较强。中部地区区域内部差异在2008～2020年样本期间内大体上呈现"逐年上升"的变动趋势，且波动幅度较大。这表明中部地区区域内部差异随着时间推移在逐渐扩大，区域间的协同效应减弱。区域差距的存在会在一定程度上影响共同富裕的发展，要大力缩小区域差距，促进全体人民共享发展果实，实现各地区协调发展，最终实现全体人民共同富裕。

表1-2-6 中国东中西共同富裕指数区域内基尼系数

年份	东部	中部	西部
2008	0.1881	0.0168	0.0613
2009	0.1882	0.0324	0.0689
2010	0.1880	0.0334	0.0604
2011	0.1862	0.0260	0.0725
2012	0.1681	0.0456	0.0730
2013	0.1750	0.0372	0.0574
2014	0.1765	0.0531	0.0645
2015	0.1807	0.0569	0.0551
2016	0.1781	0.0685	0.0524

续表

年份	东部	中部	西部
2017	0.1801	0.0521	0.0633
2018	0.1598	0.0550	0.0523
2019	0.1593	0.0588	0.0655
2020	0.1543	0.0416	0.0700
均值	0.1745	0.0467	0.0630

中国八大经济区区域内差异如表 1-2-7 所示。从区域内差异的大小来看，南部沿海和北部沿海的区域内差异较其他区域差距较大，均值分别为 0.1795、0.1761；黄河中游的区域内差异最小，均值为 0.0266。从区域内差异的变动趋势来看，东北、北部沿海、东部沿海、南部沿海以及西南区域呈现出"逐年递减"的时间趋势。黄河中游、长江中游、西北地区的区域内差异随着时间的推移有不断扩张趋势。这表明该区域在区域发展战略中仍需要进一步加强区域的协同作用，共同促进区域内部均衡发展，实现全体人民共同富裕。

表 1-2-7　中国八大经济区共同富裕区域内基尼系数

年份	东北	北部沿海	东部沿海	南部沿海	黄河中游	长江中游	西南	西北
2008	0.0672	0.1771	0.0709	0.2228	0.0192	0.0432	0.0642	0.0391
2009	0.0821	0.1811	0.0504	0.1984	0.0262	0.0441	0.0717	0.0607
2010	0.0721	0.1869	0.0451	0.1967	0.0267	0.0471	0.0571	0.0541
2011	0.0778	0.1916	0.0481	0.1883	0.0352	0.0372	0.0728	0.0683
2012	0.0907	0.1751	0.0359	0.1729	0.0267	0.0488	0.0742	0.0659
2013	0.0808	0.1821	0.0495	0.1719	0.0260	0.0471	0.0619	0.0368
2014	0.0827	0.1838	0.0485	0.1650	0.0271	0.0651	0.0612	0.0598
2015	0.0569	0.1840	0.0374	0.1750	0.0274	0.0708	0.0569	0.0396
2016	0.0675	0.1756	0.0212	0.1827	0.0222	0.0867	0.0553	0.0331
2017	0.0788	0.1729	0.0278	0.2030	0.0265	0.0753	0.0554	0.0315
2018	0.0870	0.1610	0.0167	0.1725	0.0238	0.0680	0.0573	0.0337
2019	0.0622	0.1594	0.0041	0.1602	0.0285	0.0697	0.0583	0.0464
2020	0.0221	0.1583	0.0139	0.1238	0.0301	0.0595	0.0550	0.0649
均值	0.0714	0.1761	0.0361	0.1795	0.0266	0.0587	0.0616	0.0488

由此可见，从时间趋势来看，大多数区域内部差异随着时间的推移有不断缩小的趋势，区域内部之间的协同作用不断加强。从区域内差异的大小来看，东部地区、南部沿海地区等区域内部差异较大，在之后的战略发展过程中，要注重区域内部的协同作用，实施定点帮扶战略，在全面打赢脱贫攻坚战的同时，促进全体人民实现共同富裕。

五、结论与建议

（一）结论

本研究利用 2008~2020 年中国 30 个省份（不含香港、港门、台湾和西藏）的相关数据，从政治、经济、社会、文化、生态五个方面，借助熵值法工具测度共同富裕水平，进一步运用 Dagum 基尼系数分别按东中西部、八大经济区两种划分方式分析区域差异，得到研究结论如下：

第一，中国省际共同富裕指数空间分布不均衡。省域视角下，中国省际共同富裕指数差异较大，各省份之间差异问题比较突出。从时间发展趋势来看，中国省际富裕指数呈现"逐年上升"的时间趋势。其中，北京、上海、江苏等共同富裕指数偏高，属于第一梯队；河北、山西、内蒙古等共同富裕指数偏低，属于第三梯队。从空间发展趋势来看，中国省际共同富裕指数空间分布具有一定的异质性，呈现出由西向东"逐渐上升"的空间趋势。

第二，中国省际共同富裕指数总体区域差异呈现"逐年下降"的良好态势。从全国东中西部视角来看，东部与中部、东部与西部区域间差异呈现出"逐年递减"的变动趋势。从区域间差异大小来看，西部与中部差异最小，区域间共同富裕指数发展比较均衡。其中，东部地区区域内部差异最为明显，东部各地区之间共同富裕程度差异较大，空间分布不均衡。从全国八大经济区视角来看，大多数区域的区域间差异呈现出由前向后"逐年递减"的时间趋势，区域间的协同作用逐渐增强。其中，东部沿海与西南、西北、长江中游的区域间差异最大。从区域内部差异大小来看，沿海地区的区域内部差异较大，地区之间协调发展需要进一步加强。

（二）建议

第一，在高质量发展中促进共同富裕。发展是硬道理，高质量发展是实现共同富裕的必经之路，在高质量发展中坚持全面深化改革、不断改善和保障民生，满足人民群众多层次、多样化的需求。各省份根据自身的发展状况，制定促进共同富裕的针对性政策，因地制宜地瞄准问题所在，并充分利用政策工具的优势和互补作用，在今后的工作中均衡发挥各项政策工具组合效力，保证政策动能培育与自我能力提高双向发力。例如，浙江省需要加强民生福祉工作建设，完善社会保障制度措施，提高居民的幸福感。

　　第二，坚持先富带动后富，缩小区域差异。首先，在区域内部，立足先富带动后富的政策导向，共同富裕政策向脆弱群体倾斜，缩小群体间贫富差距。在区域之间，制定点对点帮扶政策，实现区域之间资源高效互换，通过要素优势带动各省份协调均衡发展。其次，要加大对中部和西部的投资力度，增加基础设施等财政投入，利用政策优势带动中部、西部全面发展，实现各区域协调发展。

市域共同富裕评价指标体系研究

一、市域共同富裕的性质、基本内涵与特征研究

共同富裕作为社会主义的本质要求，体现了中国共产党百年来的历史使命和不断追求，新发展理念指导下的高质量发展是破解不平衡不充分发展的重要着力点，要求能在"做大蛋糕"的基础上"分好蛋糕"，强调在"富裕"的基础上实现"共同"，但区域之间存在一定差异。因此，在新的历史时期，需要结合新时代高质量发展的要求和新发展理念，进一步梳理和探讨市域共同富裕的内涵及特征，分析市域共同富裕与总体共同富裕的关系与差别，凸显其基本内涵特征。

（一）共同富裕的内涵理解

党的二十大明确提出共同富裕是新时代中国特色社会主义现代化的本质特征。经过近两年的热烈讨论，学者对于共同富裕的内涵普遍认为存在"共同"与"富裕"两个基本维度，但在两个维度所包括的范围与内容上却存在一定的差异。一些学者从价值追求、生产力和生产关系的角度阐述了共同富裕的内涵，强调了共同富裕与两极分化和贫富悬殊相对的关系，并将共同富裕视为先进生产力与生产关系的有机结合。另一些学者则从共同和富裕两个维度的内涵出发，提出了对共同富裕的理解。总体而言，共同富裕是一个历史性的、动态的概念。

1. 对"富裕"的理解

随着对新时代中国特色社会主义现代化特征的逐步理解，对于"富裕"的内涵，也经历了从狭义的经济范畴的精神、物质两个视角的阐释到政治、经济、文化、社会、生态等多领域拓展广义理解的转变。因此，共同富裕已超越经济概念，逐步演变为新时代中国特色社会主义现代化建设的政治概念。因此，较多的学者从狭义的经济概念出发，逐步进行拓展性的研究。但仍有学者认为，对富裕

内涵的理解不宜过分扩大和泛化（杨立雄，2022）[①]，以人民为中心的共同富裕，应包括就业、收入、教育、健康、养老等多元的富裕，并将这种富裕覆盖全体人民，提高富裕水平的核心在于提高收入水平（彭刚等，2023）[②]。

2. 对"共同"的理解

对于"共同"的理解，则主要存在四种观点：一是共同体现了先进的生产关系；二是共同富裕并非平均主义，而是一种渐进富裕；三是实现主体是全体人民还是大多数人；四是共建共享，承认差异，并强调人民群众各尽所能、创新创业创造的机会公平与积极性。因此，对"共同"的理解可概括为：从结果上看，是全体人民在合理差异下均衡协调的富裕；从过程上看，是共建共享、各尽所能的渐进富裕。

（二）市域共同富裕的性质与定位

习近平总书记指出："共同富裕是全体人民的富裕，是人民群众物质生活和精神生活都富裕，不是少数人的富裕，也不是整齐划一的平均主义，要分阶段促进共同富裕。"共同富裕并不意味着"同时富裕"，而是体现在时间和空间双重维度在进度上做出的差异化安排。市域范围作为共同富裕政策措施落地实施的基本单元和载体，市域共同富裕的定位与性质应具有全国范围内普遍意义上的特征，也应具有市域阶段性共同富裕的独特性。

1. 市域共同富裕是全体人民共同富裕的重要切入点

市域范围，从狭义上理解为下辖区的地级市，市分为四类：直属中央的直辖市（如北京）、直属省的副省级市（省会和特大城市）、直属省的地级市（如桂林）、县级市下辖的县级市（如昆山市）。也就是说，地级市归省管、县级市归省代管、县归属于上级地级市管理的模式。

市域共同富裕和全体人民共同富裕是两个相关但不同的概念。市域共同富裕是指在一个特定的市域范围内，实现不同层次、不同地区和不同社会群体之间收入差距的逐步缩小，促进全体居民共同富裕的发展目标。全体人民共同富裕则是指在全国范围内，实现全体人民生活水平逐步提高、财富逐步增加、社会保障逐步完善、社会公平逐步加强，最终实现全体人民共同富裕的发展目标。

在实践中，市域共同富裕是实现全体人民共同富裕的一个重要途径和切入点。通过实现市域共同富裕，可以缩小地区间的经济差距、社会差距和民生差

① 杨立雄. 概念内涵、路径取向与分配定位：对共同富裕关键理论问题的探讨［J］. 华中科技大学学报（社会科学版），2022，36（4）：82-91.

② 彭刚，杨德林，杨琳. 中国市域尺度共同富裕水平格局及其影响因素［J］. 经济地理，2023，43（1）：44-54+132.

距，提高全体人民的生活质量和社会福利水平。同时，实现市域共同富裕也有助于促进区域内经济发展和社会进步，形成全国经济发展的均衡格局。然而，需要注意的是，市域共同富裕并不等同于全体人民共同富裕。尽管在一个地区实现了共同富裕，但是全国范围内的贫富差距仍然可能很大，部分地区和人群仍然处于贫困和落后的状态。因此，在实现市域共同富裕的同时，还需要加强全国范围内的社会公平和经济均衡发展，推动全体人民共同富裕的目标逐步实现。

2. 全体人民共同富裕的示范与先导

市域共同富裕与全体人民共同富裕之间存在密不可分的关系。作为全面建设社会主义现代化国家和实现中华民族伟大复兴的战略目标之一，全体人民共同富裕要求每个地区、每个群体都要得到充分发展，而市域共同富裕则是实现全体人民共同富裕的具体体现。在实践中，市域共同富裕是推动全体人民共同富裕的示范与先导。

一方面，市域共同富裕是全体人民共同富裕的示范。不同地区的经济、社会、文化发展水平存在差异，一些发达地区的经济发展相对较快，居民收入水平也相对较高，而一些欠发达地区的经济发展滞后，居民收入水平相对较低。因此，当一些地区实现了市域共同富裕后，就可以成为全国其他地区共同富裕的示范。其他地区可以吸取这些地区的成功经验，了解如何通过创新和改革推动经济发展，提高民生水平。这样就可以逐步推动全国各地实现共同富裕。

另一方面，市域共同富裕是全体人民共同富裕的先导。实现全体人民共同富裕需要依靠不同地区、不同群体的共同努力。而市域共同富裕作为一种形式，可以通过提高整个区域居民的收入水平，改善整个区域的民生，从而在全国范围内推动全体人民共同富裕。只有当区域内所有人都能够享受到基本公共服务，获得合理的收入分配和公平的机会，才能逐步实现全体人民共同富裕的目标。

因此，通过推动市域共同富裕的实现，可以提高整个区域居民的生活水平，推动全国其他地区实现共同富裕的目标，从而推动全国各地和全体人民共同富裕。因此，实现市域共同富裕不仅是一个地区内的问题，也是全国共同富裕的一个关键因素。

3. 体现共同富裕时序性与时点性在过程与目标上的高度统一

市域共同富裕作为一种共同富裕的形式，既包含共同富裕的过程，也体现共同富裕的目标。在共同富裕的过程中，市域共同富裕具有时序性，这也意味着市域共同富裕是一种逐步实现的过程，需要经历不同的阶段和时期，随着时间的推移逐步实现。同时，市域共同富裕也具有时点性，即需要在某个特定的时刻完成特定的目标和任务，以达到共同富裕的最终目标。

市域共同富裕的过程是渐进的，需要在不同的时期和阶段中推进。例如，在第一个阶段，可以通过调整收入分配结构，加强公共服务设施建设等方式，实现收入分配的合理化和优化，提高低收入群体的生活水平。在第二个阶段，可以通过产业升级和转型升级，加强就业创业等方式，进一步提升城乡居民的收入水平。在第三个阶段，可以通过推进教育文化事业的发展，不断提高人民群众文化素养，实现精神上的共同富裕。

市域共同富裕的目标是一个阶段性的目标，需要在特定的时刻完成特定的任务。例如，国家在2035年全面建成社会主义现代化国家的奋斗目标中，提出了全面实现乡村振兴和共同富裕的目标。这个目标需要在2035年之前实现，也就意味着需要在2020~2035年，通过各种政策和措施，逐步实现全面建成小康社会的目标，进而实现全面建设社会主义现代化国家的目标。

因此，市域共同富裕体现了共同富裕的时序性和时点性，在过程和目标上高度统一。只有通过不断推进共同富裕的过程，实现共同富裕的目标，才能最终实现全体人民共同富裕的目标。

（三）市域共同富裕的基本内涵

1. 共同富裕是一个在市域范围内由价值观、制度安排和社会政策体系等有机组成的动态系统

市域共同富裕是一个在市域范围内由价值观、制度安排和社会政策体系等有机组成的动态系统，是全面建设社会主义现代化强市的一项基本任务，是促进社会公平正义、增强社会凝聚力和创造发展动力的重要途径。要实现市域共同富裕，不仅要解决发展不平衡不充分的问题，还要通过制度和政策的创新，提高收入分配的公平性和效率性，形成共同富裕的内生动力。市域共同富裕需要建立一个完善的制度体系，涉及政府、市场、社会各个领域，包括产权制度、财税制度、金融制度、土地制度等，这些制度的完善可以促进资源的优化配置和提高劳动力的效率，从而带动区域内各行业的发展。此外，政策的创新也是市域共同富裕的重要保障，包括优化营商环境、扶持中小企业、完善社会保障制度等，这些政策的实施可以缩小收入差距、提高社会保障水平，保障全体人民共享发展成果。因此，市域共同富裕是一个复杂的动态系统，需要随时调整和完善政策措施，确保实现共同富裕的目标能够在不断变化的发展环境中得以顺利实现。

2. 共同富裕是公平正义理念在现代社会生活和公共秩序中的集中体现

首先，公平正义是现代社会的重要价值观念之一，是人类社会追求共同富裕、和谐稳定的基石。市域共同富裕的实现，既需要市场机制的发挥，也需要政府的积极作用，更需要社会的广泛参与。公平正义理念提供了实现市域共同富裕的思想指导和价值取向。

其次，市域共同富裕实现的过程和路径也体现了公平正义理念。在实现市域

共同富裕的过程中，要充分考虑区域内不同地区和不同群体的差异，保障每个人的基本生活权利和发展机会，以公平的方式分配资源和机会，缩小收入差距和区域差距。同时，还要关注社会公平、环境公正等多方面的问题，维护社会公共利益，促进社会的和谐稳定。

最后，市域共同富裕的实现需要建立一整套完善的公共政策和制度安排，均要以公平正义理念为指导，保障所有人的平等权利，推动区域经济和社会的高质量发展。

因此，市域共同富裕不仅是经济发展的目标，更是公平正义理念在现代社会的具体体现。只有坚持公平正义的价值导向，构建完善的政策和制度体系，才能实现市域共同富裕的目标，促进社会的长期稳定和繁荣。

3. 共同富裕是历史的、具体的，具有时代性和民族性

历史的发展和演进都离不开特定的历史背景和时代条件，市域共同富裕作为历史的产物，也受到历史和时代的影响。在不同的历史时期，市域共同富裕的理念和实践都有所不同，反映了当时的社会和经济状况以及政治制度。

在我国，市域共同富裕是中国特色社会主义事业的重要组成部分，是新时代中国特色社会主义现代化建设的重要目标。与此同时，市域共同富裕也具有鲜明的民族性。中国是一个多民族国家，各地区之间的发展不平衡和差距较大，因此实现市域共同富裕，对于促进各民族间的团结和发展都有着重要的意义。我国政府为了实现市域共同富裕，采取了一系列政策和措施，如实施西部大开发战略、中部崛起战略、东北振兴等，以促进不同地区的协调发展和均衡发展。

同时，地区共同富裕也具有时代性。在不同的历史时期，人们对于富裕的认识和理解也不同，因此实现地区共同富裕的方式和路径也有所变化。在现代化建设的背景下，市域共同富裕被赋予了新的内涵和意义。在过去，经济发展是实现共同富裕的重要手段之一，但在中国特色社会主义现代化建设的背景下，市域共同富裕不仅局限在经济领域，还包括了社会、文化、环境等方面，成为一个全面发展的目标。

综上所述，市域共同富裕是历史的、具体的，具有时代性和民族性。在不同的历史和时代背景下，市域共同富裕的理念和实践都有所变化，但其本质目标始终是促进全体人民共同富裕。随着时代的发展，市域共同富裕的内涵和路径也在不断地扩展和深化，但这一目标的实现仍需要全社会的共同努力和不断探索。

（四）市域共同富裕的特征

共同富裕是一个复杂的社会现象，其具有制度性、相对性、阶段性和发展性的特征。

1. 共同富裕的制度性特征

共同富裕不是简单的财富分配问题，而是要通过制度建设来实现公平和正义，确保每个人都有平等的机会和权利。例如，建立健全的社会保障体系，确保每个人的基本权利和利益得到保障，建立公正的市场竞争机制，防止贫富差距过大等，这些都是共同富裕的制度保障。

2. 共同富裕具有相对性特征

共同富裕并不是绝对平等，而是相对平等。不同的人有不同的需求和贡献，所以共同富裕不是一刀切地平分财富，而是要尊重和满足每个人的需求和权利，让每个人都能够享有相对公平的发展机会和成果。

3. 共同富裕具有阶段性特征

共同富裕是一个长期的历史进程，不可能一蹴而就，需要按照一定的步骤和阶段来推进。在初期阶段，需要通过扶贫、救助等方式来解决贫困问题，让每个人都能够基本生活；在中期阶段，需要通过提高人民素质、培育产业等方式来实现共同富裕；在后期阶段，需要注重公共服务、公共产品和公共文化的建设，提高整体生活水平和幸福感。

4. 共同富裕具有发展性特征

共同富裕是一个不断发展的历史进程，需要不断适应时代变化和社会发展的要求。随着社会的发展，共同富裕的内涵和路径也会发生变化，需要不断进行制度和政策的创新和调整，以适应时代的要求，推进共同富裕进程的持续发展。

二、市域共同富裕指标体系

（一）共同富裕指标体系文献研究

学术界围绕共同富裕的科学内涵、时代特征和重大意义等问题进行了比较充分的研究和讨论，对共同富裕测量指标体系从不同角度做了有益探讨，从社会公平正义、中国梦的内在关系、科学内涵与实现途径、居民收入内部结构问题等方面进行了解读并指出问题。

1. 共同富裕指标体系构建原则

共同富裕是指在实现经济发展的同时，让人民群众共享发展成果、实现共同富裕。为了衡量共同富裕的实现程度，需要构建一套科学的指标体系。学者从多角度围绕指标体系设定框架，明确构建基本原则。

林毅夫[1]（2016）认为，构建共同富裕指标体系需要遵循"全面、公正、客观、科学、可操作"的原则。全面要求指标要覆盖经济、社会、环境等方面；公

---

[1]　林毅夫. 共同富裕的含义、道路与政策［M］. 北京：经济管理出版社，2016.

正要求指标要反映不同群体的实际收入水平和分配情况；客观要求指标要基于实证数据；科学要求指标要具有一定的理论基础；可操作要求指标要容易衡量和操作。杨国英和吴庆康（2019）① 认为，构建共同富裕指标体系需要遵循"客观、科学、实用、可比、系统"的原则。客观要求指标要基于客观数据；科学要求指标要有一定的理论支持；实用要求指标要有政策指导意义；可比要求指标要具有比较性；系统要求指标要能够反映经济、社会和环境等多方面的情况。于海霞（2020）② 认为，构建共同富裕指标体系需要遵循"适用性、可操作性、可比性、多样性、动态性"的原则。适用性要求指标要适合中国国情；可操作性要求指标要容易收集和处理；可比性要求指标要具有比较性；多样性要求指标要覆盖多个方面；动态性要求指标要反映变化趋势。刘光伟（2021）③ 认为，构建共同富裕指标体系需要遵循"人民主体、可操作、包容性、科学性、实用性"的原则。人民主体要求指标要反映人民的实际需求和利益；可操作要求指标要易于收集和处理；包容性要求指标要覆盖不同人群和不同地区；科学性要求指标要基于实证数据和科学理论；实用性要求指标要有指导实践的实际意义。

肖宁和曾祥辉（2022）④ 认为，构建共同富裕指标体系需要遵循"科学性、全面性、有效性、可操作性、动态性"的原则。科学性要求指标要基于可靠的数据和理论；全面性要求指标要覆盖多个方面；有效性要求指标要反映政策实施的效果；可操作性要求指标易于收集和处理；动态性要求指标能够反映变化趋势。

马国斌和张璐（2019）⑤ 认为，共同富裕指标体系的构建应当遵循"科学性、全面性、可操作性、实用性、可持续性、多维度、包容性"的原则。其中，多维度和包容性原则特别重要，因为共同富裕不仅是经济层面的问题，还需要考虑社会、环境等多个方面的因素。

王国良和杨冰洁（2021）⑥ 提出，共同富裕指标体系的构建应当遵循"人民主体、全面性、公平性、可持续性、包容性、科学性、操作性、动态性"的原则。其中，人民主体原则强调了共同富裕的根本目标是为了人民的福祉，需要尊重人民的主体地位；公平性原则要求指标体系反映不同群体之间的差距，以便实现更加公平的社会。

① 杨国英，吴庆康. 共同富裕指标体系构建研究［J］. 科技创新与生产力，2019（2）：34-37.
② 于海霞. 共同富裕指标体系构建研究［J］. 中国经济导刊，2020（8）：123-127.
③ 刘光伟. 共同富裕指标体系构建的路径与思考［J］. 理论导刊，2021，39（2）：27-29.
④ 肖宁，曾祥辉. 共同富裕指标体系构建路径与思考［J］. 经济研究导刊，2022（3）：7-10.
⑤ 马国斌，张璐. 共同富裕指标体系构建的路径与思考［J］. 湖南社会科学，2019（6）：3-7.
⑥ 王国良，杨冰洁. 共同富裕指标体系构建的原则与实践［J］. 理论与改单，2021（6）：47-53.

张宝荣和谢雯（2020）①认为，共同富裕指标体系的构建应当遵循"包容性、适用性、可持续性、可比性、可操作性、全面性、科学性、客观性、公正性、动态性"的原则。其中，包容性原则要求指标体系覆盖不同人群和不同地区，适用性原则要求指标体系能够反映具体的实践问题。

通过以上学者的研究可以发现，共同富裕指标体系的构建原则主要包括全面性、公正性、客观性、科学性、可操作性、实用性、可比性、多样性、动态性、适用性、人民主体、包容性、有效性等方面。进一步分析以上不同学者对于共同富裕指标体系的构建原则及其阐释，可以发现，可操作性、科学性、实用性、全面性、动态性、包容性六个原则具有较高的认同度，尤其是可操作性、科学性和实用性得到绝大多数学者的认同。由是观之，全面科学合理地构建具有动态、包容、可操作性与实用性的指标体系成为学者的基本共识。这些原则在构建共同富裕指标体系时具有重要的指导意义，为实现共同富裕目标提供支持。

2. 共同富裕指标体系构建方法

根据学者的观点，共同富裕测度的方法一般有三种：第一，单一指标方法：该方法通过使用单一指标作为共同富裕的代理指标，如人均 GDP（万广华等，2022②）、人均收入（吕光明和陈欣悦，2022③）等，来研究共同富裕的发展趋势。这种方法相对简单，但无法反映共同富裕的多维度特征。此外，研究结果可能会受到选取指标的局限性的影响。第二，合成指标方法：该方法从共同和富裕两个维度出发，设置合成指标来测度共同富裕（许健等，2022④；彭刚等，2023⑤）。这种方法能够更全面地反映共同富裕的多维度特征。但是，合成指标的构建需要考虑多个指标之间的相互关系，以及各指标的权重等问题。第三，多指标体系方法：该方法通过基于对共同富裕的理解或政策变化，构建共同富裕多指标体系，并使用综合评价方法测算共同富裕水平（吕新博和赵伟，2021⑥；林

① 张宝荣，谢雯. 共同富裕指标体系构建的路径与思考［J］. 改革与开放，2020（6）：69-75.

② 万广华，江葳蕤，赵梦雪. 城镇化的共同富裕效应［J］. 中国农村经济，2022（4）：2-22.

③ 吕光明，陈欣悦. 2035 年共同富裕阶段目标实现指数监测研究［J］. 统计研究，2022，39（4）：3-20.

④ 许健，季康先，刘晓亭，夏炎. 工业机器人应用、性别工资差距与共同富裕［J］. 数量经济技术经济研究，2022，39（9）：134-156.

⑤ 彭刚，杨德林，杨琳. 中国市域尺度共同富裕水平格局及其影响因素［J］. 经济地理，2023，43（1）：44-54+132.

⑥ 吕新博，赵伟. 基于多维测度的共同富裕评价指标体系研究［J］. 科学决策，2021（12）：119-132.

淑君等，2022①；黄祖辉和张淑萍，2022②；苏红键，2022③）。这种方法更加全面、细致地反映共同富裕的各个方面，也更具有针对性。但是，由于该方法涉及的指标较多，因此需要对数据进行充分收集和准确处理。

学者的观点进一步补充了这些方法的内涵和重要性。例如，蒋政（2014）④认为共同富裕是维护社会公平正义的核心要义，邓斌和彭卫民（2014）⑤认为共同富裕与"中国梦"内在关系密切，邱海平（2016）⑥强调了共同富裕的科学内涵与实现途径，贾康（2015）⑦则着重指出了中国收入分配中的内部结构问题对共同富裕的影响，杨宜勇和王明姬（2021）⑧则提出了建立兼顾富裕共享性和差异性的指标评价体系的重要性。

因此，共同富裕的测度指标应该综合考虑经济、社会、地区等多个维度，树立全新的共同富裕观，多层次理解其丰富内涵、多视角评价地区发展经验，通过建立兼顾富裕共享性和差异性的指标评价体系，从多个角度全面衡量共同富裕的实现程度。

3. 共同富裕维度与指标体系

共同富裕指标体系是指用于评价一个国家或地区共同富裕水平的一系列指标。随着"共同富裕"理念的提出和普及，目前，学者主要从"发展"和"共享"两个维度出发，构建共同富裕的指标体系。在发展维度方面，常用经济发展水平、福利、教育、健康等因素的发展进行衡量；在共享维度方面，则一般用各变量的不平等程度进行评价。在具体的指标选取方面，学者的设置并不相同，各自构建了不同的指标体系。

例如，刘培林等（2021）⑨从总体富裕程度和发展成果共享状况两个维度出

---

① 林淑君，郭凯明，龚六堂. 产业结构调整、要素收入分配与共同富裕［J］. 经济研究，2022，57（7）：84-100.

② 黄祖辉，张淑萍. 中国共同富裕发展的时代背景与"提低"路径［J］. 江苏大学学报（社会科学版），2022，24（4）：1-7+34.

③ 苏红键. 地区收敛与共同富裕：进程、归因及其实现［J］. 西南民族大学学报（人文社会科学版），2022，43（7）：99-107.

④ 蒋政. 共同富裕新论——基于平等理论的分析［J］. 岭南学刊，2014（1）：22-26.

⑤ 邓斌，彭卫民. 共同富裕：历史的省思与中国梦的进路［J］. 西南大学学报（社会科学版），2014，40（1）：19-24+173.

⑥ 邱海平. 共同富裕的科学内涵与实现途径［J］. 政治经济学评论，2016，7（4）：21-26.

⑦ 贾康. 共享发展需要优化收入分配走向共同富裕［J］. 中国党政干部论坛，2015（12）：11-14.

⑧ 杨宜勇，王明姬. 共同富裕：演进历程、阶段目标与评价体系［J］. 江苏学刊，2021（5）：84-89.

⑨ 刘培林，钱滔，黄先海，董雪兵. 共同富裕的内涵、实现路径与测度方法［J］. 管理世界，2021，37（8）：117-129.

发，构建了共同富裕的指标体系；陈丽君（2021）① 则设立发展性、共享性、可持续性 3 个一级指标，下设 14 项二级指标和 81 项三级指标，构建了较为完整的指标体系；李金昌和余卫（2022）② 选择经济质效并增、发展协调平衡、精神生活丰富、全域美丽建设、社会和谐和睦、公共服务优享作为共同富裕的过程评价体系，以共享性、富裕度、可持续性作为结果指标体系，并下设多个二级和三级指标，对共同富裕进行动态监测和效果评价；万海远和陈继平（2021）③ 则仅选择了人均国民收入代表总体富裕水平、人均可支配收入的基尼系数代表共享富裕水平，但主要探讨了两者之间的函数形式。刘兴远（2022）④ 构建了由共建共富、全民共富、全面富裕、逐步共富四个维度、12 个二级指标、50 个三级指标组成的共同富裕评价指标体系。陈宗胜和杨希雷（2023）⑤ 构建起包含财富丰裕程度、生活水平质量、收入分配差别和人本发展程度四个维度和 15 个指标的共同富裕指标体系。

从已有的研究来看，指标体系的构建一般会依据对共同富裕内涵的理解，构建相应的指标体系框架，在此基础上结合构建共同富裕的基本原则，确定最终的指标体系，其中还充分考虑到相关指标的可测性。虽然学者对共同富裕的指标体系仍在不断的探索之中，但从现实实践的角度出发，利用已有的共同富裕实施方案，进行实践性的探索还有待进一步的深入。

（二）实践层面共同富裕指标研究

根据其他学者对共同富裕指标的研究，主要体现在对富裕水平及差异性两个方面，具有重要的参考价值。与此不同，本部分主要是从目前有关共同富裕指标的实践中来提炼相关的指标，以对共同富裕进行测度。浙江省建设共同富裕先行示范区获得中央批复后，各地市结合浙江省统一要求和自身特点发布相关的实施方案。不仅如此，随后相继出台不同领域共同富裕推进方案。表 1-3-1 列出了浙江省 11 个地市共同富裕相关实施方案的名称与发布时间。

从表 1-3-1 中可以看出，杭州、温州、绍兴三市提出的打造或建设"市域范例""市域样板""城市范例"，舟山、湖州、宁波、台州四个地市提出建设"先行市"，不同城市总体目标定位与经济社会发展总体情况密切相关，可能会影响到对共同富裕的具体指标与目标。

① 陈丽君. 共同富裕的指标体系构建与实证分析［J］. 统计与信息论坛，2021（3）：49-57.
② 李金昌，余卫. 共同富裕统计监测评价探讨［J］. 统计研究，2022（2）：3-17.
③ 万海远，陈继平. 共同富裕的人均国民收入与基尼系数函数关系分析［J］. 北京师范大学学报（社会科学版），2021（1）：1-15.
④ 刘兴远. 共同富裕的评价指标与量化测度［J］. 唯实，2022（10）：54-59.
⑤ 陈宗胜，杨希雷. 构建共同富裕指标体系的原则与思路［J］. 国家治理，2023（1）：18-23.

表 1-3-1　浙江省 11 地市共同富裕相关实施方案

地市	名称	发布时间
绍兴	《绍兴奋力打造浙江高质量发展建设共同富裕示范区市域范例行动方案（2021—2025 年）》	2021 年 7 月 27 日
杭州	《杭州争当浙江高质量发展建设共同富裕示范区城市范例的行动计划（2021—2025 年）》	2021 年 7 月 10 日
金华	《金华高质量发展推进共同富裕先行示范实施方案（2021—2025 年）》	2021 年 7 月 22 日
舟山	《舟山高质量发展建设共同富裕示范区先行市实施方案 5（2021—2025 年）》	2021 年 7 月 24 日
温州	《温州打造高质量发展建设共同富裕示范区市域样板行动方案（2021—2025 年）》	2021 年 7 月 29 日
湖州	《湖州争创高质量发展建设共同富裕示范区的先行市实施方案（2021—2025 年）》	2021 年 8 月 2 日
嘉兴	《嘉兴深化城乡统筹　推动高质量发展　建设共同富裕示范区的典范城市行动方案（2021—2025 年）》	2021 年 8 月 3 日
宁波	《宁波高质量发展建设共同富裕先行市行动计划（2021—2025 年）》	2021 年 8 月 18 日
衢州	《衢州高质量发展建设四省边际共同富裕示范区行动计划（2021—2025 年）》	2021 年 8 月 22 日
丽水	《丽水加快跨越式高质量发展建设共同富裕示范区行动方案（2021—2025 年）》	2021 年 8 月 23 日
台州	《台州高质量发展建设共同富裕先行市行动方案（2021—2025 年）》	2021 年 8 月 25 日

　　出于具体方案可获得性和实际考虑，本部分选取省会城市杭州市，沿海城市嘉兴市、宁波市、台州市、温州市、舟山市及浙江中部城市金华市作为进一步共同富裕指标研究对象。在所有城市具体实施方案中均明确提出了共同富裕的目标体系，涵盖共同富裕的维度、指标及目标三个方面。通过对涵盖的指标逐条解析，进行归类，获得如表 1-3-2 所示的不同地市共同富裕维度划分与各维度指标数量情况。

　　从表 1-3-2 中可以发现，围绕着共同富裕内涵的"物质共富"与"精神共富"，进行维度展开，体现了物质文明与精神文明协调发展。杭州市提出"先富引领、城乡共富、区域共富、群体共富、物质精神共富、协作地区共富"六个方面的共同富裕内容，将提升富裕水平，缩小城乡、区域、群体三大差距，并通过"先富带动后富"实现共同富裕，突出体现了杭州市共同富裕的科学内涵的聚焦，这也展现了杭州市在促进共同富裕道路的积极引领和示范意图和目标。

　　2021 年 7 月 1 日，习近平总书记在庆祝中国共产党成立 100 周年大会上的讲话中指出："我们坚持和发展中国特色社会主义，推动物质文明、政治文明、精神文明、社会文明、生态文明协调发展，创造了中国式现代化新道路，创造了人类文明新形态。"师喆（2022）指出，中共中央所界定的"共同富裕"的内涵包括了物质文明和精神文明，但还需要对政治文明、社会文明、生态文明等的同步发展给予支撑和体现①。从表 1-3-2 中可以看出，除杭州外，其他六个地市将生态文明、社会文明（公共服务优质共享、党建统领的整体智治）纳入维度范围，就是考虑到了良治善政、优良的生态及社会和谐对共同富裕的积极支撑作用，是实现物质与精神共富的重要前提，同样应该成为共同富裕的基本目标。

表 1-3-2　浙江省七个地市共同富裕实施方案目标体系

维度	细分维度	杭州	宁波	温州	嘉兴	台州	金华	舟山	总计
经济发展水平	物质基础		10		12				22
	高质量发展						14	27	41
	经济发展			7					7
	经济高质量发展					11			11
	先富引领	10							10
	对外开放							17	17
城乡区域协调融合	城乡发展			11					11
	城乡融合		10						10
	城乡区域协调					11			11
	城乡区域协调融合							22	22
	城乡共富	16							16
	区域协调						11		11
	区域共富	14	10						24
	协作地区共富	10							10
群体收入水平与结构	群体共富	8							8
	收入富足						11		11
	分配机制						11		11
	收入分配				19	13			32
精神文明与精神共富	精神文化				14				14
	高素质文明						12		12
	物质精神共富	14							14
	先进文化			6		18			24
	文明风尚		10						10
生态环境共享	生态文明				17	13	15		45
	全域美丽			9					9

---

①　师喆．制度文明建设：实现共同富裕的重中之重［J］．党政研究，2022（1）：5-12.

续表

维度	细分维度	杭州	宁波	温州	嘉兴	台州	金华	舟山	总计
公共服务共享	公共服务			12	25	26	32	38	133
	群众获得感		14						14
社会治理	安全底线		15						15
	社会治理			13	14	20	18		65
体制机制	体制机制		3	7	7				17
	总计	72	108	72	65	125	111	104	657

注：表格内数字反映各维度涉及的指标数量，数据来源于各地市具体的实施方案。

如宁波市确定了体制机制完善、物质基础夯实、区域协同格局优化、城乡融合水平提升、群众获得感增强、文明风尚浓厚、安全底线巩固七个方面的目标，温州市提出了"体制机制更加灵活、经济发展更高质量、城乡发展更加协调、公共服务更加优质、先进文化更加繁荣、全域美丽更加彰显、社会治理更加高效"七个方面的"六更加、一更高"目标体系，体现了这两个地市对共同富裕的深刻理解，具有明确的实践性。

与学者从理论上建构共同富裕的指标体系不同，除杭州市外，其他地市均将社会治理，即"善政"纳入共同富裕的目标体系，突出体现了国家治理体系和治理能力现代化作为共同富裕重要的保障机制，同时也是共同富裕的重要内容，因而需要纳入共同富裕指标体系中一体化考虑。

进一步分析各维度的细分维度，不同地市有相同之处，亦有所差别，至少在表述的内涵上略有差异，但总体上包括了共同富裕的水平与结构两个方面。从经济发展水平维度看，高质量发展奠定物质共同基础是主体；从缩小三大差距维度看，推动城乡融合共富、区域协调发展共富、不同群体共富是核心；从精神与文化发展维度看，实现高素质与精神文化共富是重要内容，推动生态环境与公共服务共享及社会共治是重要保障。但体制机制作为实现共同富裕的基本保障和手段，不应该作为共同富裕的指标。

（三）市域共同富裕指标体系

习近平总书记曾经指出："高质量发展，就是能够很好满足人民日益增长的美好生活需要的发展，是体现新发展理念的发展，是创新成为第一动力、协调成为内生特点、绿色成为普遍形态、开放成为必由之路、共享成为根本目的的发展。"从实践性上看，共同富裕包含的内容较为广泛，按照"五位一体"总体布局的综合考量，通过筛选市域共同富裕指标，结果如表1-3-3所示。评价指标包括高质量发展、物质共富、精神共富、生态环境共享、公共服务共享与社会治理六个维度，75个评价指标。

表 1-3-3　实践层面共同富裕评价指标体系

维度	评价项目	评价指标	编码
高质量发展（A）	发展水平（A1）	地区生产总值	A101
		人均地区生产总值	A102
		数字经济比例	A103
		对外开放水平	A104
	结构优化（A2）	产业结构高级化程度	A201
		产业升级和消费升级协调性	A202
	发展环境（A3）	营商环境	A301
		市场主体总量	A302
	创新驱动（A4）	R&D 投入强度	A401
		创新型城市建设	A402
		发明专利拥有量	A403
	效率提升（A5）	全员劳动生产率	A501
		产业链现代化程度	A502
	消费水平（A6）	区域消费中心城市	A601
		居民人均消费支出	A602
物质共富（B）	富裕水平（B1）	居民人均可支配收入	B101
		劳动报酬占地区生产总值比重	B102
		居民人均可支配收入与人均 GDP 之比	B103
	群体共富（B2）	中等收入群体规模	B201
		家庭年可支配收入 20 万~60 万元的群体比例	B202
		家庭年可支配收入 10 万~50 万元的群体比例	B203
		低收入群体社会保障水平	B204
		低收入群体生活品质	B205
		低收入群体人均可支配收入增长率	B206
	城乡共富（B3）	城乡居民人均可支配收入倍差	B301
		城镇居民内部高低收入人群收入差距	B302
		农村居民内部高低收入人群收入差距	B303
	区域共富（B4）	地区人均 GDP 最高最低倍差	B401
		地区居民人均可支配收入最高最低倍差	B402
		最低区县（市）居民人均可支配收入与全市平均之比	B403

续表

维度	评价项目	评价指标	编码
精神共富（C）	文化设施（C1）	"15分钟文明实践服务圈"覆盖率	C101
		"15分钟品质文化生活圈"覆盖率	C102
		县级以上文明村镇建成率	C103
		每万人拥有公共文化设施面积	C104
		市、县、乡三级文化设施覆盖达标率	C105
	文明程度（C2）	文化软实力	C201
		居民综合阅读率	C202
		国民素质和社会文明程度	C203
		文明好习惯养成实现率	C204
		社会诚信度	C205
生态环境共享（D）	生态环境质量（D1）	城市空气质量优良天数比例	D101
		城市PM2.5平均浓度	D102
		地表水达到或优于Ⅲ类水质比例	D103
		碳达峰碳中和	D104
		资源能源利用效率	D105
		生态环境状况综合指数	D106
	生态环境共享（D2）	城市公园绿地服务半径覆盖率	D201
		公众生态环境获得感	D202
公共服务共享（E）	住房（E1）	城镇住房保障受益覆盖率	E101
	教育（E2）	全民受教育程度	E201
		儿童平均预期受教育年限	E202
		县域义务教育校际差异系数	E203
		高等教育毛入学率	E204
		学龄青年接受高等教育（大专及以上）	E205
		劳动年龄人口平均受教育年限	E206
	健康（E3）	人均预期寿命	E301
		县域就诊率	E302
		个人卫生支出占卫生总费用比例	E303
	为老（E4）	法定人员社保覆盖率	E401
		市域基础养老金标准	E402
		最低生活保障标准增幅	E403
		医养康养深度融合的养老服务体系	E404
		每万老年人口拥有养老护理人数	E405

续表

维度	评价项目	评价指标	编码
公共服务共享（E）	为小（E5）	每千人口拥有 3 岁以下婴幼儿托位数	E501
		普惠性幼儿园在园幼儿占比	E502
社会治理（F）	安全（F1）	公众食品药品安全满意度	F101
		亿元生产总值生产安全事故死亡率	F102
	和谐（F2）	万人成讼率	F201
		万人犯罪率	F202
		社会和谐和睦程度	F203
		社会民主法治水平	F204
	法治（F3）	党建统领的整体智治体系	F301
		风险闭环管控大平安机制	F302
		共建共治共享的社会治理格局	F303
		群众获得感幸福感安全感满意度	F304

1. 高质量发展维度

高质量发展体现经济发展的水平、结构与条件，体现出创新与效率，更要体现高质量的消费。在高质量发展评价维度涵盖 6 个项目，共 15 个评价指标。发展水平是由 GDP 总量、人均 GDP、数字经济比例和对外开放水平 4 个指标来衡量，充分考虑到了"数字中国"建设与"高水平对外开放"两个方面的指标。

2. 物质共富

物质共富维度是由富裕水平、群体共富、城乡共富和区域共富四个方面的指标共同构成的，体现了在共同富裕方面的富裕水平，消除群体城乡和区域的差异。这也是大部分共同富裕指标所关注的物质共富的核心指标。富裕水平主要是从居民人均可支配收入、劳动报酬占地区生产总值的比重，以及居民人均可支配收入与人均 GDP 之比来衡量，反映的是收入的水平。而群体共富，主要是从中等收入群体的规模以及比例两个方面来进行衡量的。城乡共富，主要是从城市、城镇和农村居民人均可支配收入的差距，以及城镇和农村内部高收入和低收入群体的收入差距三个方面的指标来衡量。区域共富则反映了市域范围内不同地区人均 GDP，居民人均可支配收入的差距。

3. 精神共富

精神共富，主要是考虑文化设施的供给水平及均等化程度，还涉及居民整体文化以及文明程度。在文化设施供给方面主要考虑公共文化设施面积及覆盖率和文明实践服务圈及品质文化生活圈的覆盖率。

4. 生态环境共享

生态环境共享体现了生态环境质量以及共享程度。在生态环境质量方面主要考虑空气质量、地表水碳排放、资源能源利用效率以及总体的生态环境状况综合指数，而在生态环境共享方面，主要是公园绿地的服务半径和公众生态环境获得感。

5. 公共服务共享

公共服务主要体现在服务的供给水平以及均等化程度，考虑住房、教育、健康等方面，还考虑与"一老一小"相关的公共服务供给水平及均等化程度。在住房方面主要是考虑到城镇住房保障受益的覆盖率，而在教育方面则关注全民的受教育程度、儿童的平均预期受教育年限、高等教育的毛入学率、学龄青年接受高等教育的比例、劳动年龄人口的平均受教育年限，因此不仅体现了教育的水平，还体现了教育结构的均衡性。其中特别关注义务教育阶段校际的均衡性，用县域义务教育校际差异系数来衡量。在健康方面主要是考虑人均预期寿命，限于就诊率、个人卫生支出占卫生总费用的比例，来反映总体的健康水平和政府在健康领域投入的均等化程度。在老年人公共服务共享方面充分考虑到社保覆盖率养老金的标准，最低生活保障增幅的标准，还考虑养老服务体系和养老护理人员数。另外，还要考虑针对 6 岁以下儿童主要是 3 岁以下婴幼儿托位数量和普惠性入园的比例。

6. 社会治理

社会治理维度主要是从安全、和谐和法治三个方面来衡量。安全主要是从食品药品的安全满意度、安全生产事故的死亡率和社会的万人陈述率和万人犯罪率来衡量，而和谐主要是体现社会和谐和睦的程度；在法治方面，考虑到用民主法治的水平、整体智治体系以及风险管理机制，形成共建共治共享的社会治理格局以及群众的获得感、幸福感、安全感、满意度方面的主观评价。

适宜范围内共同富裕的评价指标，或者也可称为目标体系，以全域范围。可能会有所差异。但总体上体现了在质量发展中促进共同富裕的基本思路和路径。各项评价指标也并非固定不变，而是要根据现实的条件和城市发展情况适时动态调整。不过，仍然要关注"共同"与"富裕"两个方面的核心评价指标，做好相关指标的动态监测以及调查统计。

第二篇

共同富裕目标与路径

. . .

山东省扎实推动共同富裕目标路径研究

《中共中央　国务院关于支持浙江高质量发展建设共同富裕示范区的意见》指出："共同富裕具有鲜明的时代特征和中国特色，是全体人民通过辛勤劳动和相互帮助，普遍达到生活富裕富足、精神自信自强、环境宜居宜业、社会和谐和睦、公共服务普及普惠，实现人的全面发展和社会全面进步，共享改革发展成果和幸福美好生活。"这是从最终结果的角度，或者说是从需求侧对共同富裕的内涵做的全面界定，涉及与全体人民美好生活有关的所有方面。

习近平总书记在《扎实推动共同富裕》一文中，从分阶段推进的角度或者说从供给侧明确了分阶段推动共同富裕的目标，即"到'十四五'末，全体人民共同富裕迈出坚实步伐，居民收入和实际消费水平差距逐步缩小。到2035年，全体人民共同富裕取得更为明显的实质性进展，基本公共服务实现均等化。到本世纪中叶，全体人民共同富裕基本实现，居民收入和实际消费水平差距缩小到合理区间"。将共同富裕阶段性目标集中到居民收入、实际消费水平和基本公共服务三个方面。这三个方面是紧密相关的，居民收入和基本公共服务水平是基础，实际消费水平则是建立在居民收入和基本公共服务水平基础之上的。尤其是居民收入水平，不仅是衡量国民富裕度和财富共享度最重要的指标，也是反映一个国家或地区经济社会发展水平的关键指标，本身又包含社会保障等基本公共服务的内容，无疑是衡量共同富裕的最关键指标。

研究山东省应如何推动共同富裕，既需要从需求侧考虑，也需要从供给侧考虑，从不同的视角全方位展开研究。本部分选取居民可支配收入这一关键指标，秉持"找准差距，准确定位，精准施策"原则，重点探究山东省共同富裕取得明显实质性进展目标定位和实施路径。找准差距是前提，只有差距找准了，并通过系统深入分析明确产生差距的原因，才能做到对目标进行准确定位，也才能提出有针对性的政策措施，做到精准施策。

差距包括两方面：一是与中央确定的共同富裕阶段性目标的差距；二是与共同富裕先进地区之间的差距。前者是确立山东省共同富裕阶段性目标的依据，为研究制订推动共同富裕方案提供目标导向；后者有助于明确山东省在共同富裕方面存在的问题与不足，找出经济社会发展中的短板，以及需要强化、调整及改进之处，为研究制订推动共同富裕方案提供问题导向。本部分重点对后者差距进行分析，选取中央确定的建设共同富裕示范区浙江省作为参照，通过对山东省与浙江省居民可支配收入差距、构成变动及其原因进行分析，对山东省经济社会发展状况、经济富裕度与共享度状况做出准确判断，找出差距所在、大小、原因及缩小差距、推动共同富裕的可能途径，对共同富裕阶段性目标进行准确定位，提出具有针对性的政策建议。

一、共同富裕阶段性目标界定

山东省共同富裕阶段性目标任务的确定，既要立足于经济社会发展的现实基础，建立在客观可能之上；也要从国家发展战略需要出发，贯彻落实习近平总书记"三个走在前"重要指示要求，努力在服务和融入新发展格局上走在前、在增强经济社会发展创新力上走在前、在推动黄河流域生态保护和高质量发展上走在前，不断改善人民生活，推动共同富裕，开创新时代社会主义现代化强省建设新局面。

（一）共同富裕阶段性目标的提出与调整

党的十九大报告首次将实现全体人民共同富裕作为社会主义现代化的重要标志列为发展目标，将其规划在从 2020 年到 21 世纪中叶的两个阶段。第一个阶段，从 2020 年到 2035 年，在全面建成小康社会的基础上，再奋斗十五年，基本实现社会主义现代化，人民生活更为宽裕，中等收入群体比例明显提高，城乡区域发展差距和居民生活水平差距显著缩小，基本公共服务均等化基本实现，全体人民共同富裕迈出坚实步伐。第二个阶段，从 2035 年到 21 世纪中叶，在基本实现现代化的基础上，再奋斗十五年，把我国建设成富强民主文明和谐美丽的社会主义现代化强国，全体人民共同富裕基本实现，我国人民将享有更加幸福安康的生活。

党的十九大报告提出的"两阶段"目标分别是"全体人民共同富裕迈出坚实步伐"和"全体人民共同富裕基本实现"。时间节点分别是 2035 年和 21 世纪中叶。在对第一阶段表述里，有对共同富裕目标内容和要求的表述，包括两个方面 7 项指标：第一方面是反映富裕度的 1 项指标，即人民生活；第二方面是反映共享度的 6 项指标：中等收入群体比例、4 个差距（城乡发展差距、区域发展差距、城乡居民生活差距、区域居民生活差距）、基本公共服务均等化。

《中华人民共和国国民经济和社会发展第十四个五年规划和 2035 年远景目标纲要》将党的十九大报告提出的第一阶段目标分解为"十四五"规划目标和

2035 年远景目标，并在提法上做了调整，将"全体人民共同富裕迈出坚实步伐"调整为"十四五"规划目标，将 2035 年远景目标重新确定为"全体人民共同富裕取得更为明显的实质性进展"。

可看成是目标内容和要求的表述在两阶段差异比较大。对 2035 年"全体人民共同富裕取得更为明显的实质性进展"远景目标的表述，除党的十九大报告第一阶段目标中的两个方面 7 项指标以外，增加了反映富裕度的人均国内生产总值，对各指标应达到水平的要求也有所提高。此外，还提到了平安中国建设、国防和军队现代化，并将"人的全面发展"与"全体人民共同富裕"并列。党的十九大报告和"十四五"规划提出的 2035 年共同富裕目标内容如表 2-1-1 所示。

表 2-1-1 党的十九大报告和"十四五"规划提出的
2035 年共同富裕目标内容

类别	指标	党的十九大报告	2035 年远景目标
富裕度	人均国内生产总值		中等发达国家水平
	人民生活	更为宽裕	更加美好
共享度	中等收入群体比例	明显提高	显著扩大
	城乡发展差距	显著缩小	显著缩小
	区域发展差距	显著缩小	显著缩小
	城乡居民生活差距	显著缩小	显著缩小
	区域居民生活差距	显著缩小	显著缩小
	基本公共服务均等化	基本实现	实现
平安中国建设			达到更高水平
人的全面发展			更为明显的实质性进展

"十四五"目标内容包含在"民生福祉达到新水平"中："实现更加充分更高质量就业，城镇调查失业率控制在 5.5% 以内，居民人均可支配收入增长与国内生产总值增长基本同步，分配结构明显改善，基本公共服务均等化水平明显提高，全民受教育程度不断提升，劳动年龄人口平均受教育年限提高到 11.3 年，多层次社会保障体系更加健全，基本养老保险参保率提高到 95%，卫生健康体系更加完善，人均预期寿命提高 1 岁，脱贫攻坚成果巩固拓展，乡村振兴战略全面推进，全体人民共同富裕迈出坚实步伐。"除"基本公共服务均等化"以外，上述各方面都未包括在党的十九大报告关于共同富裕目标的表述中。

当然，党的十九大报告和"十四五"规划都没有对全体人民共同富裕做专门论述，只是将其作为社会主义现代化的重要标志，在与民生福祉有关的部分提出来的。有关内容也只是与全体人民共同富裕相关性比较高，可以看成是对共同富裕阶段性目标的表述。真正专门对共同富裕阶段性目标作出表述的中央文件，是 2021 年 5 月发布的《中共中央　国务院关于支持浙江高质量发展建设共同富裕示范区的意见》。

（二）共同富裕阶段性目标的进一步明确

《中共中央　国务院关于支持浙江高质量发展建设共同富裕示范区的意见》（以下简称《中央支持浙江意见》）首次对共同富裕做了明确界定：共同富裕具有鲜明的时代特征和中国特色，是全体人民通过辛勤劳动和相互帮助，普遍达到生活富裕富足、精神自信自强、环境宜居宜业、社会和谐和睦、公共服务普及普惠，实现人的全面发展和社会全面进步，共享改革发展成果和幸福美好生活。不仅包括与个人生活紧密相关的五个方面：生活富裕富足、精神自信自强、环境宜居宜业、社会和谐和睦、公共服务普及普惠，而且是"人的全面发展和社会全面进步"的表现。

在对浙江建设共同富裕示范区发展目标的表述中，第一次对全体人民共同富裕取得明显的实质性进展和基本实现作了较为具体的阐述。但只提了"取得更为明显的实质性进展"和"基本实现"两个阶段，没有提国家"十四五"规划目标"迈出坚实步伐"。时间节点分别提前了 10 年和 15 年，即将全国 2035 年"取得更为明显的实质性进展"远景目标确定为浙江 2025 年目标，将全国 21 世纪中叶"基本实现"目标确定为浙江 2035 年目标。

对 2025 年浙江省"全体人民共同富裕取得更为明显的实质性进展"的表述是"推动高质量发展建设共同富裕示范区取得明显实质性进展"，具体内容较国家 2035 年远景目标纲要又有较多扩展，增加了低收入群体增收能力和社会福利水平、美丽浙江建设、治理能力、体制机制和政策框架、可复制可推广的成功经验，在"人民生活"方面提出了"生活品质上新台阶"，"中等收入群体比例"改为"以中等收入群体为主体的橄榄型社会结构"，"人的全面发展"改为"国民素质和社会文明程度"，但没有提"平安中国建设"。

值得注意的是，对缩小城乡发展、区域发展、城乡居民生活、区域居民生活"四大差距"目标的表述，国家 2035 年远景目标的表述都是"显著缩小"，《中央支持浙江意见》2025 年目标的表述则是"持续缩小"，似乎有所降低。其实不然。这是由于两个文件确定目标的立足点或者说基点不同，国家 2035 年远景目标立足于"十三五"末期全国的总体水平，《中央支持浙江意见》2025 年目标立足于"十三五"末期浙江的发展水平。两者不在同一个水平。"十三五"末期全国"四大差距"还很大，浙江"四大差距"远低于全国平均水平，只需要保持已经形成的发展态势，"持续缩小"即可。

对 2035 年浙江省"共同富裕基本实现"具体内容的表述涉及六个方面：一是反映富裕度的人均地区生产总值和城乡居民收入，争取达到发达经济体水平；二是反映共享度的城乡区域协调发展、收入和财富分配格局，前者程度更高，后者更加优化；三是反映安全性的法治浙江、平安浙江建设，都要达到更高水平；四是反映治理水平的治理体系和治理能力现代化，水平明显提高；五是反映文明程度的物质文明、政治文明、精神文明、社会文明、生态文明，都要全面提升；六是反映制度建设的共同富裕制度体系，要更加完善。共同富裕国家 2035 年远景目标与浙江 2025 年目标比较如表 2-1-2 所示。

表 2-1-2　共同富裕国家 2035 年远景目标与浙江 2025 年目标比较

类别	指标	2035 年远景目标	浙江 2025 年目标
富裕度	人均国内生产总值	中等发达国家水平	中等发达经济体水平
	人民生活	更加美好	生活品质迈上新台阶，更加美好
共享度	低收入群体增收能力和社会福利水平		明显提升
	中等收入群体比例	显著扩大	橄榄型社会结构基本形成
	城乡发展差距	显著缩小	持续缩小
	区域发展差距	显著缩小	持续缩小
	城乡居民生活差距	显著缩小	持续缩小
	区域居民生活差距	显著缩小	持续缩小
	基本公共服务均等化	实现	实现
	平安中国建设	达到更高水平	
	人的全面发展	更为明显实质性进展	国民素质和社会文明程度达到新高度
	美丽浙江建设		取得新成效
	治理能力		明显提升
	体制机制和政策框架		基本建立
	可复制可推广的成功经验		形成一批

与 2025 年"取得明显实质性进展"目标内容相比，《中央支持浙江意见》中浙江 2035 年"共同富裕基本实现"目标项目有增有减，要求全面提高。增加了城乡居民收入、收入和财富分配格局、法治浙江与平安浙江建设和文明程度等内容，减少了低收入群体增收能力和社会福利水平、中等收入群体比例、基本公共服务均等化、人的全面发展、美丽浙江建设、体制机制和政策框架以及可复制可推广的成功经验。其中，低收入群体增收能力和社会福利水平、中等收入群体比例实际上是换成了收入和财富分配格局，人的全面发展、美丽浙江建设在文明程度中也应体现，体制机制和政策框架换成了共同富裕的制度体系，基本公共服务

均等化则在上一阶段已经实现。真正增加的是城乡居民收入，这是在党的十九大报告和"十四五"规划与2035年远景目标中都没有的。

（三）浙江省共同富裕2025年取得明显实质性进展目标（见表2-1-3）

表2-1-3　浙江促进共同富裕2025年取得明显实质性进展目标部分指标

类别	指标	2025年目标值
提高富裕度	人均生产总值	中等发达经济体水平
	市场主体总量	1100万户
	人均可支配收入	7.5万元
	人均可支配收入与人均生产总值比	持续提高
缩小人群差距	劳动报酬占GDP比重	超过50%
	家庭年可支配收入10万~50万元	80%
	家庭年可支配收入20万~60万元	45%
	城镇居民高低收入人群收入差距	持续缩小
	农村居民高低收入人群收入差距	持续缩小
	设区市人均可支配收入倍差	1.55以内
	低收入群体增收能力	明显提升
	低收入群体生活品质	明显提升
	低收入群体社会福利水平	明显提升
缩小城乡区域差距	区域发展差距	显著缩小
	城乡发展差距	显著缩小
	城乡居民生活水平差距	显著缩小
	常住人口城镇化率	75%
	城乡居民收入倍差	1.9以内

浙江省在《中央支持浙江意见》基础上，制定出台了《浙江高质量发展建设共同富裕示范区实施方案（2021—2025年）》。从"四个率先三个更加彰显"七个方面，即率先基本建立推动共同富裕体制机制和政策框架、率先基本形成更富活力创新力竞争力的高质量发展模式、率先基本形成以中等收入群体为主体的橄榄型社会结构、率先基本实现人的全生命周期公共服务优质共享、人文之美更加彰显、生态之美更加彰显、和谐之美更加彰显，全面细化了到2025年推动高质量发展建设共同富裕示范区取得明显实质性进展目标内容。

与居民收入提升和差距缩小有关的目标主要包括18项指标：在提高富裕度方面，人均生产总值达到中等发达经济体水平，市场主体总量达到1100万户，居民人均可支配收入达到 7.5 万元，居民人均可支配收入与人均生产总值之比持续提高；在缩小人群差距方面，劳动报酬占 GDP 比重超过 50%，中等收入群体规模不断扩大、结构持续优化、生活品质不断提升，家庭年可支配收入 10 万~50 万元的群体比例达到 80%、20 万~60 万元的群体比例力争达到 45%，城镇居民、农村居民内部高低收入人群收入差距持续缩小，低收入群体增收能力、生活品质和社会福利水平明显提升，设区市人均可支配收入最高最低倍差要缩小到 1.55 以内；在缩小城乡区域差距方面，城乡区域发展差距、城乡居民收入和生活水平差距显著缩小，常住人口城镇化率达到 75%，城乡居民收入倍差缩小到 1.9 以内。

这些指标及目标值不仅是根据《中央支持浙江意见》制定的，而且是立足于浙江省经济社会发展实际制定的，也是到目前为止唯一得到中央认可的。相较于学者提出的各种指标体系，更具有权威性和可操作性。不仅对山东省明确共同富裕取得明显实质性进展目标任务有重要参考价值，其中的一些量化指标也是测算确定山东省实现目标所需时间的主要依据。

二、山东省实现共同富裕目标的现实基础与主要差距

推动共同富裕必须立足于各地经济社会发展的实际。这种实际不仅是指经济社会发展已达到的水平，更是指所达到水平与目标水平的差距。浙江省是中央确定的推动共同富裕先行省份，目标是建设共同富裕示范区。其现实基础和发展目标为山东省提供了很好的参照标准。通过与浙江省比较，不仅有助于正确研判山东省实现共同富裕阶段性目标的现实基础，也有助于找出差距所在并分析其原因，为准确定位阶段性目标，找准着力点，精准施策。

（一）山东省实现共同富裕目标的现实基础

山东省经济社会发展总体处于全国平均水平。2020 年，山东省人均 GDP 为 72151 元，略高于全国 72000 元的平均水平；居民人均可支配收入为 32886 元，略高于全国 32189 元的平均水平；城乡人均可支配收入倍差为 2.33，低于全国平均水平（2.59）。这说明山东省按照中央确定的三阶段扎实推动共同富裕有较好基础，特别是在提高富裕共同度方面有一定优势。

对照中央推动共同富裕三阶段和浙江省两阶段目标，浙江省 2025 年和 2035 年目标分别对应全国 2035 年和 21 世纪中叶目标，实现全国二三阶段目标的时间分别比全国提前了 10 年和 15 年。这说明按照中央对浙江省发展水平的定位，2020 年浙江省已经超过了全国 2025 年实现共同富裕第一阶段目标的水平，只需要再用 5 年时间，就可以实现共同富裕取得更明显实质性进展的目标。

与浙江省相比，2020 年，山东省人均 GDP 接近浙江省 2014 年水平（72730 元），居民人均可支配收入略高于浙江省 2014 年的水平（32658 元），城乡人均可支配收入倍差高于浙江省 2013 年水平（2.12）。人均 GDP 与人均可支配收入都落后浙江省 6 年，缩小城乡居民收入差距方面则落后浙江省 7 年以上。由于浙江省实现共同富裕第二阶段目标时间提前了 10 年，这进一步说明山东省实现共同富裕第一、二两阶段目标有较好基础，完全有可能提前实现共同富裕取得更明显实质性进展目标。

分地区来看，2020 年，山东省 16 个地市中，有人均 GDP 6 个地市超过全国平均水平，其余 10 个地市均低于全国平均水平，其中济南、青岛、烟台、东营和威海 5 市超过了浙江省平均水平；居民人均可支配收入有 7 个地市超过全国平均水平，其余 9 个地市均低于全国平均水平，排名最高的青岛市仅略高于浙江省 2018 年平均水平；城乡人均可支配收入倍差有 14 个地市低于全国平均水平，只有 2 个地市高于全国平均水平，其中德州、菏泽和聊城 3 市低于浙江省平均水平。这说明山东省区域、城乡发展不平衡性比较严重，少数地区有条件率先实现共同富裕取得更明显实质性进展目标，但是大多数地区即使按照中央三阶段进程安排，到 2035 年实现共同富裕取得更明显实质性进展目标也有较大困难。

（二）山东省实现共同富裕目标的主要差距

1. 人均 GDP 及区域发展不平衡性

2020 年山东省人均 GDP 与浙江省的差距高达 28469 元，占山东省人均 GDP 的 39.46%，如表 2-1-4、图 2-1-1 所示。

表 2-1-4 1992~2020 年山东省人均 GDP 变化及其与全国及浙江省的对比

年份	全国人均GDP（元）	浙江人均GDP（元）	山东人均GDP（元）	与全国比较		与浙江比较	
				差距（元）	占山东比例（%）	差距（元）	占山东比例（%）
1992	2334	3209	2557	223	8.72	-652	-25.50
1993	3027	4459	3212	185	5.76	-1247	-38.82
1994	4081	6183	4441	360	8.11	-1742	-39.23
1995	5091	8144	5701	610	10.70	-2443	-42.85
1996	5898	9534	6746	848	12.57	-2788	-41.33
1997	6481	10615	7461	980	13.13	-3154	-42.27
1998	6860	11395	7968	1108	13.91	-3427	-43.01
1999	7229	12229	8483	1254	14.78	-3746	-44.16
2000	7942	13467	9260	1318	14.23	-4207	-45.43
2001	8717	14726	10063	1346	13.38	-4663	-46.34
2002	9506	16918	11120	1614	14.51	-5798	-52.14
2003	10666	20249	11977	1311	10.95	-8272	-69.07

续表

年份	全国人均GDP（元）	浙江人均GDP（元）	山东人均GDP（元）	与全国比较		与浙江比较	
				差距（元）	占山东比例（%）	差距（元）	占山东比例（%）
2004	12487	23476	14540	2053	14.12	-8936	-61.46
2005	14368	26277	17308	2940	16.99	-8969	-51.82
2006	16738	30415	20443	3705	18.12	-9972	-48.78
2007	20494	36454	24329	3835	15.76	-12125	-49.84
2008	24100	41061	28861	4761	16.50	-12200	-42.27
2009	26180	43543	31282	5102	16.31	-12261	-39.20
2010	30808	51110	35599	4791	13.46	-15511	-43.57
2011	36277	58398	40639	4362	10.73	-17759	-43.70
2012	39771	62856	44464	4693	10.55	-18392	-41.36
2013	43497	68036	48763	5266	10.80	-19273	-39.52
2014	46912	72730	52016	5104	9.81	-20714	-39.82
2015	49922	78768	56312	6390	11.35	-22456	-39.88
2016	53783	84921	59375	5592	9.42	-25546	-43.02
2017	59592	93186	63162	3570	5.65	-30024	-47.53
2018	65534	101813	66472	938	1.41	-35341	-53.17
2019	70078	107814	70129	51	0.07	-37685	-53.74
2020	72000	100620	72151	151	0.21	-28469	-39.46

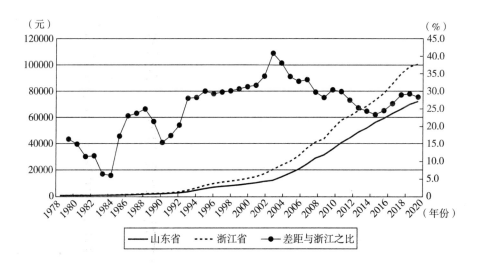

图 2-1-1　山东省与浙江省人均 GDP 变化趋势

2020 年，山东省区域发展不平衡性比浙江严重，地区间差距更大。如表 2-1-5 所示，浙江省 12 个地级市中，有 9 个市人均 GDP 高于山东省平均水平，温州比较接近，只有金华和丽水明显低于山东省平均水平。山东省 16 个地级市中，只有青岛、烟台、济南、东营和威海 5 市人均 GDP 达到了浙江省平均水平（100620 元），其余 11 个市差距都很大。山东省还有 4 个市人均 GDP 低于 5 万元，有 3 个市人均 GDP 低于 6 万元。浙江省人均 GDP 最低的丽水市为 61811 元，仅略低于山东省排名第 10 位的潍坊市。山东省人均 GDP 最低的聊城市只有 38901 元，仅相当于浙江丽水市的 60% 多。地市人均 GDP 最高与最低倍差山东为 3.61，浙江只有 2.28。按照区县计算的人均 GDP 基尼系数山东为 0.366，浙江已降至 0.198。

表 2-1-5 2020 年山东省与浙江省各地市人均生产总值比较

城市	生产总值（亿元）	人均生产总值（元）	城市	生产总值（亿元）	人均生产总值（元）
山东全省	73127.00	72151	浙江全省	64613.34	100620
东营	2981.19	136330	杭州	16106	136617
青岛	12400.56	123828	宁波	12409	132614
济南	10140.19	110681	舟山	1512	130130
烟台	7816.42	110225	绍兴	6001	113746
威海	3017.79	104065	嘉兴	5510	102541
淄博	3673.54	78089	湖州	3201	95579
日照	2006.43	67720	台州	5263	79889
滨州	2508.11	63915	衢州	1639	72192
潍坊	5872.17	62524	温州	6871	71766
德州	3078.99	54691	金华	4704	67329
济宁	4494.31	53764	丽水	1540	61811
泰安	2766.46	50444			
枣庄	1733.25	44928			
临沂	4805.26	43850			
菏泽	3483.11	39718			
聊城	2316.84	38901			

2. 人均可支配收入及城乡区域差距

最能反映全体人民富裕度和共享度的关键指标是居民人均可支配收入及城乡

居民人均可支配收入倍差。2020 年山东省居民人均可支配收入与浙江省的差距高达 19511 元，占山东省居民人均可支配收入的 59.33%，而且差距还呈持续扩大之势。如表 2-1-6 和图 2-1-2 所示。

表 2-1-6　山东省与浙江省人均可支配收入比较　单位：元/人，%

指标＼年份	2013	2014	2015	2016	2017	2018	2019	2020
浙江省	29775	32658	35537	38529	42046	45840	49899	52397
山东省	19008	20864	22703	24685	26930	29205	31597	32886
差距（山东—浙江）	-10767	-11794	-12834	-13844	-15116	-16635	-18302	-19511
差距占山东比例	-56.64	-56.53	-56.53	-56.08	-56.13	-56.96	-57.92	-59.33
差距增量		1027	1040	1010	1272	1519	1667	1209
差距增幅		9.54	8.82	7.87	9.19	10.05	10.02	6.61

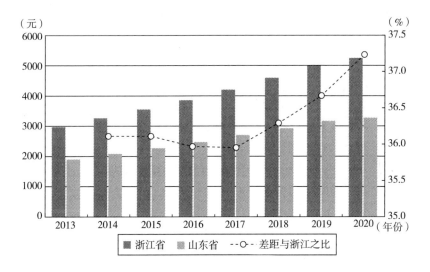

图 2-1-2　山东与浙江居民人均可支配收入差距变动

2020 年，山东省城镇与农村居民人均可支配收入倍差为 2.33，浙江省只有 1.96。从表 2-1-7 中可以看出，2020 年，山东省城乡居民人均可支配收入倍差还高于浙江省 2013 年的水平，也就是山东省在缩小城乡居民收入差距方面，至少落后浙江 7 年。这意味着山东省在促进共同富裕进程中，提高共享度的任务比提高富裕度的任务更重，难度也更大。

表 2-1-7　山东省与浙江省人均可支配收入比较　　　单位：元/人，%

年份		2013	2014	2015	2016	2017	2018	2019	2020
山东	城镇居民	26882	29222	31545	34012	36789	39549	42329	43726
	农村居民	10687	11882	12930	13954	15118	16297	17775	18753
	倍差	2.52	2.46	2.44	2.44	2.43	2.43	2.38	2.33
浙江	城镇居民	37080	40393	43714	47237	51261	55574	60182	62699
	农村居民	17494	19373	21125	22866	24956	27302	29876	31930
	倍差	2.12	2.09	2.07	2.07	2.05	2.04	2.01	1.96

山东省区域之间城乡收入差距明显大于浙江省。2020 年，山东省 16 个地市城乡居民人均可支配收入倍差在 1.74~2.63，除德州市为 1.74 之外，有 5 个市在 1.91~1.99，10 个市高于 2.0，最高的东营市为 2.63。浙江省 11 个地市城乡居民人均可支配收入倍差则在 1.61~2.05，有 4 个市低于山东省最低水平，排名第五位的宁波市与山东省德州市相同，高于 2.0 的只有金华和丽水，如表 2-1-8 所示。

表 2-1-8　2020 年山东省与浙江省各地市人均可支配收入及差距比较

城市	城镇（元）	农村（元）	收入倍差	城市	城镇（元）	农村（元）	收入倍差
德州	29594	16995	1.74	嘉兴	64124	39801	1.61
聊城	30036	15717	1.91	舟山	63702	39096	1.63
菏泽	29365	15107	1.94	湖州	61743	37244	1.66
泰安	38901	19682	1.98	绍兴	66694	38696	1.72
枣庄	35098	17690	1.98	宁波	68008	39132	1.74
潍坊	43085	21651	1.99	杭州	68666	38700	1.77
日照	36752	18274	2.01	衢州	49300	26290	1.88
济宁	38368	18653	2.06	台州	62598	32188	1.94
滨州	38582	18496	2.09	温州	63481	32428	1.96
威海	50424	23351	2.16	金华	61545	30365	2.03
淄博	46415	20891	2.22	丽水	48532	23637	2.05
烟台	49434	22305	2.22				
青岛	55905	23656	2.36				
临沂	39466	15918	2.48				
济南	53329	20432	2.61				
东营	52684	20003	2.63				

特别需要注意的是，山东省发展水平越高的地区，城乡居民人均可支配收入倍差也越大，自2012年以来降低幅度越小。人均GDP在5万元以下的5个地市，城乡居民人均可支配收入倍差在1.91~2.48，其中4个地市低于2.0；人均GDP在5万~8万元的6个地市，城乡居民人均可支配收入倍差在1.74~2.22，其中2个地市低于2.0；人均GDP超过10万元的5个地市，城乡居民人均可支配收入倍差都超过2.0，东营最高为2.63，威海最低为2.16，青岛和威海自2012年以来城乡居民人均可支配收入倍差不仅没有缩小，反而还扩大了。如表2-1-9和图2-1-3所示。

表2-1-9 山东省各地市城乡居民人均可支配收入之比变化（2012~2020年）

地市	城乡居民人均可支配收入之比			人均GDP所在梯队
	2012年	2020年	2012~2020年均减少	
德州	2.34	1.74	0.0745	2
聊城	2.67	1.91	0.0948	3
菏泽	2.34	1.94	0.0493	3
泰安	2.52	1.98	0.0676	3
枣庄	2.39	1.98	0.0508	3
潍坊	2.19	1.99	0.0248	2
日照	2.28	2.01	0.0331	2
济宁	2.54	2.06	0.0610	2
滨州	2.57	2.09	0.0604	2
威海	2.05	2.16	−0.0136	1
淄博	2.28	2.22	0.0069	2
烟台	2.26	2.22	0.0054	1
青岛	2.30	2.36	−0.0082	1
临沂	3.02	2.48	0.0675	3
济南	2.76	2.61	0.0192	1
东营	2.69	2.63	0.0075	1

注：人均GDP所在梯队是指以2020年人均GDP进行的梯队划分。超过10万元为第一梯队，5万~10万元为第二梯队，低于5万元为第三梯队。

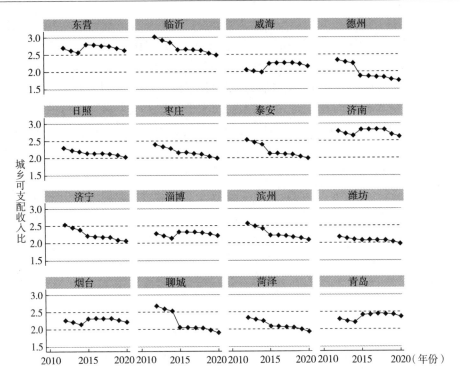

图 2-1-3　城乡可支配收入比

三、山东省共同富裕阶段性目标

（一）从与浙江差距推断取得明显实质性进展可能时间

根据前文基于国家统计局网站数据所做的梳理分析，山东省人均GDP、人均可支配收入以及在缩小区域、城乡差距方面都与浙江有一定差距。中央明确了浙江省促进共同富裕取得更明显实质性进展的时间是2025年，在山东与浙江经济社会发展状态不发生较大改变的情况下，根据山东各项指标落后于浙江的时间，可以推断出山东省对应各指标达到浙江省共同富裕取得更明显实质性进展水平的时间。

山东省人均GDP、人均可支配收入及其构成落后浙江省的状况如表2-1-10、表2-1-11、表2-1-12所示。全省人均GDP、人均可支配收入都落后浙江省6年。但城镇和农村存在差别，城镇人均可支配收入只落后5年。人均可支配收入四项收入落后程度也不同，且城镇与农村差异较大。城镇经营性纯收入和转移性净收入与浙江差距较小，分别落后3年和5年，工资性收入落后6年，财产性净收入落后 7 年以上。城镇和农村除转移性净收入均落后浙江省 3 年外，其余三项收入城镇和农村差异较大。城镇工资性收入仅落后 4 年，经营性纯收入和财产性净收入都落后 7 年左右；农村经营性纯收入领先浙江省 2 年多，工资性收入落后浙江省 7 年以上，财产性净收入落后浙江省 6 年多。

表 2-1-10   山东省 2020 年人均 GDP 及可支配收入与浙江差距

指标	人均 GDP	人均可支配收入	工资性收入	经营性纯收入	财产性净收入	转移性净收入
山东 2020	72151	32886	18716	6964	2357	4848
对应浙江	72730/2014	32658/2014	19069/2014	7123/2017	3315/2013	4622/2015
落后浙江	6 年	6 年	6 年	3 年	7 年以上	5 年
与浙江差距	28469	19511	11343	1349	3779	3040
差距/山东	39.46	59.33	60.61	19.37	160.33	62.71

表 2-1-11   山东省 2020 年城镇居民人均可支配收入与浙江差距

指标	人均可支配收入	工资性收入	经营性纯收入	财产性净收入	转移性净收入
山东 2020	43726	27250	6097	3793	6586
对应浙江	43714/2015	26656/2016	5996/2013	5014/2013	7074/2016
落后浙江	5 年	4 年多	7 年	7 年以上	3 年多
与浙江差距	18973	8120	2575	4954	3324
差距/山东	43.39	29.80	42.23	130.61	50.47

表 2-1-12   山东省 2020 年农村居民人均可支配收入与浙江差距

指标	人均可支配收入	工资性收入	经营性纯收入	财产性净收入	转移性净收入
山东	18753	7591	7194/2018	485	2582
对应浙江	19373/2014	10416/2013	7601/2020	457/2013	2669/2017
落后浙江	近 6 年	7 年以上	领先 2 年多	6 年多	3 年
与浙江差距	13177	11919	-493.81	464	1289
差距/山东	70.27	157.01	6.50 (浙江)	95.67	49.92

如果山东省与浙江省发展趋势保持不变，根据落后于浙江省的情况推断，山东省居民人均 GDP 和人均可支配收入到 2031 年就可以达到浙江 2025 年的水平，其中城镇居民人均可支配收入到 2030 年就可以达到。据此可以推断，山东省共同富裕取得更明显实质性进展可能的时间是 2031 年（见表 2-1-13）。

表 2-1-13　山东省居民人均 GDP 及可支配收入达到浙江示范区建设目标可能时间

指标	GDP	可支配收入	工资性收入	经营性纯收入	财产性净收入	转移性净收入
全省	2031	2031	2031	2028	2032 以后	2030
城镇		2030	2030	2032	2032 以后	2029
农村		2031	2032 以后	2023	2032	2028

具体到四项可支配收入，由于落后于浙江省的时间不一样，达到浙江 2025 年水平的时间也不一样。农村居民工资性收入、全省居民与城镇居民财产性净收入由于受统计数据的局限，浙江省只能查到 2013 年的数据，由此可以推断山东省落后于浙江 7 年以上，具体落后多少年无法确定，所以达到浙江 2025 年水平的时间也无法推断，肯定在 2032 年以后。其余各项指标达到时间都在 2028 ~ 2032 年。工资性收入全省 2031 年可以达到，城镇 2029 年可以达到。经营性纯收入全省 2028 年可以达到，城镇要到 2032 年才能达到，农村 2023 年即可达到。财产性净收入落后浙江时间最长，全省和城镇都要到 2032 年以后才能达到，农村到 2032 年就可以达到。转移性净收入城镇 2029 年、农村 2028 年就能达到浙江 2025 年的水平，但全省居民却要到 2030 年才能达到。

虽然山东财产性净收入达到浙江 2025 年水平所需时间最长，但对人均可支配收入达到浙江 2025 年水平的影响并不是最大的，因为财产性净收入占人均可支配收入的比重较小，2020 年全省居民、城镇居民和农村居民财产性净收入占人均可支配收入比重分别只有 7.17%、8.67% 和 2.59%，并且财产性净收入是财富积累的结果，是派生性收入，其提高对其他三项收入不会产生影响。

对人均可支配收入达到浙江 2025 年水平影响最大的是工资性收入，因为工资性收入占人均可支配收入的比重较大，2020 年城镇和农村居民工资性收入占比分别为 62.32% 和 40.48%，分别是财产性净收入占比的 7.19 倍和 15.63 倍。山东省城镇居民虽然经营性纯收入和财产性净收入达到浙江 2025 年水平的时间要到 2032 年及以后，人均可支配收入却能够在 2030 年达到浙江 2025 年的水平，主要原因就是占比最大的工资性收入 2030 年就能到浙江 2025 年水平。而农村居民虽然经营性纯收入 2023 年、转移性净收入 2028 年就能达到浙江 2025 年的水平，人均可支配收入却要到 2031 年才能达到浙江 2025 年的水平，主要原因也是占比较大的工资性收入落后浙江太多。另外，工资性收入是财富积累的主要来源，也与转移性收入中占比最大的养老金直接相关，所以，提高工资性收入水平对财产性收入的提高具有直接影响，对转移性收入的提高也有一定影响。

综合以上分析可以看出，只要保持近几年的发展势头，山东省人均 GDP 和人均可支配收入就可以在 2031 年达到浙江省 2025 年的水平，实现共同富裕取得更明显实质性进展的目标。如果能够采取有效措施提高发展速度和质量，贯彻落实好习近平总书记"三个走在前"重要指示，特别是在提高城镇居民经营性纯收入和财产性净收入、农村居民工资性收入和财产性净收入，缩小与浙江差距上取得较突出成效，在2030年即"十五五"末期，比全国提前5年共同富裕取得更明显实质性进展也是有可能的。

（二）基于现实基础测算的取得明显实质性进展可能时间

上述方法推断的山东省共同富裕取得更明显实质性进展的可能时间，建立在山东与浙江发展态势保持不变的基础上。由于浙江从2021年开始，按照中央要求高质量发展建设共同富裕示范区，发展态势必然会发生变化。为了使所推断的山东省共同富裕取得更明显实质性进展的时间更可靠，我们再以山东2020年实际达到的水平为基础，根据山东人均GDP、人均可支配收入和城乡居民收入倍差发展变化趋势进行外推，测算达到浙江2025年促进共同富裕取得更明显实质性进展目标值可能的时间，作为山东省促进共同富裕取得更明显实质性进展可能的时间。

1. 根据人均GDP增速测算的可能时间

浙江2025年的目标是达到中等发达经济体水平。中等发达经济体水平用人均GDP来衡量，基本在15000~20000美元，按照美元兑人民币6.5的汇率（2020年平均）换算为人民币为97500~130000元。浙江省2020年人均GDP为100620元，已经处于中等发达经济体人均GDP的中间水平。按照2025年超过2万美元也即13万元人民币的目标，人均GDP年只需平均增长5.26%，应该可以顺利达到。山东省2020年人均GDP约为72151元，"十三五"期间人均GDP年增速为5.12%，照此速度，不考虑价格指数的变化，2025年将达到92622元，2026年达到97366元，接近中等发达经济体97500元的最低水平。2027年时可达到102353元，基本上与浙江省2020年的水平相当。要到2032年才可能超过130000万元。因此，山东人均GDP将会比浙江落后7年左右达到共同富裕取得更明显实质性进展目标水平，比2020年落后于浙江省的时间延长了1年。如表2-1-14所示。

表2-1-14 山东省共同富裕取得实质性进展关键目标的趋势推断

年份	人均GDP（元）		人均可支配收入（元）	
	山东	浙江	山东	浙江
2015	56205	73276	22703	35537
2016	59239	78384	24685	38529

续表

年份	人均GDP（元）		人均可支配收入（元）	
	山东	浙江	山东	浙江
2017	62993	85612	26930	42046
2018	66284	93230	29205	45840
2019	69901	98770	31597	49899
2020	72151	100620	32886	52397
"十三五"增长率（%）	5.12	6.55	7.69	8.07
2025	92622	130000（5.26%）	47636	77256
2026	97366		51299	
2027	102353		55244	
2032	131393		80026	133048
2035	152635	217000	99950	167951

2. 根据人均可支配收入增速测算的可能时间

若考虑人均可支配收入，浙江到2025年的目标是达到75000元。按照"十三五"期间浙江省年均8.07%的增长速度，2025年可以达到77256元，到2035年将达到167951元，将在2025年的基础上翻1倍。山东省"十三五"期间人均可支配收入年均增长率为7.69%，照此增长速度，到2025年将达到47636元，略低于浙江省2020年的水平；到2032年才能达到80026元，超过75000元，也比2020年落后于浙江省的时间延长了近1年。按此估计，山东省按人均可支配收入达到共同富裕取得更明显实质性进展目标水平的时间会比浙江省滞后6~7年。到2035年将接近10万元，略高于2028年浙江省的水平。如表2-1-14所示。

3. 根据城乡居民收入倍差降速测算的可能时间

通过分析1983~2020年山东省城乡居民收入倍差变动趋势，大体可以分为三个明显的阶段。第一阶段为1983~1993年，城乡居民收入倍差呈现扩大趋势，从1.94扩大到2.64。第二阶段为1994~2009年，是先下降到1998年的2.18，然后上升到2009年的2.76，呈现快速扩大趋势。第三阶段为2010~2020年，呈现持续下降趋势，到2020年已下降至2.33，11年间平均每年下降0.039。若第三阶段下降态势能持续，将在2032年达到1.87，可实现取得更明显实质性进展目标值1.9以内。

但是，"十三五"期间，山东省城乡居民收入倍差持续下降趋势有所减缓，从2015年的2.44降至2020年的2.33，年均仅下降0.018，而不是2010~2020

年的年均下降 0.0392。若按照此速度下降，达到浙江省 2025 年目标 1.90 以内则需要 24 年，也就是要到 2044 年才能达到。若需要在 2035 年前达成此目标，则每年城乡居民收入倍差至少需要下降 0.0288，年均下降速度将会是山东省"十三五"期间的 1.6 倍（见图 2-1-4 和表 2-1-15）。由此可见，山东省实现共同富裕取得更明显实质性进展，在缩小城乡居民收入差距上将会面临比较大的压力。

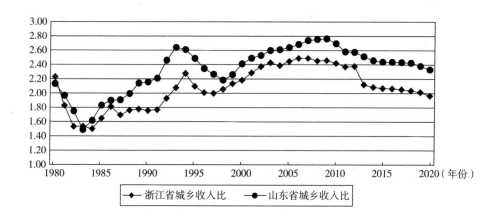

图 2-1-4　浙江省与山东省城乡收入比

表 2-1-15　城乡居民收入倍差降速趋势及取得实质性进展的可能时间

年份	2009	2015	2016	2017	2018	2019	2020	2010~2020年均降幅	2025	2032	2035
浙江	2.46	2.07	2.07	2.05	2.04	2.01	1.96	0.0451	1.74	1.42	1.29
山东	2.76	2.44	2.44	2.43	2.43	2.38	2.33	0.0392	2.14	1.86	1.74

4. 基本结论

综合以上三方面测算数据可以看出，山东省人均 GDP 和人均可支配收入只要保持"十三五"期间的增速，城乡居民收入倍差年均降速就能够达到 2010~2020 年的水平，这三个指标达到浙江省 2025 年共同富裕取得更明显实质性进展目标水平的时间都是 2032 年，虽然比按照 2020 年落后于浙江省时间推断的结果延长了 1 年，但还是比全国提前了 3 年。这说明山东省在提高富裕度方面，有条件走在全国之前。但在提高城乡居民共享度方面任务艰巨，面临的压力比较大。如果山东省"十四五"期间人均 GDP 和人均可支配收入增速能够较"十三五"期间有所提高，在提高城乡居民富裕度方面达到浙江省 2025 年水平的时间还可以提前到 2031 年甚至 2030 年即"十五五"末期。但必须在提高城乡居民共享度方面采取切实有效的措施，加大力度缩小城乡差距。

（三）山东省共同富裕阶段性目标

中央要求浙江比全国提前 10 年，于"十四五"时期末共同富裕取得更明显实质性进展、2035 年基本实现，直接跨过了全国"迈出坚实步伐"的第一阶段，由国家"十四五"规划和 2035 年远景目标提出的三阶段变成了两阶段。山东省落后浙江 6 年以上，虽然也有条件在推动共同富裕上走在全国前列，但只能提前 3~5 年。所以，山东省推动共同富裕阶段性目标，总体上应当按照中央确定的迈出坚实步伐、取得更为明显的实质性进展和基本实现三阶段模式确定。但在各阶段起始时间和具体目标上，应贯彻落实习近平总书记对山东提出的"三个走在前"要求，立足于经济社会发展的现实基础和内在潜能，在目标中明显体现出"走在前"。

中央要求浙江省从 2021 年起，用 5 年时间实现共同富裕第二阶段目标"取得更明显实质性进展"。全国则需要从 2025 年到 2035 年，用 10 年时间才能实现第二阶段目标。这就意味着浙江省 2020 年的发展水平已经超过了全国促进共同富裕第一阶段目标"迈出坚实步伐"的水平，领先了大约 5 年。山东省经济社会发展的现实基础是到 2020 年末，总体落后浙江省 6~7 年，青岛、济南、烟台、威海和东营 5 市达到或接近浙江省 2020 年平均水平，其他 11 市与浙江省差距较大。由此可以推断，山东省不需要到 2025 年就可以很轻松地实现第一阶段"迈出坚实步伐"的目标，青岛等 5 市 2020 年已经超过全国第一阶段目标水平。

但从贯彻落实习近平总书记"三个走在前"要求出发，从山东省缩小区域城乡发展差距和居民收入与生活水平差距面临的艰巨任务和巨大压力出发，山东省实现第一阶段目标不宜在时间上提前，而应在实现目标的内容及达到的水平上走在全国之前，力争在尽可能多的领域领先，创造一批可复制推广的成功经验，为更加顺利地实现第二、三阶段目标奠定坚实基础，也为全国促进共同富裕做出应有的贡献。

特别是山东省应把缩小与浙江等先进省份的差距作为共同富裕阶段性目标的内容，学习借鉴浙江等省份的有效做法和成功经验，找准差距，取长补短，力争在第一阶段扭转与浙江等省份差距持续扩大的不利局面，为第二、三阶段目标提前实现布好局，蹚出路，打下坚实基础。

同时，立足于山东省区域发展差距较大，青岛等 5 市发展水平已达到浙江省 2020 年水平，并超过了全国促进共同富裕第一阶段目标水平的客观实际，应积极支持这些地区先行先试，走在全省之前甚至直接进入第二阶段，在实现共同富裕阶段性目标，缩小与浙江等省份差距，探索推动共同富裕有效途径，引领带动其他地区发展等方面发挥积极作用。

因此，山东省推动共同富裕阶段性目标可以确定为：

第一阶段，"十四五"末期，即到 2025 年，共同富裕迈出坚实步伐，居民收入和实际消费水平差距逐步缩小，经济社会发展总体达到浙江省 2020 年水平，部分先行地区取得更明显实质性进展，经济社会发展总体达到浙江省 2025 年的水平。

第二阶段，在第一阶段目标实现的基础上，再用 5~8 年的时间，即 2035 年之前，共同富裕取得更为明显的实质性进展，基本公共服务实现均等化，经济社会发展总体达到浙江省 2025 年水平，部分先行地区到 2035 年基本实现全体人民共同富裕，经济社会发展总体达到浙江省 2035 年水平。

第三阶段，在第二阶段目标实现的基础上，再用 10 年左右时间，到 2045 年前后，全体人民共同富裕基本实现，居民收入和实际消费水平差距缩小到合理区间。

四、城乡居民可支配收入差距主要来源及原因

（一）城乡居民可支配收入与浙江省差距来源

1. 可支配收入与浙江省差距主要来自工资性收入

在推动共同富裕上，山东省已与浙江省处于不同的起点上，不仅差距较大，而且差距是全方位的。在居民人均可支配收入构成中，只有农村居民人均经营性纯收入高于浙江省，工资性收入、财产性净收入和转移性净收入都比浙江省低，城镇居民经营性纯收入也低于浙江省。2020 年，全省居民四项收入差距占比分别为 58.14%、19.37%、15.58% 和 6.91%，超过一半的差距来自工资性收入差距，财产性净收入和转移性净收入差距也比较大，二者之和超过总差距的 1/3。

究其原因，主要是城镇居民非工资性收入增长较慢，占比较低，特别是财产性净收入占比仅 8.67%，显著低于浙江省的 13.95%，导致城镇居民不仅工资性收入差距较大，非工资性的财产性净收入、转移性净收入和经营性纯收入差距也都不低，分别占 42.80%、26.11%、17.52% 和 13.57%。农村居民可支配收入构成尚未实现根本转变，主要来源仍然是从事农业生产获得第一产业经营性纯收入，2020 年占比 43.17%，远高于浙江省的 23.81%。工资性收入增长缓慢，占比只有 40.48%，显著低于浙江省的 61.10%，导致农村居民人均可支配收入与浙江差距 90.46% 来自工资性收入，高达 11919 元，相当于山东省农村居民人均可支配收入的 63.56%。

2. 四项收入与浙江省差距来源

导致工资性收入差距较大的原因是就业结构与工资水平差异。一方面，从事

二三产业获取工资性收入人员占比太低，获得工资性收入的人员太少。2020年，山东省一二三产业就业构成是24.9∶33.4∶41.7，二三产业就业人员占比为75.1%；浙江省一二三产业就业构成是5.4∶43.9∶50.7，二三产业就业人员占比高达95.6%，比山东高19.5个百分点。山东省仍有1372.0万人从事第一产业，占乡村人口的36.57%。浙江省只有208万人从事第一产业，仅占乡村人口的8.14%。

山东省三次产业就业人员占比均落后浙江省多年，第一产业占比仅相当于浙江省2005年水平（24.5%），落后浙江省15年；第二产业占比低于浙江省2000年水平（35.6%），落后浙江省20多年；第三产业就业占比相当于浙江省2013年水平（41.4%），落后浙江省7年。

另一方面，山东省城镇单位就业人员平均工资水平长期低于浙江省，且自2006年以来差距还呈持续扩大趋势。2020年比浙江省低20896元，相当于山东省城镇单位就业人员平均工资的23.81%。

工资性收入差距与经营性纯收入差距是相互关联的，都是三次产业尤其是二三产业发展差距的反映。山东省二三产业就业人员占比低、工资水平低，经营性纯收入也低，与浙江省的差距主要来自二三产业。2020年，城镇居民二三产业经营性纯收入差距分别为774元和1689元，占比30.06%和65.59%；农村居民第一产业经营性纯收入高于浙江省，差距来自二三产业，分别为1075元和661元。

财产性净收入是长期财富积累的结果，与浙江省的差距主要来源于自有住房折算净租金、出租房屋净收入和红利收入。2020年，三项收入差距分别是1695元、1496元和640元，占比分别是44.85%、39.59%和16.94%。其中城镇居民三项收入差距分别是2149元、1962元和845元，占比为43.38%、39.6%和17.06%；农村居民没有统计自有住房折算净租金，差距主要来自出租房屋净收入392元和红利收入188元，占比分别是84.48%和40.52%。

转移性净收入差距主要来自持续扩大的转移性收入（可分为公共性和家庭性两部分）差距，转移性支出差距及变化都很小。转移性收入差距主要来自公共性转移性收入，尤其是养老金或离退休金。2020年，公共性转移性收入差距为3297元，占转移性收入差距的82.69%，其中养老金或离退休金差距为3207元，占公共性转移性收入差距的97.27%，占全部转移性收入差距的80.50%。城镇居民公共性转移性收入差距占转移性收入差距的78.47%，其中养老金或离退休金占73.57%，占公共性转移性收入差距的93.7%。农村居民公共性转移性收入差距占转移性收入差距的77.23%，其中养老金或离退休金差距占78.27%，占公共性转移性收入差距的101.34%。

从上述人均可支配收入差距来源可以看出，要提高城乡居民收入水平，缩小与浙江省的差距，在推动共同富裕上走在全国之前，不仅要提高作为初次分配中劳动者报酬的工资性收入，加大再分配力度提高转移性净收入，也必须采取有效措施提高作为要素报酬的经营性纯收入和财产性净收入，提高的路径则要从导致人均可支配收入差距的原因中去寻找。

（二）导致城乡居民可支配收入与浙江差距的原因分析

经过研究发现，导致山东省城乡居民与浙江省存在较大差距的主要原因可以概括为以下四个方面：

一是市场主体培育落后，导致工业化及二三产业发展相对滞后，经济相对规模显著低于浙江省，农村剩余劳动力转移慢。欲推动工业化与农业产业化，发展二三产业，带动农村剩余劳动力转移，必先大力培育市场主体。山东省在市场主体培育方面远远落后于浙江省。2010 年，山东省每万人有法人单位 81.27 个，企业 61.78 家，其中工业法人 22.89 家，分别比浙江省的 125.85 个、104.69 家和 51.85 家少 54.85%、69.47% 和 126.52%。尽管 2015 年以来山东省企业数量增长较快，绝对数已超过浙江省，但是到 2020 年，山东省每万人法人和企业数分别增加到了 279.63 个和 244.32 家，仍比浙江省的 352.08 个和 322.8 家少 25.91% 和 32.12%。工业法人只有到 2014 年的数据，山东每万人有 21.77 家，比浙江的 71.58 家少 228.8%。

市场主体培育滞后带来的结果是，浙江省 1985 年工业增加值占比突破 40%，1993 年第二产业增加值占比突破 50%，2001 年二三产业增加值占比突破 90%。山东省突破的时间分别是 1992 年、2002 年和 2011 年，分别落后浙江省 7 年、9 年和 10 年。到 2020 年，工业及二三产业与浙江的相对规模①分别只有浙江的 0.65、0.69 和 0.69。尽管第一产业相对规模大于浙江，达到了浙江的 1.57 倍，但是总体经济相对规模仍只有浙江的 0.72。

市场主体培育滞后影响的不仅是人均 GDP 水平、就业结构与居民工资性收入，还直接影响农村剩余劳动力转移速度。浙江省 1983 年第二产业就业人数占比突破 30%，二三产业就业人数占比 1993 年突破 50%、2003 年突破 70%、2016 年突破 90%。山东省要到 2009 年第二产业就业人数占比才突破 30%，二三产业就业人数占比突破 50% 和 70% 时间分别是 2003 年和 2017 年，分别比浙江落后 24

---

①　经济相对规模表示剔除人口差异后，山东工业与二三产业增加值相对于浙江的大小。以工业为例，用山东工业增加值与浙江工业增加值之比，除以山东人口数与浙江人口数之比，即是山东工业相对于浙江的规模。该值大于 1 表示山东工业相对规模大于浙江，等于 1 表示工业相对规模与浙江相等，小于 1 表示工业相对规模小于浙江。

年、10 年和 14 年。到 2020 年，从事第一产业劳动力仍占 24.9%，浙江已降至 5.4%。

每万人市场主体数量与二三产业相对规模的大小，直接反映城乡居民从事市场经营的比例和经营规模的大小。这无疑也是山东省城乡居民经营性纯收入水平低于浙江省的原因所在。

二是大量农村剩余劳动力导致第一产业人均产值及全员劳动生产率显著低于浙江省，抑制二三产业工资水平提升，已成为人均 GDP 和居民可支配收入提升、城乡居民收入差距缩小的主要障碍。2020 年，山东省全员劳动生产率是 132721 元，浙江省是 167522 元，山东省比浙江省低 26.22%。第二、三产业差距不是很大，差距主要来自第一产业。2020 年，山东省三次产业人均产值分别为 39094 元、155476 元和 170401 元，浙江省分别为 104290 元、156105 元和 184114 元，山东省比浙江省分别低 166.77%、0.40% 和 8.05%。如果按照浙江省 2020 年第一产业人均产值计算，山东省 2020 年第一产业就业人数只需 514 万人。有 858 万人属于尚未转移的剩余劳动力，占比高达 62.54%。不把这些剩余劳动力转移出去，使其成为获取工资性收入的二三产业就业人员，与浙江省在全员劳动生产率和人均 GDP 上的差距很难缩小，居民尤其是农村居民可支配收入水平也很难提升上去，缩小城乡居民收入差距更是困难重重。

三是城镇化速度慢，吸纳人力资源特别是高素质人才能力弱，人均消费水平低，经济增长动力尚未实现结构性转变，不仅对投资的依赖性仍比较强，对新旧动能转换也有一定抑制作用，导致经济增长动力不足，影响居民收入水平提升。山东省城镇化率 2011 年才突破 50%，2017 年突破 60%。浙江省 2005 年就达到了 56.02%，2010 年突破 60%。到 2020 年，山东省城镇化率只有 63.06%，浙江省是 72.12%，山东省比浙江省低 9.06 个百分点。山东省吸引省外人力资源特别是高素质人才的能力远弱于浙江省。2001~2020 年，山东省人口只增长了 1124 万人，增长率为 12.43%。浙江省则增长了 1739 万人，增长率为 36.77%。2020 年，山东省有流动人口 2074.33 万人，其中跨省流动的仅占 19.91%，只有 413 万人；浙江省有流动人口 2555.75 万人，其中跨省流动的占 63.33%，高达 1618.56 万人。

山东省有大专及以上学历人口 1460.35 万人，占 14.4%，每万人中有 1438 人。浙江省大专及以上学历人口虽然少于山东省，为 1097.03 万人，但占总人口比例及万人拥有数都远高于山东省，分别为 17.0% 和 1699 人。与此对应的是，山东省人均消费水平、科技创新投入与产出都长期显著低于浙江省。2020 年，山东省居民人均消费支出是 20940 元，浙江省是 31295 元，山东省比浙江省低 49.45%，仅略高于浙江省 2013 年的水平。而在 2013 年的时候，山东省居民人均消费水平只有浙江省的 57.64%，其中城镇居民略高，但也只有 65.91%，农村居民仅 53.71%。

这些因素综合作用的结果就是，山东省经济增长动力转换慢。浙江省 2006 年最终消费率就达到了 47.7%，超过 46.4% 的资本形成率，成为经济增长第一动力。山东省到 2017 年（缺以后数据）经济增长第一动力仍然是投资，资本形成率为 50.10%，最终消费率为 48.4%。

自 2008 年以来，山东省规模以上工业企业 R&D 项目数及人员全时当量投入、新产品开发项目数、专利申请数量及国内专利申请受理量都比浙江省少，而且差距比较大。2008 年，山东省上述五项指标仅是浙江省的 0.98 倍、0.73 倍、0.53 倍、0.42 倍和 0.67 倍，到 2020 年仍分别只有浙江的 0.53 倍、0.53 倍、0.45 倍、0.57 倍和 0.67 倍，仅专利申请数量差距略有缩小，国内专利申请受理量差距未变，其余三项指标差距反而扩大了。

消费潜能未能充分激发出来，科技创新能力也相对不足，致使山东省经济增长动力相对不足，城乡居民收入水平提升较慢，与浙江省的差距不断拉大。

四是社会保险发展存在偏差，参加城乡居民基本养老保险人员比例偏高，不仅制约农村居民转移性净收入水平的提高，也成为进一步缩小城乡居民收入差距的重要制约因素。城乡居民基本养老保险与城镇企业职工基本养老保险待遇水平相差很大，是城乡居民转移性净收入差距特别是领取养老金的城乡离退休老人收入差距最主要的影响因素。参加城乡居民基本养老保险人员占比越高，人均养老金水平就越低。

浙江省早在 2012 年，参加城镇企业职工基本养老保险的人数就超过了参加城乡居民基本养老保险的人数，两者之比为 1∶0.61。2015 年，领取职工基本养老保险待遇的人数超过了领取城乡居民基本养老保险待遇的人数，两者之比为 1∶0.97。

到 2020 年，山东省城镇企业职工基本养老保险参保人数和待遇领取人数仍远低于城乡居民养老保险参保人数和待遇领取人数，两者之比分别为 1∶1.51 和 1∶2.06，浙江省这两个比例已分别降至 1∶0.36 和 1∶0.59。城乡居民和职工基本养老保险参保人数分别是 4590.4 万人和 3046.28 万人，待遇领取人数分别是 1555.3 万人和 754.14 万人。这就意味着目前山东省领取养老金的 2309.44 万人中，67.35% 的人领取的是城乡居民基本养老保险金，尚未退休的 5327.24 万参保人员中，56.97% 即有 3035.1 万人退休后可能仍然只能领取比农村低保还低的城乡居民基本养老保险金。浙江省目前只有 37.11% 即 529.5 万人领取城乡居民基本养老保险金，只有 39.06%，即 614.4 万尚未退休的参保人员退休后可能只能领取城乡居民基本养老保险金。

五、山东省共同富裕实施路径

《中央支持浙江意见》对浙江省提了五项示范内容，即完善收入分配制度、统筹城乡区域发展、发展社会主义先进文化、促进人与自然和谐共生、创新社会治理，要求建设四个区，即高质量发展高品质生活先行区、城乡区域协调发展引领区、收入分配制度改革试验区、文明和谐美丽家园展示区，并从六个方面提出了20项政策建议。这无疑也是山东省扎实推动共同富裕的重要指南。

但从以上分析可以看出，山东省居民可支配收入不仅与浙江省在水平上存在较大差距，结构上也存在较大差异，并已成为与浙江省差距的重要影响因素。这种差异尤其是结构性差异是两省长期以来的发展差异引起的。一方面，反映出两省已处于不同发展阶段，浙江省已经完成经济增长动力的结构性转换，进入了以提质增效为主的工业化高级阶段，山东省经济增长动力的结构性转换尚未完成，仍处于以规模扩张为主的工业化初级阶段；另一方面，反映出两省发展模式对于提高城乡居民可支配收入的成效不同，山东省尚有一些需要弥补的弱项和短板，调结构、补短板、强弱项仍然是重要的发展任务。山东省要在实现共同富裕取得更明显实质性进展目标上走在全国前列，不仅需要以习近平总书记关于共同富裕及视察山东讲话和中央有关文件为指引，继续推动新旧动能转换，加速重点产业特别是战略性新兴产业发展，也需要改革调整发展模式，补短强弱，提高经济社会发展水平与质量，增强经济社会发展促进共同富裕的成效。

1. 加大市场主体培育力度，大幅度增加市场主体数量

浙江省每万人拥有的市场主体数量远多于山东省，仍把市场主体增加到1100万户列为共同富裕取得更明显实质性进展的重要目标，可见市场主体对经济高质量发展促进共同富裕多么重要。市场主体较少已经成为阻碍山东省高质量发展促进共同富裕的短板，必须加大力度培育，在发展公有制经济增强对共同富裕支撑作用的同时，积极鼓励民营经济发展，采取有效措施促进私营企业特别是小微企业和个体工商户注册兴业，提高城镇居民和农村居民自主创业获取经营性纯收入人员比例，为加快二三产业发展，加速农村剩余劳动力转移，加快产业结构、就业结构和城乡居民收入结构调整奠定坚实基础。

2. 加速推进城镇化，积极改善城乡居民居住条件，推动二三产业发展

城镇化促进农村剩余劳动力由乡村向城镇、由农业向二三产业转移，带动城乡居民对城镇住房和服务业需求的提升，为房地产业及服务业发展创造条件，也为城乡居民从事服务业投资经营创造条件，提高获取工资性收入、经营性纯收入以及参加城镇企业职工基本养老保险人员比例，增加城乡居民住房拥有量，带动工资性收入、经营性纯收入、财产性净收入及转移性净收入全面提升。

3. 采取有针对性的措施提高工资水平，逐步提高劳动报酬在初次分配中的比例，增强对高素质人才的吸纳能力

山东省工资水平总体低于浙江省且差距持续扩大，但在不同性质单位和不同行业之间有一定差别。国有单位、机关事业单位差距较大，集体单位和其他单位差距较小；资源和劳动力密集行业、区位优势明显行业平均工资总体上高于浙江省，现代生产性服务业和民生服务业工资则长期低于浙江省。因此，应在坚持市场机制在企业工资形成和劳动力资源配置中起决定性作用原则、逐步提高劳动报酬在初次分配中比例的总政策取向下，采取有针对性的措施提高不同性质与行业单位工资水平，特别是应多管齐下，采取多方面政策措施提升高素质人才收入水平，增强对高素质人才的吸纳能力。

4. 总结推广成功经验，推动第一产业发展，打造乡村振兴齐鲁样板

农村居民经营性纯收入是山东唯一高于浙江的一项，也最有可能在赶超浙江上取得突破的项目。这不仅是因为山东从事第一产业的人数更多，而且农业产业化做得也比较好，每万人拥有的第一产业法人数比浙江多。这是山东的一大优势，其中必定有值得总结推广的成功经验。因此，应在推进农村剩余劳动力转移，提高第一产业全员劳动生产率的同时，全面总结各地在第一产业发展中创造的成功经验并在全省推广，积极探索第一产业发展新模式，打造乡村振兴齐鲁样板，将第一产业经营性纯收入较高的优势转变为扎实推动共同富裕阶段性目标实现的优势。

5. 积极推进城镇企业职工和城乡居民基本养老保险统筹发展，推动城乡居民基本养老保险参保人员进行制度转换

基本养老保险制度是退休人员实现共同富裕的基础性制度安排，也是基本公共服务均等化的重要内容，对提高城乡居民转移性净收入水平、缩小城乡退休人员收入差距具有决定性作用。山东城乡居民基本养老保险和城镇职工基本养老保险发展很不平衡，城乡居民基本养老保险参保人员和待遇领取人员占比太高，养老金水平与增速都远低于浙江，已经成为提高城乡居民收入水平、缩小收入差距的重要影响因素。因此，必须调整基本养老保险发展思路，鼓励城乡居民参加职工基本养老保险，将从事非农工作的新参保人员全部纳入职工养老保险，采取有效措施推动从事非农工作且具备一定条件的城乡居民基本养老保险参保人员进行制度转换，转入城镇职工基本养老保险，逐步缩小城乡居民基本养老保险参保人员和待遇领取人员比例，提高城乡居民以养老金和医药费报销收入为主的社会保险收入水平。

6. 着眼全局，点面结合，多层次、多样化推进

立足于总体富裕度不高、区域发展梯次明显、发展不平衡性较为突出的客观

实际，以及共同富裕涉及面宽、内容丰富的特点，着眼全省长远布局，第一、二阶段重点推进优势领域和地区先行先试，既选择若干地（市）、县（区）乃至乡镇等进行多层次示范区建设，也选择有条件的地区进行跨区域示范区建设；既在一些整体发展水平较高的地区围绕中央提出的"五项示范内容"，全面推进"四区"建设，也选择一些在某些领域具有优势的地区进行有针对性的试点探索。通过点面结合的多层次、多样化试点探索，以期在尽可能大的范围、尽可能多的领域取得实质性进展，探索适合不同地区、不同条件的建设模式，形成一批可复制的成功经验。

第三篇

金融发展与共同富裕

数字普惠金融促进共同富裕效应

一、研究背景

（一）问题提出

"治国之道，富民为始"，实现全民共同富裕自古以来就是我国各族人民的共同追求。实现共同富裕目标具有长期性、复杂性和艰巨性（胡鞍钢和周绍杰，2021）[①]，探索研究共同富裕目标的实现路径、机制已成为我国当下全面建设社会主义现代化国家新征程上的重要议题。2020 年，在以习近平同志为核心的党中央的坚强领导下，经过全党和全国人民的不懈奋斗，我国实现了全面建成小康社会的伟大目标，历史性地解决了绝对贫困问题，朝着"共同富裕"目标不断前进。我国"十四五"规划和 2035 年远景目标纲要明确提出，"十四五"期间全体人民共同富裕迈出坚实步伐，到 2035 年，全体人民共同富裕取得更为明显的实质性进展。习近平总书记指出，我们务必把实现全民共同富裕摆在更为重要的位置，久久为功，脚踏实地，朝着这个伟大目标积极地努力。

（二）研究现状

现有关于数字普惠金融的文献主要集中于研究数字普惠金融在拉动经济增长、减小收入差距、助力减贫脱贫、提高社保水平以及扩大居民消费等方面的作用机理及路径。在助力经济增长方面，Kapoor（2014）发现数字普惠金融可以促进经济增长[②]，该结论在我国也已经得到验证（钱海章等，2020）[③]；在优化升级经济结构、提高经济发展质量方面，薛莹和胡坚（2020）从理论和实践的角度分析，认为数字普惠金融与金融科技有机结合有助于发挥资源的配置效应和创新效

---

① 胡鞍钢，周绍杰 . 2035 中国：迈向共同富裕 [J] . 北京工业大学学报（社会科学版），2021：1-22.

② Kapoor A. Financial Inclusion and The Future of the Indian Economy [J] . Futures，2014，56：35-42.

③ 钱海章，陶云清，曹松威，等 . 中国数字金融发展与经济增长的理论与实证 [J] . 数量经济技术经济研究，2020，37（6）：26-46.

应，提振实体经济从而推动经济高质高效发展①。蒋长流和江成涛（2020）通过实证分析发现，数字普惠金融的发展有利于提高经济质量，且此种作用机制存在门槛效应②；在缩小收入差距方面，一批学者利用北京大学数字金融研究中心发布的数字普惠金融指数，证实了数字普惠金融的发展有助于缩小城乡收入差距（梁双陆和刘培培，2019）③；在减贫脱贫方面，Park 和 Mercado（2015）利用 37 个亚洲国家和地区的数据进行实证研究，发现普惠金融的发展可以显著减缓贫困④，数字普惠金融对减贫脱贫能够产生积极作用（黄倩等，2019）⑤，并且比传统普惠金融发挥的作用更明显（刘锦怡和刘纯阳，2020）⑥；在提升社会保障水平方面，汪亚楠等（2020）根据对我国城市面板数据的研究发现，数字普惠金融能够发挥收入效应和就业效应，从而显著提升我国社会保障水平，该研究结论为推动我国社会保障发展提供政策性参考⑦；在促进居民消费方面，易行健和周利（2018）研究发现数字普惠金融的发展能通过缓解流动性约束、便利居民支付等路径，促进居民消费⑧。Li 等（2020）发现，数字普惠金融可以通过拓宽投资渠道、增加可支配收入、提高安全性等途径扩大居民消费规模⑨。此外，数字普惠金融在促进乡村振兴（谢地和苏博，2021）⑩ 和加快产业结构升级（杜金岷等，2020）⑪ 等方面均具有积极作用。

---

① 薛莹，胡坚．金融科技助推经济高质量发展：理论逻辑、实践基础与路径选择 [J]．改革，2020（3）：53-62.

② 蒋长流，江成涛．数字普惠金融能否促进地区经济高质量发展？——基于 258 个城市的经验证据 [J]．湖南科技大学学报（社会科学版），2020，23（3）：75-84.

③ 梁双陆，刘培培．数字普惠金融与城乡收入差距 [J]．首都经济贸易大学学报，2019，21（1）：33-41.

④ Park C，Mercado R．Financial Inclusion，Poverty，and Income Inequality in Developing Asia [R]．Asian Development Bank Economics Working Paper Series，2015（426）.

⑤ 黄倩，李政，熊德平．数字普惠金融的减贫效应及其传导机制 [J]．改革，2019（11）：90-101.

⑥ 刘锦怡，刘纯阳．数字普惠金融的农村减贫效应：效果与机制 [J]．财经论丛，2020（1）：43-53.

⑦ 汪亚楠，谭卓鸿，郑乐凯．数字普惠金融对社会保障的影响研究 [J]．数量经济技术经济研究，2020，37（7）：92-112.

⑧ 易行健，周利．数字普惠金融发展是否显著影响了居民消费——来自中国家庭的微观证据 [J]．金融研究，2018（11）：47-67.

⑨ Li J，Wu Y，Xiao J J．The Impact of Digital Finance on Household Consumption：Evidence from China [J]．Economic Modelling，2020，86：317-326.

⑩ 谢地，苏博．数字普惠金融助力乡村振兴发展：理论分析与实证检验 [J]．山东社会科学，2021（4）：121-127.

⑪ 杜金岷，韦施威，吴文洋．数字普惠金融促进了产业结构优化吗？ [J]．经济社会体制比较，2020（6）：38-49.

通过对现有研究成果的梳理，在以下几个方面仍存在较大的探讨空间：第一，由于实现共同富裕，最艰巨、最繁重的任务在农村，最广泛、最深厚的基础也在农村，但目前的研究对于农村经济发展在实现共同富裕目标中的重要性认识不足。第二，虽然关于农村经济发展的研究文献较多，通常集中于农业现代化、农村土地流转、乡村振兴战略等因素对农村经济发展的影响；更进一步的关注点在于农业经济管理、"互联网+"模式的应用、富余劳动力转移等因素对于促进农村经济发展的有效性问题，但大多停留于理论层面，而对于金融科技、服务在促进农村经济发展、推动共同富裕的路径或政策研究没有得到很好的体现。

（三）研究的目标与意义

数字普惠金融在实现共同富裕目标的道路上应该有所作为。数字普惠金融以社会各阶层群众为主要服务对象，能够有效地为人民创业就业提供金融支持和服务。为了正确引导我国普惠金融发展，2015年国务院印发了《推进普惠金融发展规划（2016—2020年）》，对发展我国普惠金融事业进行了具体部署（冯永琦和蔡嘉慧，2021）[1]。近些年来，我国数字普惠金融发展逐渐加快，且呈现出现代化的新型发展态势。传统普惠金融与数字普惠金融可以被视为是普惠金融的两类分支。由于传统普惠金融存在各类主体之间信息不对称、金融服务时间和空间受限（蔡宏宇和阳超，2021）[2]等问题，制约了普惠金融对共同富裕目标实现的推动作用。与此同时，随着以"互联网+"、人工智能（AI技术）、区块链、大数据和云计算等数字技术迅速发展，金融科技、金融服务与数字技术开始逐渐交叉融合（黄益平和黄卓，2018）[3]，数字普惠金融由此产生并逐渐发展完善。作为普惠金融与数字信息技术的融合体，数字普惠金融能够在一定程度上解决传统普惠金融存在的各主体信息不对称、金融服务时空受限等问题，凭借其独特优势惠及更多社会群体（杨波等，2020）[4]。推动山东省数字普惠金融的健康发展对于巩固脱贫攻坚成果与乡村振兴战略有机结合，赋能农村经济、加快实现共同富裕具有不可忽视的理论与现实意义。

为此，在相关研究的基础上，本篇尝试在以下几方面有所贡献：第一，扩展

① 冯永琦，蔡嘉慧. 数字普惠金融能促进创业水平吗？——基于省际数据和产业结构异质性的分析［J］. 当代经济科学，2021，43（1）：79-90.

② 蔡宏宇，阳超. 数字普惠金融、信贷可得性与中国相对贫困减缓［J］. 财经理论与实践，2021，42（4）：24-30.

③ 黄益平，黄卓. 中国的数字金融发展：现在与未来［J］. 经济学（季刊），2018，17（4）：1489-1502.

④ 杨波，王向楠，邓伟华. 数字普惠金融如何影响家庭正规信贷获得？——来自CHFS的证据［J］. 当代经济科学，2020，42（6）：74-87.

共同富裕的影响因素研究。利用 2011～2020 年数字普惠金融指数及分支维度指数和山东省 16 个地级市的面板数据进行实证分析，已得出数字普惠金融对实现共同富裕具有显著促进作用的结论。第二，深化数字普惠金融助力农村经济发展、推动共同富裕的效应研究。第三，进一步探讨数字普惠金融影响共同富裕的作用机理和路径，特别是农村经济发展如何在数字普惠金融与共同富裕关系中发挥中介作用。第四，基于地市级面板数据来构建共同富裕指标体系。

二、理论分析

（一）数字普惠金融对共同富裕的直接影响

根据国务院发布的《关于支持浙江高质量发展建设共同富裕示范区的意见》中对共同富裕内涵及外延的界定，可以概括出共同富裕的三大基本特征，即发展性、共享性和可持续性（陈丽君等，2021）[①]。

从发展性维度来看，保证经济增长持续、稳定是实现全民共同富裕的前提条件。在微观层面，由于居民消费在经济发展中占据主导地位，数字普惠金融借助于数字信息技术无限制跨时空、反应敏捷、云数据分析等独特优势，能有效地降低金融服务的各类成本，会在一定程度上缓解流动性约束问题，为居民消费提供便利，从而促进经济增长。在宏观层面，由于融资渠道是否畅通是推动经济增长的重要因素（Bernanke 等，1999）[②]，而相较于传统金融，数字普惠金融能显著增加金融服务活动的广度和深度，有效缓解融资约束，提升资源的配置效率，实现帕累托改进，进而能有效地促进经济增长。

从共享性维度来看，共享性意味着不同阶层、群体能拥有获得优质公共服务和财富的均等权利。由于数字普惠金融所提供的金融服务充分发挥了成本低、效率高、覆盖范围广等优势（王馨，2015），有效缓解了社会各阶层尤其是中小微企业、农民、城镇低收入人群等弱势群体的融资约束，大幅度提升了各类经济主体参与共同富裕建设的能力，有利于形成"共建共创共享"的良好社会氛围[③]。同时，由数字普惠金融的发展所产生的数字化公益、线上募捐平台、互联网众筹等多种现代化的新型慈善方式也有助于第三次分配发挥作用，调整收入和财富分配格局（江亚洲和郁建兴，2021），增进社会公平，推动共同富裕[④]。

① 陈丽君，郁建兴，徐铱娜．共同富裕指数模型的构建［J］．治理研究，2021，37（4）：5-16.

② Bernanke B S, Gertler M, Gilchrist S. The Financial Accelerator in A Quantitative Business Cycle Framework［J］. Handbook of Macroeconomics, 1999, 1: 1341-1393.

③ 王馨．互联网金融助解"长尾"小微企业融资难问题研究［J］．金融研究，2015（9）：128-139.

④ 江亚洲，郁建兴．第三次分配推动共同富裕的作用与机制［J］．浙江社会科学，2021（9）：76-83.

从可持续性维度来看，可持续性包含金融科技创新和绿色金融发展等子维度。一方面，数字普惠金融通过打破融资约束（唐松等，2020）①、升级产业结构（聂秀华等，2021）②、优化金融资源配置（赵晓鸽等，2021）③ 等机制激发金融科技创新活力；另一方面，数字普惠金融通过发展绿色金融（王康仕等，2020）④、践行低碳环保商业模式（段永琴等，2021）⑤、发挥监督效应（黄建欢等，2014）⑥ 等机制促进绿色发展。

综上所述，在新时代发展背景下，数字普惠金融对共同富裕发展性、共享性和可持续性三个方面具有直接的促进效果，故提出假设1：数字普惠金融的发展会助力实现共同富裕。

（二）数字普惠金融对共同富裕的间接影响

促进农村经济发展不仅具有脱贫减贫效应，更是实现全民共同富裕的重要路径。目前，已有学者研究了农村经济发展的脱贫减贫效应。譬如，张帅等（2021）认为，农村经济发展不仅对于脱贫减贫具有正向的带动作用，而且农村经济与减贫脱贫的耦合协调状态整体呈现逐级正向跃迁趋势等⑦。同时，金融扶贫和科技扶贫可以通过小额信贷、战略咨询、科技成果转化等方式提供资金保障和技术支撑（段子渊等，2016）⑧，从而促进农村经济发展，推动共同富裕的实现。具体而言，从金融机构的角度来说，与传统金融机构风险评估方式不同，数字金融机构会依托大数据对分布于农村小微企业构建信用评估模型，这能在很大程度上弥补金融机构相对的信息劣势，能有效激励金融机构向农村小微企业提供信贷，促进农村经济发展（Duarte 等，2012）⑨。从农村投资者的角度来说，在数

① 唐松，伍旭川，祝佳．数字金融与企业技术创新——结构特征、机制识别与金融监管下的效应差异 [J]．管理世界，2020，36（5）：52-66．

② 聂秀华，江萍，郑晓佳．数字金融与区域技术创新水平研究 [J]．金融研究，2021（3）：132-150．

③ 赵晓鸽，钟世虎，郭晓欣．数字普惠金融发展、金融错配缓解与企业创新 [J]．科研管理，2021，42（4）：158-169．

④ 王康仕，孙旭然，张林曦．金融数字化是否促进了绿色金融发展？——基于中国工业上市企业的实证研究 [J]．财经论丛，2020（9）：44-53．

⑤ 段永琴，何伦志，克甝．数字金融、技术密集型制造业与绿色发展 [J]．上海经济研究，2021（5）：89-105．

⑥ 黄建欢，吕海龙，王良健．金融发展影响区域绿色发展的机理——基于生态效率和空间计量的研究 [J]．地理研究，2014，33（3）：532-545．

⑦ 张帅，李涛，廖和平．经济发展与农村减贫耦合机理及协调性研究——以重庆市为例 [J]．中国农业资源与区划，2021，42（10）：186-196．

⑧ 段子渊，张长城，段瑞等．坚持科技扶贫实现精准脱贫促进经济发展 [J]．中国科学院院刊，2016，31（3）：346-350，264，383．

⑨ Duarte J，Siegel S，Young L. Trust and Credit：The Role of Appearance in Peer-to-Peer Lending [J]．The Review of Financial Studies，2012，25（8）：2455-2484．

字普惠金融时代，"互联网+"模式和数字化平台的信息透明度较高，投资者更容易选择与自己风险偏好和资本责任能力更加契合的项目，实现投资的精准供给，缓解农村企业的融资约束。从农村创业者的角度来说，一方面，数字普惠金融能有效降低融资成本、机会成本和准入门槛，缓解农村创业者的资金压力；另一方面，由数字普惠金融所引发的商业模式创新也可为农村创业者提供更多商机。

基于以上分析，故提出假设2：数字普惠金融可以通过促进农村经济发展加快实现共同富裕。

（三）数字普惠金融对于共同富裕的非线性溢出效应

数字普惠金融对于共同富裕所产生的影响可能是非线性的。这是因为：

第一，数字普惠金融自身的发展趋势具有非线性特征。数字化信息技术对传统普惠金融行业的持续渗透，使众多金融机构发展数字普惠金融的投入成本会呈现出"固定成本高、边际成本低"的发展趋势（荆文君和孙宝文，2019）[①]。具体来说，金融机构在发展数字普惠金融的初始阶段需投入大量的资金，以完善基础设施或构建数字平台，获取相关信息、知识、技术、管理模式的成本较高，会导致大部分金融机构从中获取的收益相对低下，故数字普惠金融对共同富裕的推动效果较为有限。但在长期逐利的需求推动下，这些金融机构会不断加大科技创新投入、提升自身产品研发能力，向各类经济主体提供更为优质、高效、便捷的金融服务。近些年来，金融服务的规模不断扩大，相关配套基础设施持续完善，金融机构获取新信息、新管理方法、新知识及新技术的成本不断减少，研发新型产品的边际成本也相应地降低，使金融机构获得了较多的经济利益（韩先锋等，2019）[②]。与此同时，数字普惠金融不断发展所产生的示范效应也吸引了更多的金融机构参与其中，这又加快了数字普惠金融的发展速度。

第二，基于"互联网+"模式的数字普惠金融发展会对各类经济主体产生非线性影响。金融政策对经济发展的促进效应不仅受到金融产品供给总量、类型等影响，还受到有效融资需求、融资约束的影响（Johansson和Wang，2014）[③]。随着数字普惠金融的覆盖广度、应用深度和便利化程度不断提高，各类经济主体获取金融服务的机会成本、沉没成本不断降低，从中获得的收益大幅度上升，这种发展趋势吸引了更多的经济主体使用数字金融产品、购买相应的金融服务。用户

---

① 荆文君，孙宝文. 数字经济促进经济高质量发展：一个理论分析框架 [J]. 经济学家，2019（2）：66-73.

② 韩先锋，宋文飞，李勃昕. 互联网能成为中国区域创新效率提升的新动能吗 [J]. 中国工业经济，2019（7）：119-136.

③ Johansson A C, Wang X. Financial Sector Policies and Income Inequality [J]. China Economic Review, 2014, 31：367-378.

数量的增加使数字普惠金融的网络价值近些年呈现出几何式增长的态势。已有研究表明，贫困群体有效融资需求不足是影响普惠金融减贫效应的重要因素（郑秀峰和朱一鸣，2019）[①]。近些年来，我国农户信贷政策对一般农户收入增长作用不及非贫困县的数据证明，农户的有效融资需求影响农户信贷政策对减贫增收的促进作用（王小华等，2014）[②]。新型农民、职业农民等作为推动农村经济发展的重要力量，数字普惠金融对于他们的扶持不仅促进了农村经济发展水平的提高，而且促进了融资渠道的增加与办理业务的便利，也对数字普惠实现共同富裕的实现起到了积极的推动作用，反过来农村经济的发展与共同富裕的实现又进一步助推了普惠金融的发展（Samila 和 Sorenson，2011）[③]。在持续的双向正反馈机制影响下，数字普惠金融发展对促进实现共同富裕出现了"边际效应"递增现象，并且这一影响会随着农村经济发展水平的提升越发明显。

基于上述分析，故提出假设 3：数字普惠金融会通过农村经济发展水平的发展来促进加共同富裕的实现，即产生"边际效应"递增的非线性影响。

三、模型、数据与方法

（一）模型设定

为检验假设 1，构建如下基本模型，见式（3-1-1）：

$$Cpr_{i,t} = \alpha_0 + \alpha_1 Dif_{i,t} + \alpha_c X_{i,t} + \mu_i + \delta_t + \varepsilon_{i,t} \qquad (3-1-1)$$

式（3-1-1）中，$Cpr_{i,t}$ 为省份 i 在 t 年份的共同富裕指数，$Dif_{i,t}$ 为省份 i 在 t 年份的数字普惠金融指数，向量 $X_{i,t}$ 代表一系列可能对共同富裕产生影响的控制变量；μ_i 表示省份固定效应，δ_t 表示时间固定效应；$\varepsilon_{i,t}$ 表示随机扰动项；α_1 为待估参数，预期系数显著为正。

为检验假设 2，基于以上基本模型构建如下模型，见式（3-1-2）和式（3-1-3）：

$$Pigv_{i,t} = \beta_0 + \beta_1 Dif_{i,t} + \beta_c X_{i,t} + \mu_i + \delta_t + \varepsilon_{i,t} \qquad (3-1-2)$$

$$Cpr_{i,t} = \gamma_0 + \gamma_1 Dif_{i,t} + \gamma_2 Inc_{i,t} + \gamma_c X_{i,t} + \mu_i + \delta_t + \varepsilon_{i,t} \qquad (3-1-3)$$

具体检验步骤包括：第一，数字普惠金融指数 Dif 对共同富裕指数 Cpr 进行回归，如式（3-1-1）所示；第二，数字普惠金融指数 Dif 对中介变量农村经济发展水平 Inc 进行回归，如式（3-1-2）所示；第三，数字普惠金融指数 Dif、中

① 郑秀峰，朱一鸣. 普惠金融、经济机会与减贫增收 ［J］. 世界经济文汇，2019（1）：101-120.

② 王小华，温涛，王定祥. 县域农村金融抑制与农民收入内部不平等 ［J］. 经济科学，2014（2）：44-54.

③ Samila S，Sorenson O. Venture Capital, Entrepreneurship, and Economic Growth ［J］. The Review of Economics and Statistics，2011，93（1）：338-349.

介变量农村经济发展水 Inc 对共同富裕指数 Cpr 进行回归，如式（3-1-3）所示。如果 α_1、β_1、γ_2 显著，γ_1 不显著，表明存在完全中介效应；如果 α_1、β_1、γ_1、γ_2 均显著，且 $\gamma_1 < \alpha_1$，表明存在部分中介效应。

为检验假设 3，基于 Hansen 的门槛效应模型构建如下模型，见式（3-1-4）：

$$Cpr_{i,t} = \Phi_0 + \Phi_1 Dif_{i,t} \times I\left(Adj_{i,t} \leqslant \theta\right) + \Phi_2 Dif_{i,t} \times I\left(Adj_{i,t} > \theta\right) + \Phi_c X_{i,t} + \mu_i + \varepsilon_{i,t}$$
$$(3-1-4)$$

式（3-1-4）中，$Adj_{i,t}$ 为数字普惠金融指数或农村经济发展水平等门槛变量，$I(\cdot)$ 为指示函数，若数字普惠金融指数和农村经济发展水平满足括号内的门槛条件，则赋值为 1，否则赋值为 0。

（二）变量测度与说明

1. 共同富裕指数测度

从共同富裕的内涵出发，在参考相关文献的基础上（郭峰等，2021）[①]，结合数据的可得性，从共同富裕的发展性、共享性和可持续性三个方面构建出 3 个一级指标、10 个二级指标和 17 个三级指标的共同富裕评价指标体系。对于三级指标的选择，在把握共同富裕的核心指标基础上，为考虑避免指标相关性过高和遗漏重要指标，最终选择 17 个三级指标，如表 3-1-1 所示。为避免主观赋权的弊端，以及多指标数据重叠问题，选择使用熵值法对共同富裕评价指标进行赋权，得到各个省份的共同富裕发展指数，记为 Cpr。同时，在稳健性检验中，使用主成分分析法测算共同富裕指数，进行稳健性检验。

表 3-1-1　共同富裕指标体系

一级指标	二级指标	三级指标	指标属性
发展属性	富裕度	城镇居民人均可支配收入（元/人）	+
		农村居民人均可支配收入（元/人）	+
		城镇居民人均消费支出（元/人）	+
		农村居民人均消费支出（元/人）	+
	共同度	城乡居民收入差距（倍差）	−
		城镇化率（%）	+

---

① 郭峰，王靖一，王芳，等. 测度中国数字普惠金融发展：指数编制与空间特征［J］. 经济学（季刊），2020，19（4）：1401-1418.

续表

一级指标	二级指标	三级指标	指标属性
共享属性	文化教育	每十万人义务教育院校数量（所）	+
		每万人在校高中生人数	+
	医疗健康	每万人拥有执业（助理）医师数（人）	+
		每万人医疗机构床位数	+
	基础设施	每十万人公路里程数（公里/十万人）	+
	信息化水平	每万人中互联网宽带接入用户数	+
	社会保障	社会保障支出占 GDP 比重（%）	+
可持续属性	科技创新	每万人专利授权数（件）	+
	生态环境	绿地面积（公顷）	+
	发展质量	人均 GDP（元/人）	+
		全社会劳动生产率（元/人）	+

注：全社会劳动生产率=各省份年 GDP 总量/各省份年平均就业人员数。

2. 结果分析

从增长速度看，2011~2020 年山东省各地级市的共同富裕指数呈现出稳健的增长趋势，2011 年的共同富裕指数均值为 0.208，2020 年的共同富裕指数均值为 0.472，增速为 126.923%。表 3-1-2 汇总了本研究 2011 年和 2020 年山东省各地级市共同富裕指数数据排名情况，排名前三的始终是东营市、青岛市和济南市。

表 3-1-2　本研究 2011 年和 2020 年山东省各地级市共同富裕指数数据排名

2011 年				2020 年			
排名	地级市	排名	地级市	排名	地级市	排名	地级市
1	东营	9	德州	1	青岛	9	泰安
2	青岛	10	日照	2	济南	10	德州
3	济南	11	泰安	3	东营	11	日照
4	淄博	12	枣庄	4	淄博	12	济宁
5	威海	13	济宁	5	威海	13	聊城
6	烟台	14	临沂	6	烟台	14	枣庄
7	潍坊	15	聊城	7	潍坊	15	临沂
8	滨州	16	菏泽	8	滨州	16	菏泽

3. 数字普惠金融指数测度

选取北京大学数字金融研究中心发布的 2011~2020 年数字普惠金融指数

（Treiman，2012）来衡量数字普惠金融发展水平[①]，记为 Dif。数字普惠金融指数包括 3 个子维度，分别是涵盖广度（cob）、应用深度（de）和数字化程度（da），具体计量指标如表 3-1-3 所示。为了使回归系数便于观察比较，对数字普惠金融指数及其 3 个子维度指数均取对数。

表 3-1-3　数字普惠金融指数具体维度指标

一级维度	二级维度		具体指标
涵盖广度	账户覆盖率		每万人拥有支付宝账号数量
			绑定银行卡的支付宝账号占所有支付宝账号的比重
			每个支付宝账号绑定银行卡平均数量
应用深度	支付业务		使用支付宝支付商品的平均数量
			使用支付宝支付商品的平均金额
			高频使用支付宝支付商品（每年 50 次及以上）账号数量占低频使用支付宝支付商品（每年 1 次以上 50 以下）账号数量的比重
	货币基金业务		购买余额宝的平均数量
			购买余额宝的平均金额
			每万个支付宝账户购买余额宝的数量
	信贷业务	个人消费贷	每万人成年支付宝用户购买互联网消费贷款的数量
			使用支付宝贷款的平均数量
			使用支付宝贷款的平均金额
		小微企业	每万人成年支付宝用户购买互联网小微经营贷款的数量
			小微企业支付宝账号贷款的平均数量
			小微企业支付宝账户贷款的平均金额
	保险业务		每万个支付宝账户投保的数量
			使用支付宝投保的平均数量
			使用支付宝投保的平均金额
	投资业务		每万个支付宝账号投资互联网业务的数量
			使用支付宝参与投资的平均数量
			使用支付宝参与投资的平均金额
	信用业务		支付宝账号是自然人信用人的调用平均次数
			每万个支付宝账户通过信用参与各项金融服务的数量（比如买车票、使用共享单车等服务）

① Treiman D J. The "Difference between Heaven and Earth": Urban-Rural Disparities in Well-being in China [J]. Research in Social Stratification and Mobility, 2012, 30 (1): 33-47.

续表

一级维度	二级维度	具体指标
数字化 程度	移动化	支付宝账户使用移动支付的数量占所有支付宝账户的比重
		支付宝账户使用移动支付的金额占所有支付宝账户的比重
	实惠化	小微企业平均贷款利率
		个人平均贷款利率
	信用化	支付宝账户使用花呗支付的数量占所有支付宝账户的比重
		支付宝账户使用花呗支付的金额占所有支付宝账户的比重
		支付宝账户使用芝麻信用免押的数量占所有支付宝账户的比重
		支付宝账户使用芝麻信用免押的金额占所有支付宝账户的比重
	便利化	支付宝账户使用二维码支付的数量占所有支付宝账户的比重
		支付宝账户使用二维码支付的金额占所有支付宝账户的比重

资料来源:《北京大学数字普惠金融指数(2011-2020)》。

从表3-1-4数字普惠金融发展概况来看,近年来山东省各地级市数字普惠金融保持平稳快速的增长态势,数字普惠金融发展指数均值由2011年的53.191增长到2020年的265.998,增长了近5.001倍;与此同时,数字普惠金融区域发展差距不断缩小,倍差值由2011年的2.271缩小到2020年的1.203。

表 3-1-4 2011~2020年山东省各地级市数字普惠金融发展概况

年份	均值	标准差	最小值	最大值	倍差
2011	53.191	11.370	32.360	73.480	2.271
2012	94.878	12.821	71.630	115.620	1.614
2013	134.914	12.907	116.550	158.590	1.361
2014	147.928	16.036	123.670	175.310	1.418
2015	177.180	15.354	152.920	202.290	1.323
2016	200.716	12.714	179.206	222.982	1.244
2017	226.894	12.973	204.471	248.637	1.216
2018	239.084	13.705	215.228	263.359	1.224
2019	253.089	14.108	228.362	277.139	1.214
2020	265.998	13.741	242.588	291.936	1.203

4. 农村经济发展

采用山东省各地级市农村居民人均可支配收入（Rural Disposable Income）来衡量农村经济发展状况。人均可支配收入越多，表示农村经济发展水平越高。为了减弱模型的异方差问题，对农村居民人均可支配收入（inc）取对数处理。

5. 控制变量

引入政府干预状况、教育发展水平、产业构成比例和对外开放水平等作为控制变量。政府干预状况采用山东省各地级市财政支农支出与地区生产总值的比值来衡量，记为 Gvi（governmental intervention）；产业构成比例采用第一产业增加值与第二、三产业增加值之和的比例来衡量，记为 Coi（composition of industry）；教育发展水平采用地方财政教育支出占一般公共财政支出的比重来衡量，记为 Edu；对外开放水平按当年汇率把进出口贸易总额转换为以人民币计价，再除以地区生产总值，记为 Open。

6. 数据来源与描述性统计

考虑数据的可得性，基于 2011~2020 年山东省 16 个地级市的平衡面板数据进行研究。数字普惠金融指数及其子维度指数来自北京大学数字金融研究中心发布的 2011~2020 年数字普惠金融指数，其他数据来自 Wind 数据库和《山东统计年鉴》，部分缺失数据来自相应地区的统计年鉴或统计公报。表 3-1-5 是主要变量的描述性统计结果。

表 3-1-5 主要变量的描述性统计结果

	变量	样本数	均值	标准差	最小值	最大值
被解释变量	Cpr	160	0.333	0.130	0.106	0.764
解释变量	Lndif	160	5.087	0.502	3.477	5.677
	Lncob	160	5.041	0.518	2.948	5.681
	Lnde	160	5.078	0.478	3.847	5.641
	Lnda	160	5.205	0.608	2.983	5.756
中介变量	Lninc	160	9.528	0.265	8.871	10.071
控制变量	Gvi	160	0.013	0.004	0.005	0.032
	Edu	160	0.021	0.004	0.011	0.031
	Coi	160	0.088	0.033	0.030	0.172
	Open	160	0.039	0.036	0.006	0.220

表 3-1-6 报告了各变量之间的相关性系数，相关性检验结果显示，Person 和 Spearman 检验的结果具有相似性：共同富裕指数（Cpr）与数字普惠金融指数（Dif）

表3-1-6　变量相关性检验

变量	Cpr	Lndif	Lncob	Lnde	Lnda	Lninc	Gvi	Edu	Coi	Open
Cpr	1	0.738***	0.773***	0.727***	0.641***	0.883***	-0.409***	-0.243***	-0.643***	0.381***
Lndif	0.661***	1	0.993***	0.977***	0.968***	0.897***	-0.003	0.002	-0.234***	0.115
Lncob	0.694***	0.987***	1	0.958***	0.948***	0.908***	-0.034	-0.029	-0.270***	0.148*
Lnde	0.644***	0.980***	0.945***	1	0.939***	0.893***	-0.055	0.006	-0.281***	0.126
Lnda	0.520***	0.947***	0.898***	0.932***	1	0.829***	0.098	0.055	-0.093	0.014
Lninc	0.860***	0.846***	0.860***	0.844***	0.711***	1	-0.197**	-0.078	-0.425***	0.303***
Gvi	-0.412***	0.051	0.002	0.058	0.157**	-0.186**	1	0.479***	0.736***	-0.106
Edu	-0.297***	0.094	0.060	0.100	0.177**	-0.059	0.461***	1	0.316***	-0.014
Coi	-0.677***	-0.259***	-0.324***	-0.235***	-0.096	-0.433***	0.725***	0.338***	1	-0.360***
Open	0.169**	-0.028	0.022	-0.032	-0.151*	0.146*	-0.072	0.011	-0.229***	1

注：左下三角形为Person相关性检验结果，右上三角形为Spearman相关性检验结果，***，**，*分别代表在1%，5%和10%的统计水平上显著。

及其分支维度指数涵盖广度（Cob）、应用深度（De）和数字化程度（Da）均显著正相关，初步支持了假设 1；与此同时，解释变量与控制变量之间的相关性系数均较小，表明不存在严重的多重共线性问题。

四、实证分析及检验

（一）基本模型回归结果及分析

表 3-1-7 提供了数字普惠金融指数及其子维度指数影响共同富裕的回归结果，异方差稳健的 Hausman 检验结果显示，固定效应模型优于随机效应模型，故本部分使用固定效应模型进行回归估计。

表 3-1-7　数字普惠金融影响共同富裕的基准回归结果

变量	基准回归		不同维度		
	（1）	（2）	（3）	（4）	（5）
Lndif	0.143 ***	0.152 ***			
	（0.011）	（0.011）			
Lncob			0.148 ***		
			（0.014）		
Lnde				0.157 ***	
				（0.011）	
Lnda					0.115 ***
					（0.007）
Gvi		0.604	−0.197	2.099	4.049 *
		（2.482）	（0.334）	（2.203）	（2.272）
Edu		−2.899 **	−2.673 **	−2.015 **	−4.392 ***
		（1.024）	（0.095）	（0.731）	（1.445）
Coi		0.975 *	1.055 *	0.940 **	0.387 *
		（0.477）	（0.095）	（0.469）	（0.480）
Open		−0.099 ***	−0.213 ***	−0.120 ***	−0.042 *
		（0.194）	（0.254）	（0.167）	（0.176）
C	−0.395 ***	−0.473 ***	−0.442 ***	−0.529 ***	−0.258 ***
	（0.057）	（0.058）	（0.072）	（0.065）	（0.045）
N	160	160	160	160	160
调整 R^2	0.738	0.762	0.727	0.779	0.712
F 值	164.220	92.320	55.010	98.950	195.180

注：***、** 和 * 分别表示在 1%、5% 和 10% 的水平下显著，括号中的数字为异方差稳健标准误。

在列（1）和列（2）中，核心解释变量数字普惠金融指数的估计参数为正，且均在1%的水平下显著，这说明数字普惠金融能够有效地促进共同富裕。另外，从数字普惠金融的分支维度指数来看，涵盖广度（Lncob）、应用深度（Lnde）和数字化程度（Lnda）三个维度的系数均在1%的水平下显著为正，但数字化程度（Lnda）系数小于其他两项子维度。对此，可给出如下原因：数字化程度体现了数字普惠金融的渠道优势、数据优势和数据处理优势，这对于实现共同富裕具有促进作用。但由于山东省位于我国东部沿海经济发达地区，且对外开放水平较高，区位优势和信息优势致使数字信息技术已经具备良好的发展基础，相较于其他维度指标，数字化程度助力山东省实现共同富裕的发展空间并不具备显著优势。另外，涵盖广度指标体现的是数字账户的注册广度，山东省有效融资需求相对充裕，因而数字金融服务供给的激励效应相对显著。与之相对的是，使用深度指标体现了数字金融服务的有效需求，即一旦契合了用户的相应需求，数字普惠金融将对山东省加快实现共同富裕起到显著的促进作用。

控制变量方面，政府干预（Gvi）的系数值只在涵盖广度（Lncob）子维度回归中为负且不显著，在基准回归及其他两类子维度回归中均为负正，但显著性水平不高。说明政府的宏观调控在一定范围内能够对山东省推进实现共同富裕起到正向促进作用，但相关政策的覆盖范围、执行力度仍有很大的发展空间，即政府的补贴与帮扶对于促进实现共同富裕具有重要作用，政府应充分发挥转移支付在二次分配中的调节作用。教育发展水平的系数值显著为负，可能的原因在于政府未能在城市和农村之间合理配置教育资源使整体教育发展水平的提高未能有效促进共同富裕；另外，城市和农村之间在资源禀赋及对同等教育资源的利用效率等方面的差异也会导致城乡教育发展水平差距扩大，从而不利于实现共同富裕。政府对外开放的系数值显著为负，可能是由于对外贸易主要集中在山东半岛沿海发达地区，而"极化效应"可以吸引落后地区的劳动力和资本向城市集聚，从而扩大地区收入差距，不利于推动共同富裕。产业结构的系数值显著为正，可能的原因在于山东省第一产业具备良好的发展基础，农业经济的转型升级和迅速发展缩减了城乡二元经济体制、产业结构高级化所产生的收入差距（Treiman，2012）[1]，从而有利于加快实现共同富裕。

（二）稳健性检验

1. 内生性问题

采用工具变量法和变量滞后两种方法缓解可能存在的内生性问题：第一，工

---

① Treiman D J. The "Difference between Heaven and Earth": Urban‐Rural Disparities in Well‐being in China [J]. Research in Social Stratification and Mobility, 2012, 30 (1): 33-47.

具变量法。借鉴张勋等（2019）①的做法，选取山东省 16 个地级市到济南市的球面距离与各市数字普惠金融发展指数均值乘积的对数值作为含时间变化效应的工具变量，作为数字普惠金融的工具变量。表 3-1-8 列（1）显示，本部分选取的工具变量有效，利用工具变量法控制内生性问题后，数字普惠金融对促进共同富裕的效应仍旧成立，结果均在 1% 的水平下显著。第二，解释变量滞后一期。为减弱反向因果的影响，选择数字普惠金融指数滞后一期作为解释变量重新进行估计，结果如表 3-1-8 列（2）所示，数字普惠金融系数仍显著为正，与前文基准回归是一致的。

2. 其他稳健性检验

第一，替换被解释变量。运用主成分分析法重新测算共同富裕指数，为统一量纲，同时考虑研究对象的限制条件，将求得指数根据最小值进行适当平移，然后进行回归，结果如表 3-1-8 列（3）所示。第二，缩尾处理。为减弱非随机性和极端值给回归结果带来的不利影响，对主要解释变量进行前后 1% 的缩尾处理，结果如表 3-1-8 列（4）所示。

表 3-1-8 数字普惠金融影响共同富裕的稳健性检验

变量	工具变量法	滞后一期	主成分分析	缩尾处理
	（1）	（2）	（3）	（4）
Lndif	0.171 ***		0.669 ***	0.153 ***
	（0.014）		（0.050）	（0.011）
L. lndif		0.129 ***		
		（0.011）		
Gvi	−0.794	2.176	−9.907	0.676 *
	（1.498）	（2.247）	（10.198）	（2.462）
Edu	−2.485 ***	−3.373 **	−13.674 ***	−2.908 **
	（1.514）	（1.411）	（4.472）	（1.042）
Coi	−1.335	0.671 **	1.627 *	0.916 **
	（0.243）	（0.540）	（1.956）	（0.486）

① 张勋，万广华，张佳佳，等. 数字经济、普惠金融与包容性增长［J］. 经济研究，2019，54（8）：71-86.

续表

变量	工具变量法	滞后一期	主成分分析	缩尾处理
	（1）	（2）	（3）	（4）
Open	0.377***	−0.056	−1.007**	−0.091*
	（0.209）	（0.142）	（0.756）	（0.190）
Cons	−0.264***	−0.315***	−1.095**	−0.471***
	（0.079）	（0.060）	（0.307）	（0.058）
N	160	144	160	160
调整 R^2	0.745	0.728	0.817	0.764
F 值	565.070	60.690	54.560	92.790
弱工具变量检验	2171.620 [0.000]			
DWH 检验	61.276 [0.000]			

以上稳健性检验结果显示，数字普惠金融指数（Lndif）回归系数均在 1% 的水平下显著为正。这与表 3-1-7 的基准回归结果一致，说明得到的回归结果是稳健的。表明山东省数字普惠金融的发展对加快实现共同富裕有显著促进作用，假设 1 得到了证实。

（三）中介效应实证分析

农村经济发展水平在数字普惠金融与共同富裕之间的中介效应检验结果见表 3-1-9。从回归系数符号及显著性来看，表 3-1-9 列（1）证实数字普惠金融对实现共同富裕具有显著促进作用。在此基础上，表 3-1-9 列（2）中数字普惠金融指数对农村经济发展的回归系数显著为正，说明数字普惠金融能够有效地推进农村经济发展。表 3-1-10 列（3）中加入中介变量之后，农村经济发展水平对共同富裕的回归系数同样显著为正，模型（3）中数字普惠金融对共同富裕的影响系数相比于模型（1）有所下降，表明数字普惠金融可以通过推动农村经济发展间接加快实现共同富裕，假设 2 得到初步证实。从回归系数绝对值来看，在其他因素保持不变的情况下，数字普惠金融指数每增加 1%，共同富裕会提高 0.043%，同时也会使农村经济发展水平增长 0.429%，从而导致共同富裕间接提升 0.196%（0.456×0.429≈0.196），总效应提高 0.152%，这表明数字普惠金融与共同富裕之间还存在其他负向作用机制，为后续研究提供了新的方向。

表3-1-9 数字普惠金融影响共同富裕作用机制的检验结果

变量	Cpr	Lninc	Cpr
	（1）	（2）	（3）
Lndif	0.152 ***	0.429 ***	0.043 **
	（0.011）	（0.018）	（0.021）
Lninc			0.456 ***
			（0.059）
Gvi	0.604	5.831	−2.053
	（2.482）	（5.481）	（1.091）
Edu	−2.899 **	−8.491 **	−0.971
	（1.024）	（3.521）	（1.352）
Coi	0.975 *	2.259 ***	−0.055
	（0.477）	（0.772）	（0.376）
Open	−0.099 ***	−0.221 *	0.002
	（0.194）	（0.433）	（0.268）
C	−0.473 ***	7.252 ***	−3.777 ***
	（0.058）	（0.132）	（0.458）
N	160	160	160
调整 R^2	0.762	0.895	0.917
F 值	92.320	279.150	168.240

注：***、** 和 * 分别表示在1%、5%和10%的水平下显著，括号中的数字为异方差稳健标准误。

（四）非线性效应分析

为了证实并分析数字普惠金融对共同富裕的非线性影响，可采用门槛模型进行探讨。首先，对门槛回归模型的两个基本假设进行检验（李晓钟和王欢，2020）[1]。为统一量纲，同时考虑数据计量方式及范围，将被解释变量共同富裕指数乘以20，在以农村经济发展水平为门槛变量时，使用主成分分析法重新计算共同富裕指数并进行适当平移。对于假设1，检验门槛效应是否显著，使用Bootstrap自抽样法进行平衡面板门槛效应的存在性检验，反复抽样800次之后得到了表3-1-11的门槛效应检验结果。对于假设2，检验门槛估计值是否等于其真实值。采用似然比统计量（LR）检验门槛估计值真实性，原假设为"H_0：估计值等于真实值"，当LR统计量小于等于10%的显著性水平下LR统计量的临界

---

① 李晓钟，王欢. 互联网对我国经济发展影响的区域差异比较研究［J］. 中国软科学，2020（12）：22-32.

值时不能拒绝原假设，实线与横轴的交点即为门槛估计值，结果如图 3-1-1、图 3-1-2 所示。

表 3-1-10　数字普惠金融与农村经济发展的门槛效应检验

变量模型	数字普惠金融（Lndif）		农村经济发展水平（Lninc）	
	F 统计量	P 值	F 统计量	P 值
单一门槛	171.140	0.0000	95.810	0.0000
双重门槛	78.080	0.0000	74.350	0.0000
三重门槛	48.470	0.5613	43.300	0.7550
门槛值	门槛数		双重门槛	双重门槛
	Q_1		5.4912	9.7260
	Q_2		5.5922	9.9218

根据表 3-1-10 提供的 P 值与 F 值可知，数字普惠金融（Lndif）与农村经济发展（Lninc）均通过了双重门槛检验，但未通过三重门槛检验。图 3-1-1、图 3-1-2 的门槛估计值结果与表 3-1-10 相符，4 个模型均通过了真实性检验，由此确定各个门槛变量的门槛值，进而得到了表 3-1-11 的回归结果。

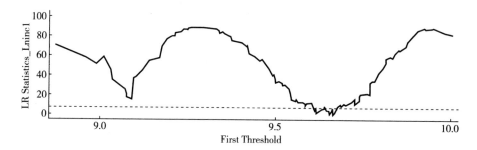

图 3-1-1　数字普惠金融（Lndif）门槛值 LR 检验图

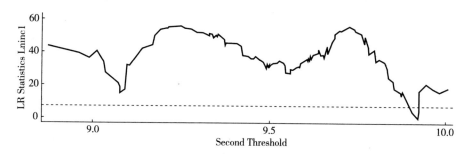

图 3-1-2　农村经济发展（Lninc）门槛值 LR 检验图

从表 3-1-11 列（1）的估计结果可以看到，双重门槛模型下数字普惠金融指数在各区间系数显著为正，且逐渐增大，表明数字普惠金融对加快实现共同富裕的影响具有"边际效应"递增的非线性特征。

数字普惠金融对共同富裕的非线性影响还可能受到农村经济发展的调节。表 3-1-11 列（2）是以农村经济发展水平（Lninc）作为门槛变量的估计结果。可以发现，数字普惠金融对共同富裕的促进作用呈现先减弱再增强的"正 U 形"趋势，数字普惠金融在对应的农村经济发展水平门槛区间内，其估计系数从 0.626 降低到 0.552 再提高到 0.583，这说明数字普惠金融对共同富裕的非线性影响还存在农村经济发展产生的调节作用。本研究假设 3 得以验证。

表 3-1-11　数字普惠金融影响共同富裕门槛模型的回归结果

变量		调节变量	
		（1）Lndif	（2）Lninc
门槛值	Q1	5.4912	9.7260
	Q2	5.5922	9.9218
Dif·I（Adj≤Q1）		1.665 ***	0.626 ***
		（0.110）	（0.037）
Dif·I（Q1<Adj<Q2）		1.829 ***	0.552 ***
		（0.105）	（0.029）
Dif·I（Adj≥Q2）		2.002 ***	0.583 ***
		（0.099）	（0.026）
C		-2.402 **	-0.397 **
		（0.795）	（0.183）
控制变量		YES	YES
N		160	160
调整 R^2		0.945	0.939
F 统计量		290.660	263.280

注：*** 、** 和 * 分别表示在 1%、5% 和 10% 的水平下显著，括号中的数字为标准误。

（五）异质性检验

1. 区域异质性分析

鉴于山东省东部、中部、西部各地级市的数字金融发展水平、经济社会发展阶段和资源禀赋条件存在较大差异，使不同地区的数字普惠金融发展水平和共同富裕水平存在明显的区域异质性。参照一般文献的做法将山东省 16 个地级市划分为东部、中部和西部地区进行回归估计，具体结果如表 3-1-12 所示。

表 3-1-12　数字普惠金融影响共同富裕的区域异质性分析

变量	东部	中部	西部
	(1)	(2)	(3)
Lndif	0.173***	0.118***	0.097***
	(0.019)	(0.014)	(0.010)
Gvi	-3.919	8.821	5.220**
	(3.633)	(8.145)	(1.029)
Edu	-2.909*	-0.139	-3.156
	(1.297)	(1.578)	(2.425)
Coi	1.799	-1.469	0.228
	(0.945)	(1.939)	(0.292)
Open	-0.007	4.054**	4.352*
	(0.168)	(1.370)	(1.370)
C	-0.540***	-0.329**	-0.385*
	(0.045)	(0.100)	(0.109)
N	70	60	30
调整 R^2	0.764	0.825	0.897
F 值	228.320	40.790	38.450

注：***、**和*分别表示在1%、5%和10%的水平下显著，括号中的数字为异方差稳健标准误。

表 3-1-12 列 (1)、列 (2)、列 (3) 分别为东部、中部和西部地区的子样本检验结果。结果显示：山东省中部、东部、西部地区数字普惠金融的回归系数均在 1% 的水平上显著为正，证明数字普惠金融的发展对中部、东部、西部地区实现共同富裕具有显著的促进作用。此外，数字普惠金融的溢出效应强度呈现出"东部>中部>西部"的地区差异性特征。由此可知，山东省数字普惠金融对共同富裕的影响具有区域异质性，东部地区数字普惠金融对共同富裕的促进作用最强，中部次之，西部地区最弱。对于这种差异性，可能的原因在于：首先，相对西部地区，东部地区数字普惠金融发展较早、发展水平也较高，数字普惠金融的红利释放得更为充分；其次，中部、西部地区由于受到传统金融基础、资源禀赋和思想观念等方面因素的制约，其对数字技术和金融服务的应用水平较低，导致数字普惠金融红利在中部、西部地区无法充分释放。

2. 可支配收入梯度异质性分析

鉴于山东省各地级市之间及地级市城乡之间居民人均可支配收入存在较大差异，而各地区数字金融发展水平、共同富裕推进程度及经济社会发展状况与居民可支配收入具有较强的相关性，因此数字普惠金融的发展对共同富裕的影响也可能在不同的收入梯度之间存在异质。依据各地级市城镇、农村居民人均可支配收入和城镇化率计算出各市居民人均可支配收入的加权平均值，再通过计算各市2011~2020年加权收入的算术平均值求出各市居民可支配收入指数，依据该指数划分出高收入地区、中等收入地区和低收入地区三级梯度，进行回归估计，具体结果如表3-1-13所示。

表3-1-13 数字普惠金融影响共同富裕的收入梯度异质性分析

变量	高收入	中等收入	低收入
	（1）	（2）	（3）
Lndif	0.205***	0.139***	0.104***
	(0.019)	(0.012)	(0.011)
Gvi	2.786	2.832	5.207***
	(5.838)	(3.795)	(1.799)
Edu	-6.252	-2.159	-2.597
	(5.553)	(2.210)	(1.605)
Coi	-0.621	1.554**	0.484
	(1.238)	(0.733)	(0.364)
Open	-0.666**	4.630***	-0.275
	(0.077)	(1.041)	(0.167)
C	-0.451**	-0.657***	-0.350***
	(0.186)	(0.094)	(0.082)
N	50	50	60
调整 R^2	0.780	0.920	0.848
F 值	28.310	92.470	54.500

注：***、**和*分别表示在1%、5%和10%的水平下显著，括号中的数字为异方差稳健标准误。

表3-1-13列（1）、列（2）、列（3）分别为高收入地区、中等收入地区和低收入地区的子样本检验结果，结果显示：山东省各收入梯度地区数字普惠金融的回归系数均在1%的水平上显著为正，证明数字普惠金融的发展对中东西部地

区实现共同富裕具有显著的促进作用。此外，数字普惠金融的溢出效应强度呈现出"高收入地区>中等收入地区>低收入地区"的差异性特征。由此可知，山东省青岛、济南、东营等高收入地区数字普惠金融对共同富裕的促进作用最强，淄博、潍坊、泰安等中等收入地区次之，日照、临沂、枣庄等低收入地区最弱。对于这种差异性，可能的原因在于：首先，相对中、低收入地区，高收入地区数字普惠金融具备良好的发展条件和经济资源，因而其发展水平也较高，数字普惠金融助力实现共同富裕的作用更为显著；其次，中、低收入地区由于受到传统产业构成、融资约束条件、有效资金需求等方面因素限制，导致数字技术和金融服务的发展空间、应用范围受限，故数字普惠金融无法在推进共同富裕的过程中占据显著优势。

五、研究结论与政策建议

（一）研究结论

围绕共同富裕的核心内涵、实现机制及路径，本部分研究基于山东省 2011~2020 年地市级面板数据，在构建共同富裕指标体系的基础上，计算各地级市共同富裕指数；同时，运用固定效应模型、中介调节模型和门槛模型实证分析了数字普惠金融对共同富裕的影响机制，主要结论如下：第一，数字普惠金融及其子维度涵盖广度、应用深度和数字化程度均对实现共同富裕具有显著的促进作用，异质性分析表明，山东省东、中部地区数字普惠金融对共同富裕的促进效应比西部地区更大，高收入地区数字普惠金融对共同富裕的促进效应比中、低收入地区更为显著；经过内生性检验、剔除极端值、更换被解释变量等多种稳健性检验后，以上结论仍然成立。第二，数字普惠金融可以通过推动农村经济发展间接加快实现共同富裕，这表明数字普惠金融的发展有利于优化农村产业结构、改善农民生活环境、提高农民收入，对赋能农村经济、实现共同富裕的"全面富裕"起到积极作用。第三，数字普惠金融的溢出效应呈现出"边际效应"递增的非线性趋势，数字普惠金融促进共同富裕的过程中表现出了互联网的连通网络效应和"梅特卡夫法则"，并且农村经济发展水平的提高能够强化该效应。

研究的理论贡献主要体现为以下三点：一是揭示了数字普惠金融影响共同富裕的作用机制和特征，即农村经济发展水平在数字普惠金融与共同富裕的关系中发挥中介作用，农村经济发展能够调节数字普惠金融对共同富裕的非线性溢出效应。二是构建了基于地市级面板数据的共同富裕指标体系。结合省际层面数据可获得性，从共同富裕的发展属性、共享属性和可持续属性三个方面构建出 3 个一级指标、10 个二级指标和 17 个三级指标的共同富裕指标体系，为省际共同富裕指标测度评价及相关研究提供了参考。三是本部分内容丰富了共同富裕的影响因素研究，同时也拓展了数字普惠金融的经济效应研究。

（二）政策建议

基于以上研究结论，可给出如下政策建议：

第一，基于数字普惠金融对于实现共同富裕的显著促进作用，相关部门应出台有效政策，促进数字普惠金融发展。首先，进一步完善各地区尤其是农村地区的基础网络设施建设，重点促进区块链技术、"互联网+"金融平台、大数据中心等新型基础设施的发展，厚植数字普惠金融的"肥沃土壤"，扩大数字金融服务的深度和广度，为数字普惠金融的可持续发展奠定坚实基础。其次，基于传统金融难以为低收入人群、小微企业和农村等欠发达地区提供有效服务的短板，省和区县政府应充分发挥引导、鼓励和支持作用，综合运用财政政策和货币政策，从提供政策优惠和给予财政补贴两方面激发金融机构优化升级的内生动力，积极推动传统金融机构数字化转型。最后，充分发挥市场在金融资源配置中的基础性作用，实现金融资源、要素的自由合理流动。适度降低科技金融市场准入门槛，支持普惠金融机构创立和发展，致力于服务中小微企业和农村地区；持续优化国有企业的融资结构，提高金融资源的利用效率，营造竞争有序的良好金融环境。

第二，对于数字普惠金融发展在各区域间、各类收入群体间表现出的异质性特征，要立足实际，因地制宜制定差异化、阶段性的数字普惠金融发展策略。在区域层面，东部地区应在巩固并发挥自身发展优势的基础上，以突破技术瓶颈为主，改善金融科技创新环境，提高科技成果转化率，打破研发和应用"两张皮"的不利局面；中、西部地区应以补短板为主，强化新型基础设施建设，同时充分利用政策优惠、财政补贴，引入先进互联网技术及管理经验、社会资金和高素质人才等优质资源，为数字普惠金融发展提供优良的经济环境和充分的物质保障，努力缩小城乡、区域间的发展差距。在群体层面，应大力普及推广数字普惠金融知识，提高弱势群体金融素养，增强弱势群体获取有效金融服务的能力，使数字普惠金融发展的红利惠及所有人群。

第三，促进农村经济发展，改善农村营商环境，培育新型农民，充分发挥农村经济发展在数字普惠金融促进共同富裕实现过程中的调节作用。一方面，加快数字技术和金融产品的融合创新，开发多样化、人性化的金融产品和服务，以满足农村居民的个性化需求，激发农民自主创业意愿；另一方面，高质量的营商环境能够帮助农村企业提高盈利能力、降低经营风险，政府可以通过推出各类优惠政策优化农村营商环境，鼓励农民自主创业，拓宽农民就业渠道。

第四，数字普惠金融在快速发展的过程中会给金融监管带来挑战。农村居民等弱势群体作为数字普惠金融的重要服务对象对风险的识别与承受能力相对较低，数字普惠金融的网络效应将加快金融风险的扩散速度、扩大金融风险的覆盖范围，事实上金融风险形态的变化已经导致传统的金融监管模式在监管数字金融科技创新方面表现出不同程度的"失灵"，因此需建立完善的监管机制以及市场准入体系，借助数字信息技术、人工智能、云数据等科技手段，构建科学完善的监管体系，有效防范化解系统性金融风险，助力共同富裕目标早日实现。

虽然本部分内容对数字普惠金融与共同富裕的关系进行了探讨，并从农村经济发展视角揭示数字普惠金融对共同富裕的影响机理及作用路径。但在此需要指出几点：一是数字普惠金融对共同富裕作用机制的研究有待进一步完善；二是关于共同富裕评价指标体系、共同富裕指数的计算方法也有待进一步修正。同时本部分内容紧密围绕共同富裕内涵进行了指标体系构建，但囿于数据的可得性，难以精准衡量各地区共同富裕发展状况。另外，本部分内容也并未将作为数字普惠金融服务对象的居民个人对于共同富裕、获得感、幸福感的主观感受及评价考虑在内。基于以上局限，未来可以进一步丰富数字普惠金融促进共同富裕的作用机制研究，并且随着数据可获得性的提高，不断完善地区间共同富裕评价指标体系。

山东省数字普惠金融发展对城乡收入差距的影响

一、研究背景

（一）问题提出

自改革开放以来，我国社会经济高速发展，一跃成为世界第二大经济体，人民生活质量不断提升，然而城乡二元经济结构带来的城乡发展不平衡，尤其是城乡收入差距扩大的问题，日渐引起政府的重视和社会各界的关注。城乡收入差距过大会导致市场资源分配不均，可能使我国经济发展无法跨越"中等收入陷阱"，严重时还会影响社会稳定。由于传统金融存在逐利性和排斥性，金融机构更愿意将资金贷给高收入人群，金融资源过多地向城镇地区倾斜。而相对于城镇居民，农村居民获得金融服务的成本和门槛都较高，金融服务支持较落后。由于贷款前评估借款人资信以及贷款后跟踪管理都存在一定的困难，传统银行等金融中介机构对农村居民等弱势群体提供贷款的意愿较低。因此，用于农民自身提高、农业产业发展、农村发展建设的资金成为农村地区收入水平提高的重要制约因素，从而导致城乡收入差距不断拉大。

众多证据表明，金融发展对抑制城乡收入差距具有独特的重要作用。2005年联合国正式提出"普惠金融"理念，指以可负担的成本为有金融服务需求的社会各阶层和群体提供有效的金融服务。2013年11月党的十八届三中全会正式提出"发展普惠金融"。2015年国务院发布了《推进普惠金融发展规划（2016—2020年）》，指出普惠金融即立足机会平等要求和商业可持续性原则，以可负担的成本为有金融服务需求的社会各阶层和群体提供适当、有效的金融服务。随着我国数字技术和金融科技的迅猛发展，在2016年杭州G20会议上我国提出《数字普惠金融高级原则》，"数字普惠金融"正式诞生。作为数字信息技术和普惠金融深度融合的产物，数字普惠金融弥补了传统普惠金融的操作性不便、人工服务等不足，具有使用方便快捷、交易成本低、覆盖范围广、金融服务多、传播速度快和精准提供服务等优势，在促进共同富裕和推动经济高质量发展等方面具有重要意义，因而很快受到社会各界的欢迎支持。数字普惠金融可以降低农民等弱势群体取得金融机构资金的门槛，获取更多更优质的金融服务，为弱势群体发展带来了更多的金融机遇和资源，所以说数字普惠金融本身就带有一定的"减贫"属性，它有助于城乡收入差距的缩小和增进人民福祉。

（二）研究现状

金融发展虽然对地方经济发展和居民收入提高具有促进作用，但由于金融排斥的存在，在一定程度上抑制了弱势群体的进一步发展，农村地区尤为如此。由于缺乏金融知识、信息不对称、交易成本高等问题，金融排斥在我国农村地区普遍存在，且金融排斥主要由供需不平衡导致（葛永波和陈虹宇，2021）[①]。粟芳和方蕾（2016）认为，一些外部因素如外出务工、经济状况、信用环境和交通便利等也影响着农村金融排斥[②]。董晓林和徐虹（2012）发现，人口规模小、社会消费品零售总额小、金融基础设施状况差的县域更易受到金融排斥[③]。农业领域金融资金严重不足提高了农业从业人员的借款门槛，使农业从业人员在借款条件上被农村金融所排斥（黄寿峰，2016）[④]。

为了缓解农村地区的严重金融排斥现象和降低农民获得借贷资金的金融门槛，普惠金融应运而生。普惠金融的普惠性，在很大程度上减少了传统金融对农民等弱势群体获得信贷服务的歧视现象，有利于实现经济的包容性增长。大量学者开始研究普惠金融对城乡收入差距的影响，此类研究成果颇多。国外学者Dai-Won K 等（2018）认为，普惠金融在降低服务门槛、减贫以及缩小城乡收入差距方面发挥着重要的作用[⑤]。国内学者研究方面，大部分省域普惠金融的发展对缩小本省域城乡收入差距具有显著的作用（李建伟，2017）[⑥]。巩艳红和薛倩（2021）研究发现提高普惠金融发展水平可显著缓解我国相对贫困以及收入不平

① 葛永波，陈虹宇，赵国庆．金融排斥视角下非农就业与农村家庭金融资产配置行为研究［J］．当代经济科学，2021（3）：16-31.

② 粟芳，方蕾．中国农村金融排斥的区域差异：供给不足还是需求不足？——银行、保险和互联网金融的比较分析［J］．管理世界，2016（9）：70-83.

③ 董晓林，徐虹．我国农村金融排斥影响因素的实证分析——基于县域金融机构网点分布的视角［J］．金融研究，2012（9）：115-126.

④ 黄寿峰．财政支农、金融支农促进了农民增收吗？——基于空间面板分位数模型的研究［J］．财政研究，2016（8）：78-90.

⑤ Dai-Won K, Jung-Suk Y, Hassan M K. Financial Inclusion and Economic Growth in OIC Countries［J］. Research in International Business and Finance, 2018, 43（1）：1-14.

⑥ 李建伟．普惠金融发展与城乡收入分配失衡调整——基于空间计量模型的实证研究［J］．国际金融研究，2017（10）：14-23.

等①。以全要素生产率为中介变量，研究表明普惠金融发展能够通过提升农业全要素生产率进而缩小城乡收入差距（张爱英和孟维福，2021）②。而朱一鸣和王伟（2017）采用两阶段最小二乘和工具变量分位数回归方法，得出推动县域普惠金融有利于农民增收减贫，但存在明显的异质性③。根据广东省的经济强省以及市级内部区域发展差异等特殊性，梁伟森和程昆（2021）得出，得益于服务广度、深度延伸以及经济增长的间接作用，全省普惠金融的农村减贫效应显著，而收入分配的间接作用不显著④。

随着时代的发展，数字经济赋能普惠金融，数字普惠金融开始进入大众视野。近年来，探究数字普惠金融对经济增长、乡村振兴、共同富裕以及城乡收入差距等众多领域影响的相关文献不胜枚举。李连梦和吴青（2021）提出，数字普惠金融的覆盖广度、信贷业务、支付业务以及数字支持服务等均可以显著促进城镇低收入群体的收入增长⑤。多位学者基于 2011～2018 年我国 31 个省份市面板数据并构建面板回归模型来进行实证检验，研究表明，数字普惠金融发展水平的提高能够显著缩小城乡收入差距⑥⑦⑧。除了研究全国省级的数字普惠金融发展水平对收入差距的影响外，还有一些学者从单一省份的省情及其独特性出发，探究不同省份各自的数字普惠金融发展水平对城乡收入差距的影响，结果均为：数字普惠金融对城乡收入差距有显著的抑制作用，并且存在明显的区域异质性⑨。也有学者进行区域异质性分析，陈慧卿（2020）研究发现中部地区数字普惠金融的农村增收效应最大，其次是东部，最小的为西部，但差异并不明显⑩。有学者从数字普惠金融是否促进农户获得信贷的角度出发，樊文翔（2021）得出数字普惠

①　巩艳红，薛倩．普惠金融发展对相对贫困的影响分析［J］．统计与决策，2021（11）：160-163.

②　张爱英，孟维福．普惠金融、农业全要素生产率和城乡收入差距［J］．东岳论丛，2021（9）：63-76.

③　朱一鸣，王伟．普惠金融如何实现精准扶贫？［J］．财经研究，2017（10）：43-54.

④　梁伟森，程昆．普惠金融发展及其农村减贫效应：来自广东的实践［J］．农村经济，2021（3）：64-74.

⑤　李连梦，吴青．数字普惠金融对城镇弱势群体收入的影响［J］．经济与管理，2021（2）：47-53.

⑥　胡宗哲．数字普惠金融对城乡收入差距的影响研究［J］．统计理论与实践，2022（2）：65-72.

⑦　李娜．数字普惠金融、人力资本与城乡收入差距［J］．金融与经济，2021（3）：91-96.

⑧　朱小莉，李元华．数字普惠金融对城乡收入差距的影响——以广东省为例［J］．新经济，2022（2）：113-122.

⑨　徐坤，彭定赟．数字普惠金融对缩小城乡收入差距的作用机制研究——基于湖北省市级面板数据［J］．武汉理工大学学报，2021（6）：104-115.

⑩　陈慧卿．数字普惠金融的增收减贫效应——基于省际面板数据的实证分析［J］．安徽农业大学学报（社会科学版），2020（1）：1-10.

金融的发展显著提高了农户的正规信贷可得性和正规信贷规模①。也有学者从数字普惠金融的分指标的角度出发，他们研究发现，覆盖广度、使用深度以及数字化程度在缩小城乡收入差距方面的收敛效应存在显著差异②。还有学者运用空间自回归模型并通过空间效应分解去研究省份间的影响，结果表明：本省数字普惠金融发展水平对邻接省份的城乡收入差距的缩小也同样具有积极作用，具有空间溢出效应（王君萍和刘亚倩，2021）③。随着近年来用门槛模型来分析问题越来越受学者的欢迎，一些文献开始借助构建门槛面板模型，来研究数字普惠金融发展水平对城乡收入差距的影响。王小华和程琳（2022）基于2011～2020年的省级数据，研究结果表明，数字普惠金融能缩小城乡收入差距，但这一影响存在双重门槛④。

（三）研究的目标与意义

现在研究数字普惠金融发展对城乡收入差距的影响的文献大多集中在全国省级层面，虽然具有普遍性，但忽视了单一省份自身省情市情的特殊性。我们需要因地制宜，发展好本省份的数字普惠金融来缩小居民收入差距。山东省是一个经济大省，同时也是一个金融大省。目前，山东省在我国经济总量位居全国第三位，人口数量全国排名第二位。在全国百强GDP城市中，山东省有11个地级市上榜。自2017年来，山东省政府为促进普惠金融服务实体经济和特殊群体出台了《山东省人民政府关于推进普惠金融发展的实施意见》《山东省普惠金融发展专项资金管理暂行办法》等政策，山东省在数字普惠金融建设方面积极布局，在促进社会经济发展和促进共同富裕方面取得了良好成效。2020年，山东省数字普惠金融发展水平指数为347.81，居全国第十位。数字普惠金融指数范围包括全国333个地级市，在前一百名中有10个地级市来自山东省。通过对山东省地级市的数字普惠金融发展对城乡收入差距产生作用的中介传导机制进行探究，不仅可以进一步推进数字普惠金融与城乡收入差距的相关性研究，也可以为山东省数字普惠金融的发展提供理论依据和实践启示。

---

① 樊文翔. 数字普惠金融提高了农户信贷获得吗？［J］. 华中农业大学学报（社会科学版），2021（1）：109-119+179.

② 李灵敏. 数字普惠金融对城乡收入差距收敛效应研究——基于省级Panel Data的分析［J］. 区域金融研究，2021（7）：43-49.

③ 王君萍，刘亚倩. 数字普惠金融能够缩小城乡收入差距吗——基于空间面板模型［J］. 西安石油大学学报，2021（6）：31-37.

④ 王小华，程琳. 数字普惠金融与城乡收入差距：机遇还是鸿沟［J］. 广西师范大学学报，2022（4）：1-18.

二、理论分析

从一般逻辑上来讲，数字普惠金融影响城乡收入差距的理论主要包括如下几个方面：

（一）门槛降低效应

传统的金融机构为了逐利往往设置较高的金融信贷门槛，如手续费、个人财产多寡、收入高低、抵押物、个人资信水平等门槛。由于农民不具有城镇居民的良好经济条件和生活水准，所以金融机构提供的优质金融服务范围通常忽略农民。而数字普惠金融凭借可操作性强、减少信息不对称、可及性高、数字技术和风险管理等优点，大大简化了交易中间环节，压缩了获客成本和交易成本，减少了违约风险，使农民能够获得更多更好的金融服务，降低了金融机构对农民等弱势群体的金融服务"门槛"要求，城乡居民金融服务可得性差距缩小，从而促进农民收入增加，缩小城乡收入差距。

（二）政府支农效应

一般公共预算中用于农林水务方面的支出与当年的 GDP 之比，反映了政府对于当地"三农"问题的重视程度。政府支农力度越强，农民的收入就会随之增加，农业随之发展，农村也随之兴旺富裕。而数字普惠金融凭借其精准性、便捷性、方向性等优点，可以帮助政府了解农民在哪些方面需要投入资金，这样便有利于政府精准地对农村的具体业务投入资源，提高资金利用率。这样，农村居民与城镇居民的收入差距就会进一步缩小，有利于全民的共同富裕和社会的和谐幸福。

（三）排斥缓和效应

金融排斥包括地理排斥和产品排斥。考虑到运营成本和盈利水平，金融机构一般很少在地理位置比较偏远的农村地区和经济不发达地区开设银行网点，这就导致了农民等"长尾客户"享受不到正常的金融资源，这便是地理排斥。而产品排斥则是指大多数金融产品主要面向高收入人群，农民在这些方面的需求受到忽视，从而使城乡居民的收入差距越来越大。数字普惠金融的时空跨越性、低成本性、数字便利性和移动终端设备等优势，降低物理网点的人力、物力、财力成本，农民可以不受地理因素的条件限制，平等地享受金融服务，缓解了金融排斥造成的城乡居民被金融机构区别对待的程度，使金融资源在城镇和乡村地区能够分配均衡。

三、模型、数据与方法

（一）模型设定

参考关于研究数字普惠金融与城乡收入差距关系的文献，并结合研究基础，构建如下的计量模型，以实证检验数字普惠金融能否缩小城乡收入差距。

建立数字普惠金融对城乡收入差距影响的回归模型：

$$GAP_{it} = \alpha_0 + \alpha_1 Y_{it} + \alpha_c X_{it} + \varepsilon_{it} \tag{3-2-1}$$

其中，i 表地级市，$i = 1, 2, \cdots, 16$；t 表示年份，$t = 2011, 2012, \cdots, 2020$；$\alpha_0$ 为截距项；GAP_{it} 为城乡收入差距；Y_{it} 包括数字普惠金融发展水平（DIFI）和 DIFI 的三个维度，即覆盖广度（Cover）、使用深度（Depth）、数字化程度（Digit）；X_{it} 表示控制变量，α_1、α_c 为待估参数；ε_{it} 为随机误差项。

为了进一步深入探究数字普惠金融影响城乡收入差距的作用机制，是否存在某些因素导致数字普惠金融在不同的情况下对城乡收入差距的影响存在差异，故借鉴 Hansen（1999）[①] 的面板门槛模型方法[②]，构建如下的非线性门槛面板模型：

$$GAP_{it} = \mu_i + \beta'_1 X_{it} \cdot l(q_{it} \leq \gamma_1) + \beta'_2 X_{it} \cdot l(\gamma_1 < q_{it} \leq \gamma_2) + \cdots +$$
$$\beta'_n X_{it} \cdot l(q_{it} > \gamma_{n-1}) + \theta_i Z_{it} + e_{it} \tag{3-2-2}$$

其中，X_{it} 为外生解释变量，与扰动项 e_{it} 不相关；q_{it} 为门槛变量；γ_1、γ_2、$\cdots$、γ_{n-1} 为待估计的门槛值；μ_i 为截距项；$l(\cdot)$ 为示性函数，即如果括号中的表达式为真，则取值为 1；反之，取值为 0。Z_{it} 为各控制变量；β'_1、β'_2、$\cdots$、β'_n、θ_i 为待估参数；扰动项 e_{it} 为独立同分布。

（二）选取变量

1. 被解释变量

在目前的学术文献中，学者大多采用泰尔指数、城乡居民人均可支配收入之比以及基尼系数等指标来衡量城镇和农村之间的收入差距情况。根据数据的易得性和直观性以及计算的简便性，拟选择当年的城镇居民人均可支配收入与农村居民人均可支配收入之比（GAP）来衡量城乡收入差距的相对水平。GAP 越大，表明城乡收入差距越大。由于 2013 年我国城乡居民人均收入统计口径发生变化，为了研究的需要和数据的完整性，把 2013 年之前的城市居民人均可支配收入和农村居民人均纯收入继续保留使用。

2. 解释变量

选取北京大学数字金融研究中心发布的《北京大学数字普惠金融指数》（第三期，2011—2020 年）中的数字普惠金融指数，来刻画我国各省市县近年来的

① Hansen. Threshold effects in non–dynamic panels：estimation，testing and inference［J］. Journal of Econometrics，1999（98）：345–368.

② 郭峰，王靖一，王芳，孔涛，张勋，程志云. 测度中国数字普惠金融发展：指数编制与空间特征［J］. 经济学季刊，2020（4）：1401–1418.

数字普惠金融发展水平①。该指数越大，表示数字普惠金融水平发展程度越高。选择数字普惠金融总指数（DIFI）作为核心解释变量。此外，还选取了其三个维度即覆盖广度（Cover）、使用深度（Depth）和数字化程度（Digit）作为解释变量来进一步地衡量与探究数字普惠金融发展对城乡收入差距的影响。为了统一量纲，将数字普惠金融总指数和分指数均缩小。

　　3. 控制变量

　　城乡收入差距受到很多因素的制约和影响，参考目前现有文献并考虑数据的可得性，选取以下变量作为控制变量：经济发展水平（lnPGDP）；产业结构（IS）；政府支持力度（GOV）；城镇化水平（UR）；对外开放度（OPEN）。

　　4. 中介变量

　　为了进一步分析数字普惠金融影响城乡收入差距的中介传导机制，选取政府支农力度作为中介变量。通过上述数据整理汇总，本部分最终获得160个样本数据，变量说明和描述性统计结果分别见表3-2-1与表3-2-2。

表 3-2-1 　变量说明

变量类型	变量名称	变量符号	变量解释	数据来源
被解释变量	城乡收入差距	GAP	城乡居民人均可支配收入之比	山东省地级市统计年鉴（2011—2020）
解释变量	数字普惠金融发展水平 覆盖广度 使用深度 数字化程度	DIFI Cover Depth Digit	北京大学数字普惠金融指数	《北京大学数字普惠金融指数报告（2011—2020年）》
控制变量	经济发展水平	lnPGDP	人均实际 GDP，取对数	山东省地级市统计年鉴（2011—2020）、山东省地级市国民经济和社会发展统计公报（2011—2020）、中经网数据库
	产业结构	IS	第二、三产业增加值/地区 GDP	
	政府支持力度	GOV	一般公共预算支出/当期 GDP	
	城镇化水平	UR	城镇化率（年末城镇常住人口/年末总人口）	
	对外开放度	OPEN	当年进出口总额/当年 GDP	
中介变量	政府支农力度	GSV	一般公共预算中用于农林水务方面的支出与当年的 GDP 之比再乘以 100	

---

　　① 郭峰，王靖一，王芳，孔涛，张勋，程志云. 测度中国数字普惠金融发展：指数编制与空间特征[J]. 经济学季刊，2020（4）：1401-1418.

表 3-2-2 描述性统计结果

变量	样本值	平均值	标准差	最小值	最大值
GAP	160	2.30	0.25	1.74	2.81
DIFI	160	1.79	0.69	0.32	2.92
Cover	160	1.72	0.67	0.19	2.93
Depth	160	1.77	0.68	0.47	2.82
Digit	160	2.09	0.86	0.20	3.16
lnPGDP	160	11.01	0.43	9.84	11.82
IS	160	0.92	0.03	0.85	0.97
GOV	160	0.12	0.03	0.08	0.20
UR	160	0.58	0.10	0.32	0.76
OPEN	160	0.27	0.23	0.04	1.35

四、实证分析与检验

(一)基准回归分析

上面表 3-2-2 为采用固定效应模型得到的回归结果。模型(1)的回归结果如表 3-2-3 所示。表 3-2-3 列(1)不考虑其他变量只引入核心解释变量数字普惠金融发展水平,表 3-2-3 列(2)至列(4)依次引入控制变量,数字普惠金融发展水平的回归系数依然为负,且均在 5% 的水平下显著,表明数字普惠金融的发展可以有效地抑制城乡收入差距的扩大,对缩小城乡之间的收入差距具有显著的促进作用。表 3-2-3 列(4),当数字普惠金融发展水平每增加 1 个单位,城乡收入差距就会缩小 0.136 个单位。由此可知,数字普惠金融发展水平的提高可以对当地的城乡收入差距有较好的收敛效应。

表 3-2-3 基准回归结果

变量	(1)	(2)	(3)	(4)
DIFI	-0.090***	-0.145***	-0.120**	-0.136***
	(0.027)	(0.032)	(0.053)	(0.051)
lnPGDP		0.079	0.183*	0.231**
		(0.086)	(0.115)	(0.111)
IS		2.923***	3.873***	3.490***
		(1.052)	(1.187)	(1.192)

变量	(1)	(2)	(3)	(4)
GOV			0.513	0.576
			(0.931)	(0.918)
UR			−0.868*	−0.780**
			(0.573)	(0.563)
OPEN				−0.185***
				(0.054)
Constant	2.461***	−0.990*	−2.613**	−2.767**
	(0.047)	(0.570)	(1.155)	(1.115)
Observations	160	160	160	160
R-squared	0.060	0.248	0.389	0.431

注：***、**、*分别表示在1%、5%、10%的水平下显著；括号内为稳健标准误，下同。

控制变量方面，观察表3-2-3列（4），产业结构IS对城乡收入差距的回归系数为正，在1%的水平下显著，且产业结构每增加1%，城乡收入差距就会扩大3.49%。而城镇化率UR的回归系数为负，通过了5%的显著性检验，且城镇化率每提高1个单位，城乡收入差距将缩小0.78个单位，表明随着山东省各市城镇化进程的推进，越来越多的农民进入城镇，他们获得了更多的就业机会和更大更充分的发展空间，从而提高了农民的收入，所以当地的城镇和农村之间的人均居民收入差距不断在缩小。对外经济开放度OPEN的回归系数为负，且在1%的水平下高度显著，说明当地对外经济开放程度的提高有助于城乡收入差距的缩小，即随着当地对外经济交往程度的加深和进出口贸易额的扩大，对抑制当地的城乡收入差距的扩大有显著的促进作用。

（二）门槛回归分析

由于城镇化水平是现代化水平的重要标志，能够客观反映城市化进程，体现了一个国家或地区的发达水平和社会经济水准，而城镇化水平的高低在一定程度上会影响数字普惠金融的发展，所以以城镇化水平（UR）为门槛变量，数字普惠金融发展水平（DIFI）为外生解释变量。门槛的控制作用保证了模型具有很强的稳健性和广泛的适用性，具有预测精度高且稳健、应用简便等优点，故本部分采用门槛模型进行分析。

1. 门槛效应检验与门槛值的估计

根据Hansen提出的"自抽样法"构建了渐进分布以获取近似分布临界值，依次进行了单一、双重、三重门槛的检验，检验结果见表3-2-4。

表 3-2-4　门槛效应自抽样检验

门槛类型	F 值	P 值	BS 次数	临界值			原假设 H_0
				10%	5%	1%	
单一门槛	86.36	0.0000	300	24.8468	29.3044	44.2368	拒绝
双重门槛	16.94	0.1900	300	21.9550	29.1955	38.2280	接受
三重门槛	15.98	0.6833	300	39.7739	47.1231	56.1241	接受

注：F 值、P 值均为采用"Bootstrap 法"进行 300 次抽样后得到的结果。

　　自抽样检验结果可知，以城镇化水平（UR）作为门槛变量时，单一门槛效应通过了 1% 的显著性检验，而二重门槛效应和三重门槛效应都没有通过显著性检验。这表明我国数字普惠金融对城乡收入差距的影响存在单一门槛效应，故构建单一门槛面板模型进行估计。已知模型存在单一门槛效应，继续采用置信区间估计，门槛的估计值及置信区间见表 3-2-5。

表 3-2-5　门槛估计值和置信区间

模型	门槛估计值	95% 置信区间
单一门槛 Th-1	0.6641	[0.6629, 0.6689]
双重门槛 Th-21	0.6731	[0.6646, 0.6756]
双重门槛 Th-22	0.6187	[0.6032, 0.6200]

　　由表 3-2-5 门槛估计结果可知，以城镇化水平（UR）为门槛变量时，模型存在单一门槛效应，单一门槛的估计值为 0.6641。由此将城镇化水平分为 2 个区间，即 $0 < UR \leqslant 0.6641$ 和 $UR > 0.6641$。进一步采用似然比估计，得到门槛值的 LR 图形，见图 3-2-1。横轴表示门槛变量城镇化水平，纵轴表示似然比函数值 LR，虚线表示似然比函数值在 95% 置信区间上的临界值。当曲线落入参考线以下，表明存在门槛值，曲线最低点对应的横坐标即为门槛值的数值。

　　2. 参数估计和结果分析

　　采用 Stata16 的非动态门槛回归程序 Xthreg 进行门槛回归参数估计，其结果见表 3-2-6。将处于低城镇化水平（$0 < UR \leqslant 0.6641$）的 DIFI 记为 $DIFI_1$，处于高城镇化水平（$UR > 0.6641$）的 DIFI 记为 $DIFI_2$。

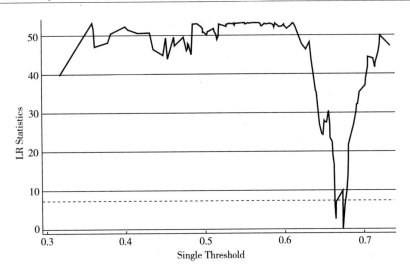

图 3-2-1　单一门槛值的 LR 图形

表 3-2-6　数字普惠金融对城乡收入差距的门槛效应检验结果

变量	GAP
$DIFI_1$	-0.119^{**}
	（0.0473）
$DIFI_2$	-0.003
	（0.0461）
控制变量	控制
Constant	4.144
	（1.442）
Observations	160
R-squared	0.234

由表 3-2-6 可知，当城镇化水平处于 0<UR≤0.6641 时，数字普惠金融发展水平对城乡收入差距的回归系数为-0.119，且通过了 5% 的显著性检验，表明数字普惠金融发展能在一定程度上对城乡收入差距有聚敛效应；当城镇化水平 UR>0.6641 时，估计系数不显著。

（三）稳健性检验

1. 内生性讨论

鉴于数字普惠金融发展与城乡收入差距之间可能存在遗漏变量、测量误差以及反向因果导致的内生性问题，采用变量滞后和工具变量法来缓解可能存在的内生性问题：第一，为减轻反向因果的影响，对解释变量数字普惠金融发展水平滞后一期与二期，重新作为解释变量进行估计，结果如表3-2-7列（1）和列（2）所示，数字普惠金融发展水平系数依然为负，与前文基准回归是一致的。第二，参考易行健和周利（2018）与李牧辰等（2020）的做法，采用滞后一期的数字普惠金融指数和数字普惠金融指数一阶差分的乘积、各市与浙江省杭州市之间的球面距离与对应的数字普惠金融指数相乘除以10000的结果为工具变量[1][2]。经检验，这两个工具变量均符合工具变量的相关性和外生性。接下来，借助2SLS估计得出最终回归结果，分别见表3-2-7列（3）和列（4），可知数字普惠金融发展对城乡收入差距的抑制作用仍然显著，结果是稳健可靠的。

表3-2-7　内生性检验结果

变量	滞后一期	滞后二期	工具变量法	工具变量法
	（1）	（2）	（3）	（4）
L. DIFI	-0.122**			
	(0.0538)			
L2. DIFI		-0.133**		
		(0.0617)		
L. DIFI×D. DIFI			-0.221*	
			(0.229)	
Distance				-0.202***
				(0.0584)
控制变量	控制	控制	控制	控制
Constant	-3.449***	-3.771***	-3.501***	-3.403***
	(1.177)	(1.340)	(1.200)	(1.032)
Observations	144	128	144	160
R-squared	0.292	0.315	0.282	0.282
不可识别检验（Anderson LM）			8.773***	105.457**

---

① 易行健，周利. 数字普惠金融发展是否显著影响了居民消费：来自中国家庭的微观数据［J］. 金融研究，2018（11）：47-67.

② 李牧辰，封思贤，谢星. 数字普惠金融对城乡收入差距的异质性影响研究［J］. 南京农业大学学报（社会科学版），2020（3）：132-145.

续表

变量	滞后一期	滞后二期	工具变量法	工具变量法
	（1）	（2）	（3）	（4）
弱工具变量检验 （C-D Wald F）			8.889***	295.820***
过度识别检验 （Sargan）			4.341**	127.843**

2. 进行稳健性检验

为了验证上述结果的可靠性和稳定性，采用替换变量和更换回归方法两种方式来进行验证。

（1）替换被解释变量。考虑到除了城乡居民人均可支配收入之比外的其他测度方式的科学性，采用泰尔指数来替换被解释变量城乡居民人均可支配收入比去衡量城乡收入差距并进行稳健性检验，用来表示。其回归结果见表3-2-8。从表3-2-8列（1）的稳健性检验结果来看，在替换变量以后，核心解释变量DIFI的符号未发生显著变化，依然为负，且均在1%的水平下显著，这表明上述估计结果可靠，所以数字普惠金融发展可以缩小城乡收入差距。

（2）更换估计方法。表3-2-8列（2）表示更换估计方法为系统GMM估计之后的回归结果。数字普惠金融发展水平的回归系数仍然为负，且通过了1%的显著性检验，说明结果是稳健的，数字普惠金融发展水平与城乡收入差距呈负相关。

表3-2-8　稳健性检验结果

变量	Theil	GAP
	（1）	（2）
DIFI	−0.0521*** （0.0086）	−0.1361*** （0.0502）
控制变量	控制	控制
Observations	160	160
R-squared	0.213	0.357

（四）异质性分析

1. 维度异质性分析

为了研究数字普惠金融的不同维度对城乡收入差距的影响是否存在异同，故对数字普惠金融的三个维度覆盖广度、使用深度和数字化水平与城乡收入差距的关系进行回归（见表3-2-9）。

表3-2-9　DIFI 不同维度对城乡收入差距的回归结果

变量	(1)	(2)	(3)
cover	−0.127 **		
	(0.0582)		
depth		−0.129 ***	
		(0.0446)	
digit			−0.103 ***
			(0.0357)
lnPGDP	0.224 **	0.210 *	0.229 **
	(0.113)	(0.109)	(0.111)
IS	3.700 ***	3.665 ***	3.320 ***
	(1.208)	(1.112)	(1.172)
GOV	0.411	0.305	0.513
	(0.959)	(0.855)	(0.897)
UR	−0.839 **	−0.827 *	−0.891 *
	(0.582)	(0.533)	(0.522)
OPEN	−0.174 ***	−0.178 ***	−0.208 ***
	(0.0547)	(0.0542)	(0.0545)
Constant	−2.862 **	−2.653 **	−2.541 **
	(1.108)	(1.123)	(1.134)
Observations	160	160	160
R−squared	0.346	0.356	0.368

表3-2-9 中列（1）至列（3）为模型（2）的回归结果，分别表示了数字普惠金融发展水平的三个维度即覆盖广度、使用深度、数字化程度对城乡收入差距的影响程度。其中，使用深度对缩小城乡收入差距效果最大，其回归系数为−0.129，且在1%的水平下显著，说明数字普惠金融的使用深度对城乡收入差距的扩大有抑制作用。此外，覆盖广度和数字化程度对城乡收入差距的回归结果系数均为负，且分别说明了数字普惠金融的使用深度和数字化程度每提高一个百分点，GAP 将分别缩小0.127%、0.103%。从三个维度的回归系数来看，使用深度的回归系数最高，且小于数字普惠金融发展水平的回归系数，覆盖广度仅次于使

用深度，数字化程度最低。这表明，数字普惠金融在不同维度中，使用深度占据首要地位，覆盖广度次之，应该逐渐提高数字普惠金融的下沉力度和拓宽当地的数字普惠金融的覆盖面，这样更有助于城乡收入差距的收敛。

2. 地区异质性分析

为了进一步探究数字普惠金融发展对城乡收入差距缩小的推动作用，深入理解数字普惠金融影响收入差距的异质性，根据山东省传统的地区划分习惯，将山东省进行区域划分①，分为胶东、鲁北、鲁中、鲁南四块区域，分别考察数字普惠金融发展对城乡收入差距的区域异质性影响。结果如表 3-2-10 所示。

表 3-2-10　区域异质性分析结果

	胶东	鲁南	鲁北	鲁中
DIFI	-0.0851	0.229**	-0.589***	-0.516***
	(0.151)	(0.106)	(0.114)	(0.118)
lnPGDP	0.828	-1.022***	0.828***	1.420***
	(0.683)	(0.242)	(0.157)	(0.502)
IS	2.330	0.798	-5.592**	-18.09***
	(2.071)	(1.362)	(2.394)	(4.713)
GOV	-2.431	-10.53***	0.800	1.936
	(2.690)	(2.215)	(1.103)	(1.560)
UR	-0.983	0.461	0.836	4.378***
	(2.453)	(0.870)	(1.559)	(1.143)
OPEN	0.580	-0.0238	1.149***	-1.004**
	(0.518)	(0.0476)	(0.257)	(0.456)
Constant	-8.592	13.23***	-1.509	1.642
	(6.134)	(2.244)	(1.462)	(3.948)
Observations	30	50	40	40
R-squared	0.585	0.487	0.843	0.641

从数字普惠金融发展水平的系数估计值来看，鲁北和鲁中的回归系数为负，且均通过了 1% 的显著性水平检验；而鲁南的系数为正，在 5% 的水平下显著；虽然胶东的系数为负，但没有通过显著性检验。这些结果表明，数字普惠金融发展

---

① 胶东包含青岛市、烟台市、威海市；鲁北包含东营市、德州市、滨州市、聊城市；鲁中包含济南市、潍坊市、淄博市、泰安市；鲁南包含临沂市、济宁市、菏泽市、日照市、枣庄市。

对鲁北和鲁中地区的 8 个地级市城乡收入差距的缩小起到了显著的促进作用，可能是数字金融的发展有助于当地的金融资源向农民农村倾斜。而鲁南地区数字普惠金融发展水平的提高反而加剧了城乡收入差距的扩大，原因可能是鲁南地区数字普惠金融发展并没有体现应有的普惠作用，并没有降低农民获取金融资源的门槛，存在"数字鸿沟"现象。

（五）中介效应分析

上述实证结果论证了数字普惠金融及其三个一级维度对城乡收入差距的影响，以及探究了数字普惠金融在不同城镇化水平下对城乡收入差距的门槛效应。为了进一步深入研究和理解数字普惠金融发展是通过什么影响城乡收入差距的，根据前面影响机理中的政府支农效应，尝试着对数字普惠金融影响城乡收入差距的中介传导机制进行阐释分析。建立中介效应模型如下：

$$GAP_{it} = \alpha_0 + \alpha_1 DIFI_{it} + \sum_{i=2}^{6} \alpha_i Control_{it} + \epsilon \qquad (3\text{-}2\text{-}3)$$

$$IV_{it} = \beta_0 + \beta_1 DIFI_{it} + \sum_{i=2}^{6} \beta_i Control_{it} + \epsilon \qquad (3\text{-}2\text{-}4)$$

$$GAP_{it} = \omega_0 + \omega_1 DIFI_{it} + \omega_2 IV_{it} + \sum_{i=3}^{7} \omega_i Control_{it} + \epsilon \qquad (3\text{-}2\text{-}5)$$

其中，IV 是本部分的中介变量；Control 为控制变量，ϵ 为随机误差项，其余变量含义与模型（3-2-1）相同。

采用一般公共预算中用于农林水务方面的支出与当地的生产总值之比再乘以100，来衡量地方政府对农村发展的重视程度，即政府支农力度。表 3-2-11 表示了政府支农力度作为中介变量的回归结果，政府支农力度对城乡收入差距的回归系数为 -0.141，在 5% 的水平下显著，说明数字普惠金融的方向性引导了政府支农力度的精准投放性，从而进一步缩小了城乡居民收入差距。表 3-2-11 列（1）和列（3）数字普惠金融的回归系数均为负值，表明政府支农力度在缩小城乡收入差距的影响效果中发挥了部分中介效应，即政府支农力度在数字普惠金融缩小城乡收入差距的过程中起到了良好的"桥梁"作用。

表 3-2-11　政府支农力度对城乡收入差距的中介效应结果

变量	(1)	(2)	(3)
	GAP	GSA	GAP
DIFI	-0.136***	0.180*	-0.129**
	(0.0513)	(0.0988)	(0.0526)

续表

变量	(1)	(2)	(3)
	GAP	GSA	GAP
GSA			−0.141**
			(0.0622)
控制变量	控制	控制	控制
Constant	−2.767**	1.912	−2.403**
	(1.115)	(2.495)	(1.132)
Observations	160	160	160
R-squared	0.285	0.404	0.306

五、研究结论与政策建议

使用山东省2011~2020年16个地级市的面板数据和北京大学数字金融研究中心公布的数字普惠金融发展水平指数，首先分析了数字普惠金融及其三个维度对城乡收入差距的影响，接着借助面板门槛模型考察了数字普惠金融发展水平对其城乡居民收入差距的影响，然后进行了稳健性检验和异质性分析，最后阐释了数字普惠金融发展水平和城乡收入差距之间是否存在中介传导机制。

（一）研究结论

第一，随着山东省地级市普惠金融发展水平的不断提高，该地区的城乡收入差距逐渐呈缩小态势和收敛趋势。本部分以城镇化水平为门槛变量，通过门槛回归分析发现，数字普惠金融发展水平对城乡收入差距的影响受限于城镇化发展水平。当在临界点左侧时，城镇化的推进使数字普惠金融对城乡收入差距具有缩小效应；而在临界值右侧时，收敛效应便不再显著。第二，数字普惠金融的三个维度对山东省地级市城乡收入差距的影响程度具有异质性。其中，使用深度影响效应最强，覆盖广度次之，数字化程度最弱。数字普惠金融发展水平对山东省16个地级市的城乡收入差距存在区域异质性，表现为对鲁北和鲁中地区的城乡收入差距具有显著的收敛效应，对鲁南地区反而加剧了城乡收入差距，对胶东地区不显著。第三，从数字普惠金融影响城乡收入差距的传导机制来看，政府支农力度在缩小城乡收入差距的过程中发挥着部分中介传导效应。

（二）政策建议

首先，完善农村数字基础设施，提高农村网络信息化水平。数字普惠金融的覆盖率在农村地区的增加，提高了农村和农民对金融资源尤其资金的可获得性，从而农民有多余的资金投到就业、自身技能的培训、家庭建设、子女教育培养、投资理财等方面，这些都有利于农村居民收入的提高，对我国的共同富裕目标的推进和实现起着积极作用。

其次，创新普惠金融产品，满足农民真正的需求。金融机构以及第三方机构要顺应时代潮流和国家的"三农"政策，因地制宜，研究开发出切合农民自身需求的金融产品，充分发挥数字支付、网络信贷、小额保险、小额理财的特点，为农民提供更多更便捷的普惠金融服务。

最后，加大数字普惠金融宣传力度，提高农民普惠金融知识水平。国家在贯彻执行普惠金融政策的同时，要及时向农民普及相关的普惠金融知识，要让大家理解普惠金融并鼓励农民积极利用数字普惠金融提供的各种类型的服务。

金融集聚对城乡收入差距的影响

——基于山东省县域样本的实证分析

一、研究背景

（一）引言

近年来，党中央在多个重要场合强调走共同富裕的道路。党的十九大提出，到 21 世纪中叶"全体人民共同富裕基本实现"。党的二十大报告中提到，中国式现代化是全体人民共同富裕的现代化。共同富裕是中国特色社会主义的本质要求，也是一个长期的历史过程。我们坚持把实现人民对美好生活的向往作为现代化建设的出发点和落脚点，着力维护和促进社会公平正义，着力促进全体人民共同富裕，坚决防止两极分化。

促进共同富裕必须找准主攻方向和战略着力点。推动全体人民共同富裕，最大难点和最艰巨的任务，就在于缩小城乡差距。21 世纪以来，我国整体经济迅速腾飞，科技实力不断增强，国际地位和影响力逐步提高，人民生活水平日益提高。但全面向好的同时，也应该注意到当前我国依然存在城乡发展不均衡、收入差距较大的问题。我国社会的主要矛盾已经由过去的人民日益增长的物质文化需要同落后的社会生产力之间的矛盾转化为人民日益增长的美好生活需要和不平衡不充分的发展之间的矛盾。城乡之间收入的不平衡是全国不平衡不充分发展的重要体现。2020 年，在党的领导和全国各族人民的努力奋斗下，我们打赢了脱贫攻坚战，脱贫攻坚胜利之后，如何推进乡村振兴，发展县域经济，进一步缩小贫富差距将引起社会公众和学术界的更大关注。

共同富裕是中华民族千百年来共同的价值追求，是社会主义的本质特征和奋斗目标。实现全体人民共同富裕，最大难点在于缩小收入差距，特别是城乡收入差距。2021 年，山东省居民人均可支配收入为 3.57 万元，其中城镇居民人均可支配收入为 4.71 万元，农村居民人均可支配收入为 2.08 万元，城乡收入比为 2.26，差距还是比较大的。金融集聚可以通过金融资源的集聚和扩散效应促进经济发展，缩小城乡收入差距，是促进山东省共同富裕的关键着力点。

（二）研究现状

关于金融集聚测度的文献中，用于测度地区金融集聚水平的方法主要是主成分分析法和构建评价指标体系。张泽慧（2005）是采用构建区域金融发展指标来对金融集聚水平进行衡量的，以此分析当地的金融集聚状况。[①] 高新才和牛丽娟（2014）则是通过主成分分析法计算出得分，然后根据得分来构建新指标，从而度量某一地区的金融集聚发展状况。[②] 冯林等（2016）利用存贷款金额、储蓄金额、机构数量、从业人数、金融增加值等基础数据，通过熵权 TOPSIS 法构建了县域金融集聚的度量指标。[③] 阮素梅和张盟（2020）通过金融产业增加值和地区GDP 总量计算得出金融区位熵指标以此评价金融集聚水平。[④] 庄毓敏和储青青（2021）在用省级面板数据衡量金融集聚时，同样采用的是区位熵法，其基础数据选取的是省级的金融产业增加值和人口数量。上述学者的研究表明，当前用于测度地区金融集聚水平的方法其核心都在于通过金融业产值、地区 GDP 总量、地区人口数等基础数据计算出金融集聚的区位熵值。[⑤]

收入差距历来都是从事经济类研究的学者关注的重点话题，造成城乡收入差距的原因有多种，政府财政投入情况、城镇化水平、地区经济发展和贸易状况、地区金融状况等诸多因素都会在一定程度上给城镇与乡村之间的收入差距带来影响。Ha 等（2019）认为，城镇化会对城乡收入差距造成显著影响。[⑥] Kuznets（2019）通过实证分析发现地区经济发展水平是影响城乡收入差距的重要因素。[⑦] 在金融相关因素对收入差距的影响方面，学者从金融规模与效率（王修华和邱兆祥，2011）、普惠金融水平（Ozili，2018）、金融市场化程度（钟腾等，2020）

① 张泽慧. 国际金融中心指标评估方法及指标评价体系 ［J］. 社会科学研究，2005（1）：45-48.

② 高新才，牛丽娟. 金融集聚与产业结构升级关系的实证研究——以甘肃省为例 ［J］. 兰州学刊，2014（11）：185-189.

③ 冯林，刘华军，宋建林. 基于熵权 TOPSIS 法的县域金融集聚评价研究——以山东省为例 ［J］. 山东财经大学学报，2016，28（2）：1-9.

④ 阮素梅，张盟. 金融集聚与宏观投资——基于分位数回归和中介效应模型的实证分析 ［J］. 财贸研究，2020，31（9）：40-52.

⑤ 庄毓敏，储青青. 金融集聚、产学研合作与区域创新 ［J］. 财贸经济，2021，42（11）：68-84.

⑥ Ha N M，Le N D，Trung-Kien P. The impact of urbanization on income inequality：A study in vietnam ［J］. Journal of Risk and Financial Management，2019，12（3）：146.

⑦ Kuznets S. Economic growth and income inequality ［M］. Routledge，2019.

等不同的金融视角分析了城乡收入差距的影响因素①②③。

在金融集聚对城乡收入差距的影响研究方面，虽然金融集聚对城乡收入差距影响的研究相对于金融集聚对经济发展水平和产业结构升级等方面的研究文献较少，但国内外仍有一些学者对两者之间的影响效应进行了分析探索。在现有的金融集聚对城乡收入差距的影响方面大致可以分为三类：其一，金融集聚水平的提升会对城乡收入差距产生扩大作用，李健旋和赵林度（2018）等学者在研究相关问题时持有此种观点；④ 其二，金融集聚水平的提升会对城乡收入差距产生缩小作用，王丹和叶蜀君（2016）等学者通过对不同面板数据进行实证检验后认为金融集聚提升可以显著降低当地的城乡收入差距；⑤ 其三，不同于以上两种观点，Townsend 等（2003）及周启清和杨建飞（2019）等学者则通过不同国家的省级数据实证分析证明金融集聚水平提升会对城乡收入差距造成先扩大后缩小的"倒U形"影响。⑥⑦

综上可知，从研究方法和指标衡量来看，应用最广泛的就是区位熵法，利用地区 GDP、地区人口数量、金融业产值等基础数据计算出金融集聚的区位熵值，以此衡量金融集聚水平；从研究视角来看，在城乡收入差距的相关研究上，城镇化、经济发展水平、普惠金融等因素对收入差距的研究比较丰富。关于金融集聚如何影响城乡收入差距进而影响共同富裕的文章相对较少，且现有文献都是从省级数据入手进行分析的，角度较为宏观。因此，立足于山东省，从县域数据入手研究金融集聚缩小居民城乡收入差距对共同富裕的助推影响，是对以往研究成果的有效拓展和有益补充。

① 王修华，邱兆祥. 农村金融发展对城乡收入差距的影响机理与实证研究［J］. 经济学动态，2011（2）：71-75.

② Ozili P K. Impact of digital finance on financial inclusion and stability［J］. Borsa Istanbul Review，2018，18（4）：329-340.

③ 钟腾，吴卫星，玛西高娃. 金融市场化、农村资金外流与城乡收入差距［J］. 南开经济研究，2020（4）：144-164.

④ 李健旋，赵林度. 金融集聚、生产率增长与城乡收入差距的实证分析——基于动态空间面板模型［J］. 中国管理科学，2018，26（12）：34-43.

⑤ 王丹，叶蜀君. 金融集聚对收入差距的影响研究——基于空间杜宾模型的分析［J］. 财经问题研究，2016（4）：58-63.

⑥ Townsend, Robert MI, Kenichi Ueda. Financial Deepening, Inequality, and Growth: A Model-Based Quantitative Evaluation［N］. IMF Working Paper，2003（3）：251-293.

⑦ 周启清，杨建飞. 金融发展与城乡收入差距——基于我国省级层面经济发展水平门槛变量的分析［J］. 数学的实践与认识，2019，49（22）：114-128.

（三）研究目标及意义

1. 研究目标

在研究我国城乡收入差距的影响因素时，学者多是从经济发展水平和产业结构等角度入手，研究金融发展特别是地区金融集聚对收入差距影响的文献并不多见。实际上金融是实体经济做大做强的源头活水，研究区域金融集聚特别是县域金融集聚对地区城乡收入差距的具体影响机制并提出针对性的政策建议亟待进行。本部分的研究目标在于通过理论分析和实证分析相结合的方式，结合县域数据探究金额集聚对城乡收入差距的影响机制。

2. 理论意义

（1）当前金融集聚的相关文献中，多是从对经济发展水平、产业结构升级等角度进行研究，对金融集聚和城乡收入差距的研究相对较少。少数研究金融集聚和城乡收入差距的文献都是通过对较为宏观的省级、市级数据进行实证分析探究双方关系的，本书在整理了 2007~2018 年的《山东金融年鉴》中的县域数据的基础上，利用山东省 78 个县域单位 12 年的面板数据通过静态门限模型进行实证检验，探究了县域层面金融集聚对城乡收入差距的影响效应并测算了以地区经济发展水平作为门限变量的门限值。本部分将相关研究从现有的省级、市级层面进一步细化到了县域层面，从数据样本和研究角度来看具有一定的理论意义。

（2）以往对于金融集聚影响效应的研究中，异质性分析多是从区域角度来进行的，研究不同地区金融集聚的影响区别，而本部分是从行业角度进行异质性分析的，分别探究了银行、证券、保险三个细分行业的集聚程度对城乡收入差距的影响效应，可以为后续探索金融集聚对其他方面的影响异质性提供新的研究思路。

3. 现实意义

金融一直在经济发展中占据着核心地位，是实体经济不断发展前行的润滑剂，金融集聚是金融发展的重要组成部分。县域经济是经济社会发展的重要支撑，县域金融产业发展水平对县域经济的发展、城乡收入差距改善等方面具有重要意义。县域涵盖了全国大部分面积和人口，特别是农村人口，可以说，没有县域的现代化和共同富裕，就很难实现全国的现代化和共同富裕。山东是我国的人口第二大省和经济第三大省，也是产业结构最完备的省份，研究山东的经济、金融发展状况特别是山东的县域经济、金融集聚以及城乡收入差距之间的关系对全国具有很好的代表性。通过理论机制分析和实证检验，研究山东省县域金融集聚对城乡收入差距的具体影响机制和行业异质性并测算出其经济发展水平门限值，同时根据研究结果提出切实可行的政策建议，促进金融集聚成为缩小贫富差距、推动共同富裕的重要推动力，具有重要的现实意义。

二、理论分析

（一）金融集聚对城乡收入差距的影响效应

县域金融集聚对城乡收入差距的影响并不是单向的，也不是一成不变的，其影响机制大致可以分为扩大影响、缩小影响和门限效应三大类。

1. 金融集聚缩小城乡收入差距的机制分析

（1）金融集聚效应和扩散效应。

当某一县域的金融集聚水平较高，意味着该地区对省内其他地区的资本、技术、劳动力、信息等生产要素的吸引力较高。县域金融集聚水平上升在加速地区资金流转的同时，也会倒逼金融机构不断精进服务、优化布局、缩减利差，提升竞争力。金融机构的利差降低、服务水平提升会激发企业和个人参与金融活动的积极性，促进区域内资金的合理配置和高效利用。在一定程度上也会拓展居民的收入来源，并对居民收入分配产生影响。金融集聚带来的正面影响具有很强的扩散性，其受益者逐步从城镇居民扩散到全县居民，最终将为城乡收入差距的缩小、共同富裕的推进，产生正向的促进效应。

（2）减贫效应。

县域金融集聚可以通过减贫效应来发挥其在缩小城乡收入差距的正向作用。具体来看，可以通过增加农村居民收入和减少农村贫困现象两条作用机制发挥作用。一方面，县域金融集聚水平提高可以通过普惠金融等方式为当地的农村居民提供更多的微型金融信贷服务，为乡村低收入者提供资金支持，农村居民可以利用这笔资金进行生产性投资，以获得更多的收入来源。另一方面，金融集聚有助于农村居民防范风险，减少贫困现象的产生。相较于城镇地区的工人家庭，农村居民的生产方式决定了其风险防范能力和防范意识都相对较弱。地区保险集聚水平提高一方面可以为农村居民提供医疗等方面的保险服务，减少因病致贫、因病返贫现象的发生；另一方面也可以通过财产保险为农业生产提供保障，防范意外灾害事件造成的农民返贫。由此观之，金融集聚有利于城乡收入差距的缩小。

（3）知识溢出效应和产业结构升级效应。

随着互联网金融和数据科技的发展，金融知识的传播和更新速度实现了飞跃性的提升，金融知识的下沉力度也不断增强。县域金融集聚水平的提升有利于发挥金融从业者学历高、思维活跃的优势，提升县域相关行业的创造性和服务水平，促进当地生产水平提升和经济快速发展。

与此同时，生产力水平的提升必然带动当地产业结构的优化和城镇化水平的提高，产业结构升级将进一步促进该县域农村居民由从事第一产业转向第二、三产业。更多的农村居民进城务工，享受金融集聚的红利，有利于该地区农村居民的收入逐渐与城镇居民收入趋近，进一步缩小城乡收入差距。

2. 金融集聚扩大城乡收入差距的机制分析

（1）资源掠夺效应和人才掠夺效应。

一般而言，金融业集聚水平高的地区经济也相对发达，在县域金融集聚发展的同时，由于城乡二元制的存在，城镇化过程中必然伴随着对农村土地、水资源等一系列资源的占用，农村居民在此过程中往往无法获取相应的经济补偿。除了城乡物质资源方面的挤占和失衡外，城镇对农村地区的"人才掠夺"也很普遍。金融集聚水平提升往往会创造更多高收入的就业岗位，因此农村地区出身的高学历人才更易倾向于在市区或城镇就业。此类现象会造成农村劳动力特别是高素质人才的进一步流失，继而影响农村地区经济发展，加大城乡收入差距。

（2）非均衡效应和马太效应。

县域金融集聚的提升，往往伴随着更多证券公司、保险公司、银行网点在当地落户，而由于资本的逐利性，这些金融机构在区域分布上存在很强的不均衡性，多数网点会设立在人员密集、经济更发达的城镇地区。这种形象会造成城镇居民和农村居民在享受金融集聚的红利时存在极强的非均衡性。由于在地理位置、信息获取、资源禀赋等多方面存在明显差距，金融集聚之初产生的红利首先被城镇居民获取，在一定程度上提高了城镇居民的收入水平和风险防范水平，产生明显的马太效应，可能造成该县域城乡收入差距的扩大。

（二）经济发展水平影响金融集聚缩小收入差距的门限效应

以上通过五个方面详细分析了县域金融集聚对城乡收入差距的影响效应和路径，然而经济发展水平不同的地区，各个机制发挥的作用存在差异，金融集聚对城乡收入差距的影响在不同经济发展水平的作用下存在明显的门限效应。

根据库兹涅茨的倒 U 理论，在经济发展水平较低的地区，城乡二元制结构不明显，贫困农村地区还是依靠传统的耕种，简单粗放的经济发展模式使农村金融资源流向城市现象更为严重，农村地区难以从城镇金融机构获取金融支持，及市政府推进普惠金融等惠农信贷政策，由于产业落后和人员知识水平较低，农村地区对金融集聚的红利也难以消化。① 同时，由于金融具有流动性，金融资源会从效率低的地区流向效率高的地区（例如，农村居民会选择将存款存入城镇的银行网点等），城镇地区由于其金融效率较高，会享受到更多的金融资源。此时金融集聚会产生聚集效应，提高城镇地区居民的收入水平，进而加大居民的城乡收入差距。而随着地区经济水平的发展，很多县域的农村地区逐渐摆脱了传统的耕种

---

① 聂丽，石凯. 农村金融集聚影响农村经济增长的区域差异与路径选择［J］. 财贸研究，2021，32（5）：37-48.

模式，产业结构不断升级，村办企业、集体企业等经济主体不断增加，逐渐发展出了"寿光模式"、邹平的"魏桥模式"和龙口的"南山模式"等适合当地经济发展的典型模式，农村金融吸引力逐步增强。与此同时，经济水平较发达的县域，城镇居民的储蓄需求基本得到满足，储蓄规模扩张阻力增大，产生规模不经济。至此，金融资本和服务会从城镇向外部农村流动，同时由于集聚和扩散效应、知识溢出效应和减贫效应等的存在，金融集聚扩散会有效降低农村地区获得金融服务的门槛，并且一部分农村居民可以进城工作以增加收入。[1] 一系列金融服务提高了农村地区金融水平和生产力水平，农村居民收入水平提高，城乡收入差距缩小。因此金融集聚对城乡收入差距的影响可能是一个先加大后缩小的"倒U形"非线性影响。[2] 由于山东省各地区县域金融集聚的程度相差很大，因此县域金融集聚对山东各地区的城乡收入差距也会有很大不同。

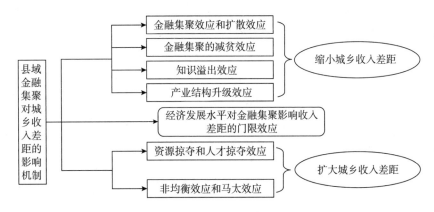

图 3-3-1　县域金融集聚对城乡收入差距的影响机制

三、模型、数据与方法

（一）模型设定

1. 基础模型设定

我们设定本部分所需要的基础模型为式（3-3-1）：

$$GAP_{it} = \alpha_1 + \alpha_2 LQF_{it} + \alpha_3 LQF_{it} \times PGDP_{it} + \alpha_4 PGDP_{it} + \varepsilon_{it} \qquad (3-3-1)$$

式中，GAP_{it} 表示山东省 i 县市 t 年的城乡收入差距；LQF_{it} 表示山东省 i 县

---

[1] 丁鑫，周晔. 金融发展的角力：金融集聚与金融排斥的非对称空间溢出效应分析 [J]. 经济与管理研究，2022，43（1）：87-109.

[2] 胡善成，张彦彦，张云矿. 数字普惠金融、资本错配与地区间收入差距 [J]. 财经科学，2022（5）：1-14.

市 t 年的金融集聚区位熵；$LQF_{it} \times PGDP_{it}$ 表示山东省 i 县市 t 年的金融集聚区位熵与地区经济发展水平的交互作用；$PGDP_{it}$ 表示山东省 i 县市 t 年的地区经济发展水平；ε_{it} 表示随机扰动项。

2. 门限模型设定

从理论机制分析中可以看出，金融集聚对收入差距的作用机制会根据地区经济发展状况的不同而产生显著的地区异质性。为了对前文理论机制分析加以检验，在县域金融集聚对城乡收入差距的具体作用机制的研究中，本部分在用山东省 78 个县域单位的县级面板数据进行静态面板门限回归分析时，选择各县市经济发展水平充当门限变量，记作 I。

前文中基础模型（3-3-1）在处理相关问题时只是简单地添加了交互项而并未对金融集聚影响城乡收入差距可能存在的门限效应进行进一步的检验。以往通过基础模型计算此类问题时，一般只是通过交互项和分段检验的方法，这两种方法存在明显的局限性：一是可能存在内生性问题，估计的准确性不高。二是无法科学准确地测定出门限值，只能通过人为选择门限值然后逐一回归验证，主观性较强而且十分烦琐。美国著名的计量经济学专家 Hansen 为解决上述问题，构建了静态面板门限回归模型，以此来解决内生性问题和测算门限值。参考 Hansen（1999）的做法，本部分在模型（3-3-1）的基础上构建了地区经济发展水平（PGDP）作为门限变量时金融集聚对城乡收入差距影响效应的模型（3-3-2）：

$$GAP_{it} = \mu_i + \beta_1 LQF_{it} \times I(PGDP_{it} < \gamma_1) + \beta_2 LQF_{it} \times I(PGDP_{it} \geqslant \gamma) + \beta_3 LQF_{it} + \alpha_1 IFA_{it} + \alpha_2 OPE_{it} + \alpha_3 IND_{it} + \alpha_4 GOV_{it} + \alpha_5 URB_{it} + \xi_{it} \quad (3-3-2)$$

式（3-3-2）中，GAP_{it} 和 LQF_{it} 的含义与式（3-3-1）中的一致，$PGDP_{it}$ 表示门限变量地区经济发展水平，I（~）表示范围区间，γ 表示具体的门限值，IFA_{it}、OPE_{it}、IND_{it}、GOV_{it}、URB_{it} 五项为模型的控制变量。

如果单重门限模型的回归结果显著，确定存在单重门限，还应该继续测算是否存在双重门限，其估计模型如式（3-3-3）所示：

$$GAP_{it} = \alpha_i + \beta_1 LQF_{it} \times I(PGDP_{it} < \gamma_1) + \beta_2 LQF_{it} \times I(\gamma_1 \leqslant PGDP_{it} \leqslant \gamma_2) + \beta_3 LQF_{it} \times I(PGDP_{it} \geqslant \gamma_2) + \alpha_1 IFA_{it} + \alpha_2 OPE_{it} + \alpha_3 IND_{it} + \alpha_4 GOV_{it} + \alpha_5 URB_{it} + \xi_{it} \quad (3-3-3)$$

式（3-3-3）中，交互项、控制变量、范围区间等含义均与式（3-3-2）一致，γ_1 和 γ_2 是可能存在的两个门限值，而且 $\gamma_1 < \gamma_2$。

同样的道理，如果双重门限模型的回归结果显著，说明至少存在双重门限，还应该继续测算是否存在三重门限，若三重门限模型回归结果显著则继续进行测算，若三重门限模型回归结果不显著则证明该研究为双重门限效应。

（二）变量选取

1. 被解释变量：城乡收入差距（GAP）

前文对当今学术界用以衡量城乡收入差距的两种指标：泰尔指数和城乡收入比分别进行了介绍，本部分借助 Theil（1968）① 的研究方法，利用山东省 78 个县域的城镇居民可支配收入、农村人均现金收入、山东省总的人均可支配收入、各县域城镇和农村人口数和山东省总人口数等几项数据，构建了山东县域城乡收入差距的泰尔系数，并以此作为被解释变量。

2. 解释变量：金融集聚区位熵（LQF）

目前学术界对于产业集聚度的衡量，主要有行业地区集中度指标（CRn）、赫芬达尔—赫希曼指数、区位熵系数（LQ）三种，前文已经做过介绍。本部分参考吴立力（2018）② 等的研究，选取 2007~2018 年山东省全省和山东省 78 个县域样本的本外币存款余额、保险业产值、证券业产值、辖区面积等数据，构建山东省县域金融集聚区位熵指数来作为解释变量。上述数据来源于《山东金融年鉴》《山东省统计年鉴》和各县市统计局网站。

3. 门限变量：地区经济发展水平（PGDP）

为验证地区经济发展水平对研究县域金融集聚对城乡收入发展影响的门限效应，本文采用山东省各县市的地区经济发展水平作为门限变量，并参考其他学者的研究，用各县市的人均 GDP 对其进行衡量，记作 PGDP。

4. 控制变量

参考费宇和王江（2013）③、王静（2014）④ 以及闫东升等（2021）⑤ 的做法，本部分拟选取以下控制变量：

对外开放程度（OPE）：县域的对外进出口额对当地的经济发展影响巨大，一般对外开放程度越高的地区经济发展水平越高、金融集聚度越高，对外开放程度很可能对当地城乡收入差距产生重要影响，因此选取其作为控制变量，记作 OPE，并用进出口总值、实际利用外资占 GDP 的比重对其进行衡量。

① Theil H. On the geometry and the numerical approximation of cost of living and real income indices [J]. De Economist, 1968, 116 (6)：677-689.

② 吴立力. 金融业集聚对我国城乡居民收入差距影响的实证研究——基于动态 GMM 模型和空间 Durbin 模型的双重检验 [J]. 经济经纬, 2018, 35 (2)：7-12.

③ 费宇, 王江. FDI 对我国各地区金融发展的非线性效应分析 [J]. 统计研究, 2013, 30 (4)：70-75.

④ 王静. FDI 促进中国各地区产业结构优化的门限效应研究 [J]. 世界经济研究, 2014 (3)：73-79.

⑤ 闫东升, 孙伟, 陈东, 仝文涛. 长江三角洲城镇化率与城乡收入差距的关系研究 [J]. 中国人口·资源与环境, 2021, 31 (5)：28-36.

产业结构（IND）：县域的产业结构升级会促使更多的农村居民进城务工，增加农民收入，产业结构对城乡收入差距具有重要影响，因此采取二三产业占地区全部产业的比重作为控制变量，记作 IND。

固定资产投资率（IFA）：考虑到固定资产投资在很大程度上会影响当地的经济发展和居民收入情况，因此采用固定资产投资总额占 GDP 的比重作为控制变量，记作 IFA。

政府干预指数（GOV）：政府干预经济，增加财政支出，在一定程度上有助于农村生产设施完善，促进相对落后地区的经济发展和产业升级，为当地农民增收减贫，因此采用县市财政支出占当地 GDP 的比重衡量政府干预指数作为控制变量，记作 GOV。

城镇化水平（URB）：城镇化水平对于县域城乡收入差距有着十分重要的影响。因此选取山东省各县市的城镇常住人口占地区总人口比重衡量城镇化率，记作 URB。

（三）数据来源

考虑到县域数据的可获得性，本部分选取 2007~2018 年山东 78 个县域的年度数据作为研究样本。由于所需解释变量、被解释变量、控制变量均为比率形式，所以数据平稳性较高，无须对变量进行取自然对数处理。本部分运用 Stata15.1 软件进行数据处理和回归分析。表 3-3-1 给出了各变量的描述性统计。

表 3-3-1　变量的描述性统计

变量名	含义	样本数	均值	标准差	最小值	中位数	最大值
GPA	城乡收入差距	936	0.303	0.213	0.006	0.256	1.319
LQF	金融集聚区位熵	936	0.479	0.392	0.133	0.335	3.365
PGDP	经济发展水平	936	4.363	4.634	0.546	3.358	14.514
IFA	固定资产投资率	936	0.647	0.208	0.037	0.631	2.048
OPE	对外开放程度	936	0.090	0.830	0.001	0.021	19.079
IND	县域产业结构	936	0.367	0.135	0.156	0.357	3.411
GOV	政府干预指数	936	0.095	0.035	0.012	0.089	0.232
URB	城镇化水平	936	0.291	0.162	0.033	0.281	3.285

（四）金融集聚测度

随着现代经济的飞速前进以及要素的跨国流动，对于产业集聚的研究也越来越多。在剖析集聚现象时，如何选取恰当的标准对集聚水平进行测度是至关重要的。金融集聚是产业集聚的一个重要部分，20 世纪后期开始，经济学家对于金融集聚的研究日益增多，衡量金融集聚的方式也相继出现，对于金融集聚程度的衡量标准更加系统、全面。学者通常采用在特定区域金融行业的就业人数或者产值与该地区总产值或者是地区人口数量的比例来对金融集聚的程度进行衡量。总结以前的研究成果，当前广泛使用的评价行业集聚水平的指标有以下三个：

1. 金融行业地区集中度指标（CRn）

用行业集中度（CRn）来衡量金融集聚水平一般是通过测量某个地区排名前N的金融机构所占该地区金融行业总的市场份额情况。这种衡量方式在国外应用较多，一方面，其优点是计算方式简便快捷，便于数据处理；另一方面，这种衡量方式也存在诸多缺点。首先是在 N 的选取上，一般是由研究者主观定义的，缺乏足够的理论支撑，容易产生误差。其次是行业集中度指标一般只适用于选取金融机构的总部或核心机构进行衡量，只适用于省级数据的衡量，对于计算市县层面的金融集聚水平缺乏可操作性。

2. 赫芬达尔—赫希曼指数（HHI）

该指数是 1995 年由经济学家赫芬达尔提出的，简称 HHI，其值越大表示行业集中度越高，值为 1 时表示行业出现了完全垄断。其计算方法是计算某个地区某一行业的市场主体占行业总资产或总收入比率的平方和，以此来衡量该行业在当地的集中程度，此方法政府部门进行数据统计时使用较多。用此方法衡量金融集聚适用于衡量某一地区金融行业的地位重要性，对地区之间集中度的对比并不明显，因此太不适用于本部分对县域金融集聚水平的测度。

3. 区位熵系数（LQ）

当前研究金融集聚的文献中，应用最多的金融集聚衡量方法就是区位熵法，无论是通过熵权法构建评价体系还是得分倾向匹配法构建新的区位熵值，其最基础的部分都是利用金融业产值、金融增加值和地区 GDP、地区人口数量等数据计算出金融区位熵值来进一步衡量地区金融集聚水平，基础计算公式如式（3-3-4）所示：

$$LQ_{ij} = \frac{q_{ij}/q_j}{q_i/q} \qquad\qquad (3-3-4)$$

考虑到县域样本的数据可得性和指标更强的指代性，本部分采用区位熵系数（LQ）构建衡量金融集聚的指标。在区位熵公式（3-3-4）中，q_{ij} 表示 j 地区 i 产业发展规模，q_j 表示 j 地区所有产业的整体规模。q_i 表示 i 产业在整个区域内的总体规模，q 表示整个区域内所有产业的总体规模。区位熵的系数值越高，就代表该地区所研究产业集聚水平越高、产业相对水平越发达。通常来讲，当 $LQ_{ij}<1$ 时，表明 j 地区的 i 产业集聚水平低于整体区域的 i 产业集聚水平；当 $LQ_{ij}>1$ 时，表明 j 地区的 i 产业集聚水平高于整体区域的 i 产业集聚水平；当 $LQ_{ij}=1$ 时，表明在 i 产业的集聚水平上，j 地区和整体区域水平保持一致。

（五）城乡收入差距测度

从现有关于城乡收入差距的研究文献来看，对城乡收入差距的测度指标主要有以下两种：

1. 泰尔指数（Teil）

泰尔指数也称泰尔熵，最早由 Theil 于 1967 年提出①，主要用于衡量个人或地区间的收入差距或者不平等程度，其具体的计算公式为式（3-3-5）：

$$\text{TEIL}_t = \sum_{a=1}^{2} \left(\frac{Y_{(a,\,t)}}{Y_t} \right) \text{LN} \left[\frac{Y_{(a,\,t)}/Y_t}{X_{(a,\,t)}/X_t} \right] \qquad (3-3-5)$$

其中，$a=1$ 代表城镇地区，$a=2$ 代表农村地区，$Y_{(a,t)}$ 为第 t 年地区城镇或农村可支配收入，Y_t 为第 t 年地区总的可支配收入，$X_{(a,t)}$ 为第 t 年地区城镇或农村人口数，X_t 为第 t 年该地人口数量。

2. 城乡收入比

城乡收入比也是度量城乡收入差距的一个重要指标，其计算公式为：

$$城乡收入差距 = \frac{城镇居民人均可支配收入}{农村居民人均纯收入}$$

本部分在主回归中采用泰尔指数作为城乡收入差距的衡量指标，用城乡收入比来衡量城乡收入差距进行稳健性检验。

四、山东省金融集聚与城乡收入差距现状

（一）金融集聚现状分析

1. 山东省总体金融集聚的现状分析

考虑到山东省数据的可得性，本部分采用金融业的增加值来计算山东省金融集聚区位熵，衡量山东省的金融集聚状况。山东省的金融增加值为式（3-3-1）中的 q_{ij}，山东省 GDP 总量为式（3-3-1）中的 q_j；全国的金融业增加值为式（3-3-1）中的 q_i，全国 GDP 总量为式（3-3-1）中的 q。将山东省 2007~2018 年的相关数据代入式（3-3-1），可得结果见表 3-3-2。

表 3-3-2　山东省金融集聚总体水平

年份	山东金融业增加值（亿元）	山东 GDP 总量（亿元）	全国金融业增加值（亿元）	全国 GDP 总量（亿元）	区位熵
2007	734.9	25776.9	15173.7	270232.3	0.5077
2008	880.3	30933.3	18313.4	319515.5	0.4965

---

① Theil H. On the geometry and the numerical approximation of cost of living and real income indices [J]. De Economist, 1968, 116 (6): 677-689.

续表

年份	山东金融业增加值（亿元）	山东GDP总量（亿元）	全国金融业增加值（亿元）	全国GDP总量（亿元）	区位熵
2009	1044.9	33896.6	21798.1	349081.4	0.4937
2010	1364.5	39169.9	25680.4	413030.3	0.5591
2011	1640.4	45361.8	30678.9	489300.6	0.5768
2012	1936.1	50013.3	35188.4	540367.4	0.5945
2013	2316.4	55230.3	41191.0	595244.4	0.6061
2014	2692.6	59426.6	46665.2	643974.0	0.6253
2015	2994.7	63002.3	57872.6	689052.1	0.5660
2016	3364.0	68024.5	61121.7	743582.5	0.6018
2017	3651.6	72933.2	65749.0	827122.0	0.6299
2018	3871.3	76469.7	69100.0	919281.0	0.6735
2019	4177.4	10070	77077.0	140005	0.7535
2020	4567.0	10152	84070.0	141178	0.7555
2021	4938.6	10169	91206.0	141260	0.7522

资料来源：《中国统计年鉴》《山东省金融年鉴》。

由表3-3-2中2007~2021年区位熵值可知，山东省的金融业集聚总体水平比较平稳。2007~2021年，山东省的金融区位熵值一直小于1，这表明与全国整体金融集聚程度相比，山东省的金融集聚水平一直不高。这种情况的出现可能是由于金融行业存在明显的"马太效应"，银行、证券、基金、保险等金融机构的总部和证券交易所等部门多是集聚在北京、上海、深圳等一线城市，山东省的机构总部较少，金融活动相对不频繁，金融业产值也难以增加。同时山东省人口数量较多，计算时容易出现金融集聚区位熵低于全国整体水平的情况。

2. 山东省县域金融集聚的现状分析

为了直观地展现山东省78个县域的金融集聚水平空间分布和发展状况，本部分选取了2007年和2018年的县域金融业产值以及2018年银行、保险、证券三个细分行业的县域数据计算区位熵，2018年和2007年相比，山东省县域金融集聚的空间分布上并无明显变化，整体呈现出鲁东地区高于鲁西地区，鲁北地区高于鲁南地区的分布态势。到2018年，大部分县域的集聚产业集聚水平低于全省整体水平，只有胶州、龙口、广饶、邹城、滕州、邹平等少数县市的金融集聚水平高于全省总体。这反映出金融集聚程度与县市当地的经济发展水平是密切相关的：青岛、烟台、威海等胶东城市经济整体水平较高，其所辖的胶州、龙口、荣成等县市金融集聚水平也比较突出；广饶和邹城、滕州等县市金融集聚水平较高，在很大程度上得益于当地油田、煤矿等工业基础优势。菏泽、德州、临沂等市下辖的曹县、单县、鄄城、宁津、莒南、沂南等县市则呈现出明显的金融集聚水平较低的状况，这与当地的经济发展水平存在高度的一致性。

（1）山东各县域银行业集聚状况分析。

在衡量山东省县域银行业区位熵方面，本部分采用银行本外币贷款余额和县域人口数来计算山东省县域银行业的区位熵，从而衡量银行业集聚水平。到2018年，山东省县域银行业的集聚区位熵大多分布在0.360695~1.565495的范围内，县域整体的银行业区位熵低于金融集聚区位熵，这可能因为金融机构更多的是分布在各市的城区即本部分的非研究区域，因而多数贷款来源集中于市内城区，导致县域的银行本外币贷款占比较少，区位熵值较小。在空间分布方面，银行业集聚与金融集聚相似度较高，同样是胶东的青岛、烟台等地集聚水平较高，鲁西北的乐陵、无棣、平原和鲁南地区的曹县、单县、郯城、兰陵、沂南等地银行业集聚水平较低。

（2）山东各县域证券业集聚状况分析。

鉴于山东省县域证券行业的数据可得性，本部分采用各县市的证券市场交易总额来计算县域的证券行业区位熵，从而对县域证券集聚水平加以衡量。在数据收集时，由于《山东省金融年鉴》中少量县市的某些年份证券市场交易总额存在缺失，本部分采用随机森林补值法利用数据处理软件RStudio对少量缺失值进行的补全处理。在证券集聚水平的地区分布上，与银行集聚水平相似，鲁东地区整体集聚水平较高，鲁西南地区的证券集聚水平较低。与金融集聚区位熵和银行业区位熵不同，各县市的证券区位熵值存在较严重的两极分化，有的地区如平邑县、蒙阴县等，低于山东省的整体证券业集聚水平，但在龙口、招远等经济较为发达的县市，证券业集聚水平远高于山东省的整体水平，区位熵的最高值甚至达到了6.7以上。

（3）山东各县域保险业集聚状况分析。

在衡量山东省县域保险业区位熵方面，本部分采用山东省各县市人身保险和财险保险的保费总收入和县域人口数来计算山东省县域保险业的区位熵，从而衡量山东省县域保险业的集聚水平。保险业集聚水平上各地区分布较为均匀，所有保险区位熵值均在1.65以下。

（二）城乡收入差距的现状分析

1. 山东省整体城乡收入差距情况

2007~2021年，我国城镇居民及农村居民的人均可支配收入均取得了较大的进步。两者相比，农村地区收入增速较快。山东省城乡收入差距呈现出逐步缩小的趋势。从图3-3-2中可以看出，2007~2021年，山东省泰尔指数一直低于全国平均水平。2021年，全国泰尔指数值为0.074，山东省为0.062，这说明山东省的城乡收入差距问题在全国范围内并不是非常突出。

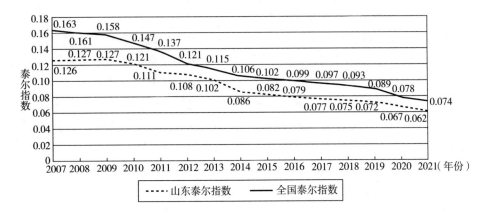

图 3-3-2　山东省和全国泰尔指数对比

2. 山东省县域城乡收入差距情况

2018 年和 2007 年相比，山东省县域城乡收入差距的空间分布上并无明显变化。横向来看，山东省各县市整体仍然呈现鲁北、鲁南城乡收入差距大，鲁东、鲁西城乡收入差距小的分布态势。纵向来看，2007~2018 年这 12 年间，山东省县域城乡收入差距缩小了很多，2007 年时县域城乡收入差距的泰尔指数最大值为 1.269927，2018 年时县域城乡收入差距的泰尔指数的最大值就下降到了 0.703399。前文提到，2007~2018 年山东省县域金融集聚水平总体呈上升趋势，城乡收入差距却在缩小，由此可以推测，近年来在山东省大多数县市，城乡收入差距会随着金融集聚的提高而扩大。

五、实证分析与稳健性检验

（一）门限效应的存在性检验

本部分分别对地区经济发展水平作用下金融集聚影响城乡收入差距的效应依次进行了单重、双重和三重门限检验，表 3-3-3 分别列示了单重、双重和三重门限值的估计结果和门限效应显著性检验的结果。

由表 3-3-3 可知，山东省县域金融集聚区位熵的单重门限估计值为 0.9687，在 95% 置信水平下的置信区间为 ［0.9039，0.9814］，单重门限的检验结果表明在 1% 的水平上显著，说明山东省县域金融集聚影响城乡收入差距的作用至少存在单重门限效应；双重门限效应检验的估计结果显示，山东省金融集聚的第一个门限估计值为 0.9687，在 99% 置信水平下的置信区间为 ［0.9039，0.9814］，第二个门限值估计结果为 2.0306，置信区间为［1.9810，2.0475］，检验值在 5%的水平下显著，这说明山东省县域金融集聚影响对城乡收入差距的作用至少存在双重门限效应；在此基础上继续对山东省县域金融集聚对城乡收入差距的影响进行三重门限检验，三重门限效应检验表明，山东省金融集聚的前两个门限估计值和置信区间均与单重、双重检验结果一致。第三个门限值估计结果为 7.1946，置信区间为［7.1282，7.2261］，但检验结果在 10%的水平下并不显著，这说明在地区经济发展水平的作用下，山东省县域金融集聚对城乡收入差距的影响确定不存在三重门限效应，因此可以得出结论：根据地区经济发展水平不同，山东省县域金融集聚对城乡收入差距存在双重门限效应。

表 3-3-3　门限值估计结果和门限值自抽样检验

	县域金融集聚（LQF）的门限检验结果		
	单重门限	双重门限	三重门限
门限 1 估计值	0.9687	0.9687	0.9687
门限 1 置信区间	［0.9039，0.9814］	［0.9039，0.9814］	［0.9039，0.9814］
门限 2 估计值		2.0306	2.0306
门限 2 置信区间		［1.9810，2.0475］	［1.9810，2.0475］
门限 3 估计值			7.1946
门限 3 置信区间			［7.1282，7.2261］
LM 检验（F 值）	48.06***	31.65**	5.04
自举 P 值	0.0067	0.0667	0.9333
N	936	936	936
R^2	0.569	0.462	0.4675
F	92.39	87.15	78.32

注：*、**、***分别表示在 10%、5%、1%的水平上显著，P 值是采用 bootstrap 法重复 300 次模拟得到。

为了更加直观地说明各重门限检验的结果，根据门限模型原理，在图 3-3-3 中展示了单重、双重和三重门限值估计的 LR 统计图，使各重门限值的显著性看起来更加明显直观。图 3-3-3 中虚线和实线的交点之间代表着门限检验的置信区间，区间内的唯一尖点代表着门限值。可以看出，山东省金融集聚对城乡收入差距的影响在 0~5 偏左的位置存在显著的第一个门限值和置信区间，在 0~5 靠近中间的位置存在显著的第二个门限值及其置信区间，在 5~10 存在并不显著的第三个门限值，进一步验证了山东省县域金融集聚对城乡收入差距存在双重门限效应。

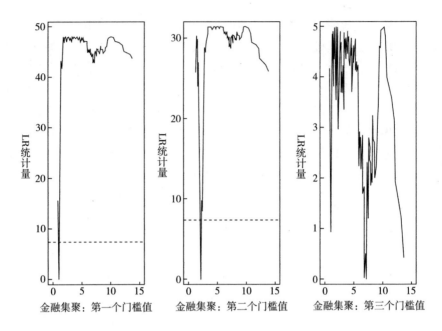

| 金融集聚：第一个门槛值 | 金融集聚：第二个门槛值 | 金融集聚：第三个门槛值 |

图 3-3-3　山东省县域金融集聚与城乡收入关系的各重门限值估计结果

（二）实证结果分析

表 3-3-4 给出了山东省县域金融集聚对城乡收入差距的双重门限效应检验结果。显然，当县域经济发展水平<0.9687 时，县域金融集聚对城乡收入差距的影响在 1% 的水平下显著为正且系数较大，城乡收入差距随金融集聚程度的提高而迅速增大；当地区经济发展水平≥0.9687，且<2.0306 时，县域金融集聚对城乡收入差距的影响在 1% 的水平下显著为正但系数较小，城乡收入差距随金融集聚程度的提高而增大，但增大势头放缓，增速较低；当地区经济发展水平≥2.0306 时，县域金融集聚对城乡收入差距的影响在 10% 的水平下显著为负，城乡收入差距会随着金融集聚程度的提高而减小。

表 3-3-4　县域金融集聚区位熵指标条件下的双重门限估计结果

基于金融集聚区位熵（LQF）的双重门限效应检验结果	
LQF×I（ PGDP<0.9687）	1.5955 ***
	(7.48)
LQF×I（2.0306>PGDP≥0.9687）	0.2117 ***
	(4.21)

续表

基于金融集聚区位熵（LQF）的双重门限效应检验结果	
LQF×I（PGDP≥2.0306）	−0.0221 *
	（−1.89）
IFA	−0.1187 ***
	（−3.69）
OPE	−0.1615
	（−2.60）
IND	0.0357
	（1.31）
GOV	−0.2125 ***
	（−1.10）
URB	−0.4899 ***
	（−17.47）

注：* 、** 、*** 分别表示在 10%、5%、1% 的水平上显著，估计系数下方括号内数值为 t 值，下同。

上述门限效应之所以存在，可能是因为在经济发展水平相对落后的县域，乡村产业相对落后，农业生产占比较高，新增加的金融机构主要设在城镇，城镇居民更容易享受到金融集聚的红利。在经济发展水平较低的地区，城镇居民相对农村居民更容易获得贷款等金融帮扶，更容易通过保险防范风险，通过证券市场获得收益，因此城乡收入差距可能随金融集聚提高而增大。在经济发展水平较高的地区，城镇居民的储蓄投资需求基本被满足，城镇居民从金融集聚获利的边际效应递减，金融集聚的红利逐渐向农村地区扩散，从而缩小当地的城乡收入差距。

表 3-3-5　山东省各县市第一个门限值跨过情况（地区经济发展水平）

跨过第一门限时间	县市
2007 年之前	平阴县、桓台县、高青县、沂源县、新泰市、肥城市、宁阳县、东平县、临清市、阳谷县、莘县、东阿县、冠县、高唐县、乐陵市、禹城市、宁津县、庆云县、临邑县、齐河县、平原县、夏津县、武城县、邹平市、惠民县、阳信县、无棣县、博兴县、利津县、广饶县、胶州市、平度市、莱西市、龙口市、莱阳市、莱州市、招远市、栖霞市、海阳市、荣成市、乳山市、青州市、诸城市、寿光市、安丘市、高密市、昌邑市、临朐县、昌乐县、五莲县、莒县、沂南县、郯城县、沂水县、兰陵县、费县、平邑县、莒南县、蒙阴县、临沭县、曲阜市、邹城市、微山县、鱼台县、金乡县、嘉祥县、汶上县、泗水县、梁山县、单县、郓城县、滕州市
2008 年	商河县、成武县、东明县
2009 年	巨野县
2011 年	鄄城县、曹县

表 3-3-6　山东省各县市第二个门限值跨过情况（地区经济发展水平）

跨过第二门限时间	县市
2007 年之前	平阴县、桓台县、新泰市、肥城市、高唐县、禹城市、宁津县、临邑县、平原县、武城县、邹平市、无棣县、博兴县、利津县、广饶县、胶州市、平度市、莱西市、龙口市、莱阳市、莱州市、招远市、海阳市、荣成市、乳山市、青州市、诸城市、寿光市、高密市、昌邑市、曲阜市、邹城市、微山县、滕州市
2008 年	高青县、沂源县、临清市、庆云县、齐河县、夏津县、栖霞市、昌乐县、五莲县
2009 年	宁阳县、东阿县
2010 年	东平县、阳谷县、乐陵市、阳信县、蒙阴县
2011 年	冠县、惠民县、安丘市、莒县、郯城县、沂水县、费县、莒南县、临沭县、鱼台县、嘉祥县、汶上县、梁山县
2012 年	商河县、莘县、临朐县、平邑县、金乡县、东明县
2013 年	沂南县、兰陵县、泗水县、成武县、郓城县、巨野县
2014 年	单县
2017 年	鄄城县
未跨过	曹县

从表 3-3-5 和表 3-3-6 中可以看出，在县域层面，山东省 78 个县市中，招远等 34 个县市在 2007 年之前便已经跨过了两个门限值。高青县、沂源县、临清市等 43 个县市也在 2008~2017 年陆续跨过了第二个门限值，这意味着在以上 77 个县市区，城乡收入差距会随着金融集聚水平的提高而缩小；截至 2018 年山东省县域只有曹县一地尚未跨过第二个门限值，说明曹县的城乡收入差距仍会随着金融集聚水平的提高而扩大。

（三）行业异质性分析

前文中所用县域金融集聚区位熵由银行业区位熵、证券业区位熵和保险业区位熵共同合成，同时考虑到银行、证券、保险作为金融领域的三大组成部分，对县域城乡收入差距的影响也会有所不同，因此为进一步探寻县域产业集聚对城乡收入差距的行业异质性，下面将分别针对银行、证券和保险三个产业对城乡收入差距的影响进行实证分析。

1. 银行产业集聚对城乡收入差距影响的实证分析

从表 3-3-7 中可以看出，与金融集聚对城乡收入差距的影响相似，山东省县域银行产业集聚对城乡收入差距的影响根据地区经济发展水平的不同，同样存在显著的双重门限效应。

表 3-3-7　银行产业集聚门限值估计结果和门限值自抽样检验

	县域银行产业集聚的门限检验结果		
	单重门限	双重门限	三重门限
门限 1 估计值	0.9687	0.9687	0.9687
门限 1 置信区间	[0.9039, 0.9814]	[0.9039, 0.9814]	[0.9039, 0.9814]
门限 2 估计值		2.0306	2.0306
门限 2 置信区间		[1.9786, 2.0475]	[1.9786, 2.0475]
门限 3 估计值			7.1946
门限 3 置信区间			[4.8432, 7.2261]
LM 检验（F 值）	50.45***	31.71**	8.47
自举 P 值	0.0000	0.0367	0.8433
N	936	936	936
R^2	0.4303	0.4492	0.4542
F	91.83	86.66	78.51

注：*、**、***分别表示在 10%、5%、1%的水平上显著，P 值是采用 bootstrap 法重复 300 次模拟得到。下同。

表 3-3-8 给出了山东省县域银行产业集聚对城乡收入差距的双重门限效应检验结果。从结果可以看出，当县域经济发展水平<0.9687 时，县域金融集聚对城乡收入差距的影响在 1%的水平下显著为正且系数较大，城乡收入差距随银行产业集聚程度的提高而迅速增大；当地区经济发展水平>0.9687，且≤2.0306 时，县域银行业集聚对城乡收入差距的影响在 1%的水平下显著为正但系数较小，城乡收入差距随银行业集聚程度的提高而增大，但增速较低；当地区经济发展水平≥2.0306 时，县域银行业集聚对城乡收入差距的影响为负，在一定程度上城乡收入差距会随着银行业集聚程度的提高而减小，但该结果并不显著。

表 3-3-8　县域银行产业集聚指标条件下的双重门限估计结果

基于银行产业集聚区位熵的双重门限效应检验结果	
PGDP<0.9687	1.0037*** (7.43)
2.0306≥PGDP>0.9687	0.2586*** (3.66)
PGDP≥2.0306	-0.0199 (-0.37)

2. 证券产业集聚对城乡收入差距影响的实证分析

从表3-3-9的实证结果可以看出，与山东省县域银行业和金融行业整体集聚水平对城乡收入差距的影响不同，证券产业集聚对城乡收入差距在地区经济发展水平作为门限变量时并不具有显著的门限效应。

表3-3-9　证券产业集聚门限值估计结果和门限值自抽样检验

	县域证券产业集聚的门限检验结果		
	单重门限	双重门限	三重门限
门限1估计值	0.9814	0.9687	0.9687
门限1置信区间	［0.8831，1.0977］	［0.9039，0.9814］	［0.9039，0.9814］
门限2估计值		2.0567	2.0306
门限2置信区间		［2.0475，2.0676］	［1.9786，2.0475］
门限3估计值			13.7085
门限3置信区间			—
LM检验（F值）	17.55	6.50	6.06
举P值	0.1800	0.7833	0.7000
N	936	936	936
R^2	0.4161	0.4202	0.4224
F	86.64	77.00	77.70

注：＊、＊＊、＊＊＊分别表示在10%、5%、1%的水平上显著；—代表由于该门限值处于样本边缘，分割地样本值较少，难以获得稳健的置信区间。

3. 保险产业集聚对城乡收入差距影响的实证分析

从表3-3-10中可以看出，与金融集聚和银行产业集聚对城乡收入差距的影响相似，山东省县域保险产业集聚对城乡收入差距的影响根据地区经济发展水平的不同，存在在10%的水平上显著的双重门限效应。

表3-3-10　保险集聚门限值估计结果和门限值自抽样检验

	县域保险集聚的门限检验结果		
	单重门限	双重门限	三重门限
门限1估计值	0.9335	0.9335	0.9335
门限1置信区间	［0.8537，0.9687］	［0.8537，0.9687］	［0.8537，0.9687］
门限2估计值		2.0306	2.0306

续表

	县域保险集聚的门限检验结果		
	单重门限	双重门限	三重门限
门限 2 置信区间		[1.9810, 2.0475]	[1.9786, 2.0475]
门限 3 估计值			13.7085
门限 3 置信区间			—
LM 检验（F 值）	36.91***	26.75*	20.41
自举 P 值	0.0100	0.0767	0.2687
N	936	936	936
R^2	0.4271	0.4432	0.4552
F	90.61	84.56	78.82

注：*、**、***分别表示在 10%、5%、1% 的水平上显著；—代表由于该门限值处于样本边缘，分割地样本值较少，难以获得稳健的置信区间。

从表 3-3-11 的实证结果可以看出，当县域经济发展水平小于 0.9335 时，县域保险产业集聚对城乡收入差距的影响在 1% 的水平下显著为正且系数较大，为 0.5798，城乡收入差距随银行产业集聚程度的提高而迅速增大；当地区经济发展水平≥0.9335，且<2.0306 时，县域保险产业集聚对城乡收入差距的影响在 1% 的水平下显著为正但系数较小，为 0.2176，城乡收入差距随着银行业集聚程度的提高而增大，但增速较低；当地区经济发展水平≥2.0306 时，县域银行业集聚对城乡收入差距的影响为正且系数进一步缩小，为 0.1064，保险产业集聚对城乡收入差距的扩大效应进一步缩小，但该结果并不显著。

表 3-3-11 县域保险集聚指标条件下的双重门限估计结果

基于保险集聚区位熵的双重门限效应检验结果	
PGDP<0.9335	0.5798***
	(5.73)
2.0306>PGDP≥0.9335	0.2176***
	(5.03)
PGDP≥2.0306	0.1064
	(0.50)

（四）稳健性检验

为了保证门限模型实证结果的科学性、可信性和严谨性，避免模型设定可能存在的估计偏误，本文将从以下两个角度进行稳健性检验。

1. 替换被解释变量

泰尔指数和城乡收入比是当前衡量城乡收入差距使用较多的两种方法，本文利用城乡收入比替代原来的泰尔指数衡量城乡收入差距，进行门限效应的稳健性检验，检验结果如表3-3-12和表3-3-13所示。

表 3-3-12　门限值估计结果和门限值自抽样检验

	县域金融集聚（LQF）的检验结果		
	单重门限	双重门限	三重门限
门限 1 估计值	0.9687	0.9687	0.9687
门限 1 置信区间	[0.9039, 0.9814]	[0.9039, 0.9814]	[0.9039, 0.9814]
门限 2 估计值		2.0306	2.0306
门限 2 置信区间		[1.9810, 2.0475]	[1.9810, 2.0475]
门限 3 估计值			13.7085
门限 3 置信区间			—
LM 检验（F 值）	39.32***	32.19**	15.73
自举 P 值	0.0000	0.0433	0.3833
N	936	936	936
R^2	0.4363	0.4553	0.4644
F	82.23	78.84	73.52

注：*、**、***分别表示在10%、5%、1%的水平上显著；—代表由于该门限值处于样本边缘，分割地样本值较少，难以获得稳健的置信区间。

表 3-3-13　城乡收入比指标条件下的门限估计结果

基于金融集聚区位熵（LQF）的双重门限效应检验结果	
LQF×I（PGDP<0.9687）	1.5014*** (6.93)
LQF×I（2.0306>PGDP≥0.9687）	0.2278*** (4.68)
LQF×I（PGDP≥2.0306）	−0.0225 (−1.43)

注：*、**、***分别表示在10%、5%、1%的水平上显著，估计系数下方括号内数值为t值。

2. 固定效应模型分段回归

依据前文门限模型回归结果，将山东省78个县市936个样本根据地区经济发展水平不同分为三组：PGDP < 0.9687；2.0306 > PGDP ≥ 0.9687；PGDP ≥ 2.0306，然后利用面板固定效应模型对其进行分组回归作为稳健性检验，检验结果如表3-3-14所示。

表3-3-14　地区经济发展水平指标条件下的分段估计结果

基于地区经济发展水平（PGDP）的分段回归检验结果	
PGDP<0.9687	0.9143***
	(5.36)
2.0306>PGDP≥0.9687	0.1622***
	(3.48)
PGDP≥2.0306	−0.0660***
	(−3.22)
_CONS	0.5237***
	(24.88)
N	936
R²	0.4382

注：*、**、***分别表示在10%、5%、1%的水平上显著，估计系数下方括号内数值为t值。

从表3-3-14的分段回归结果可以看出：地区经济发展水平<0.9687时，县域金融集聚水平提高对城乡收入差距具有显著的扩大作用；地区经济发展水平≥0.9687，且<2.0306时，县域金融集聚水平提高同样对城乡收入差距具有显著的扩大作用，但系数相对较小；地区经济发展水平≥2.0306时，县域城乡收入差距则会随着金融集聚水平提高而显著缩小。因此，分段固定效应回归结果与面板门限模型估计结果所得结论相似，这表明研究结果可以通过稳健性检验。

六、结论与建议

（一）研究结论

本部分利用2007~2018年山东省78个县市的面板数据，将县域金融集聚的衡量指标设定为县域金融产业区位熵，将门限变量设定为地区经济发展水平，运用门限模型检验了山东各县域金融集聚水平与城乡收入差距之间存在单重门限效应。结果发现：

（1）山东省县域金融集聚与城乡收入差距之间由于各地经济发展水平不同存在双重门限效应和区域异质性。当县域经济发展水平<0.9687时，县域金融集聚对城乡收入差距的影响为正且系数较大，城乡收入差距随金融集聚程度的提高

而迅速增大；当地区经济发展水平≥0.9687，且<2.0306时，县域金融集聚对城乡收入差距的影响为正但系数较小，城乡收入差距随金融集聚程度的提高而增大，但增大势头放缓，增速较低；当地区经济发展水平≥2.0306时，城乡收入差距会随着金融集聚程度的提高而减小。

（2）截至目前，山东省的78个县市均已跨过第一个门限值0.9687，除菏泽市的曹县外，其他77个县市均已跨过第二个门限值2.0306，城乡收入差距均会随着金融集聚水平的提升而缩小。

（3）银行、证券、保险三大行业对城乡收入差距的影响存在行业异质性。在地区经济发展水平作为门限变量的作用下，县域银行产业集聚对城乡收入差距的影响存在显著的双重门限效应；证券产业集聚对城乡收入差距不存在显著的门限效应；保险产业集聚对城乡收入差距同样存在显著的双重门限效应。

（二）政策建议

1. 明确各县市金融发展特点，实行差别化的金融政策

山东省各县市之间的金融集聚程度差异较大，金融发展不均衡，县域与城区之间也存在金融集聚水平上的差距。因此要根据山东省各地的金融发展环境以及经济发展状况，对各县市实行差异化的政策。例如，在金融集聚水平较低的鲁西北和鲁南地区实施较为宽松的金融政策，如降低金融机构注册门槛、给予补贴或税收优惠等，吸引更多的金融相关企业流向该区域，扩大金融产业规模，提高集聚水平，推动地区经济发展。

2. 重视金融细分行业集聚异质性，精准引导金融集聚"网格化发展"

根据对山东省78个县域12年的数据进行实证检验发现，在传统金融业中，银行和保险业集聚对山东省城乡收入差距的影响均存在显著的双重门限效应，且山东省所有县市均跨过第二个门限，而证券业则不存在门限效应。因此，山东省要发挥金融集聚促进共同富裕的积极作用，就应该增加银行和保险机构的下沉力度。

要实现银行和保险的金融服务下沉，可以通过金融服务网格与地方政府网格相融合，将现有的分支行结构和县域网点进一步划分为村级网格，设立网格客户经理，在微信群内提供银行业务咨询和金融知识讲解，提供适销对路的金融产品。

增强农村地区群众的资金获取能力和抗风险能力。同时应控制证券公司在县域新设网点，避免其盲目扩张而造成国有资产流失、金融资源浪费的同时又不利于促进共同富裕。

3. 助推县域金融数字化转型，打破金融机构服务的地区局限性

在推动县域金融"网格化"发展以提升当地金融集聚水平的同时，还应该

巧用"他山之石",打破金融机构服务的地区局限性。传统的金融服务具有极强的属地原则,网点之间很难提供异地服务。要使县域地区特别是农村地区的居民获得良好的金融服务和较为充足的金融资源,需要进一步推进金融的数字化转型。一方面,地方政府可以通过大数据手段进行金融风险监测,补足农村地区居民金融风险防范能力不足,容易遭受金融诈骗的短板;另一方面,地方政府可以通过互联网金融的普及,积极推动互联网贷款、互联网理财和互联网保险等数字金融业务的转型升级和下沉。例如,可以让金融服务搭乘"爱山东"等数字政务服务平台的顺风车,让县域居民足不出户就能享受到金融机构总部提供的专业化服务,缩小区域之间的"金融鸿沟",让县域地区实现金融机构"不为我有,但为我用"的良好效果,以期缩小城乡收入差距进而促进共同富裕。

第四篇

收入分配与共同富裕

山东省基本公共服务均等化
对共同富裕的影响

一、研究背景

逐步缩小地区差距是扎实推进共同富裕的进程的核心和关键任务之一。随着区域均衡政策的不断完善和推进，省际的相对差距在不断缩小。2021 年国内人均 GDP 最高的省份为北京，达到 183980 元，是最低的省份甘肃（41046 元）的 4.48 倍，较 2012 年的 4.90 倍有了一定程度的下降。居民人均可支配收入同样如此。2021 年居民人均可支配收入最高的省份是上海（78027 元）是最低甘肃省（22066 元）的 3.54 倍，与 2012 年的 4.50 倍相比，差距也在不断缩小。不仅如此，省内区域差距同样也在缩小。以山东省为例，除东营市较为特殊外，2022 年人均 GDP 最高的城市青岛是最低的城市聊城的 3.10 倍，人均可支配收入最高的城市青岛是最低的城市菏泽的 2.13 倍，差距都在不同程度地缩小，体现了政府大力推进基本公共服务均等化、缩小地区差距做出的努力。

自 2005 年 "十一五" 规划明确提出 "公共服务均等化" 重要理念以来，党和政府坚持以人民为中心的发展思想，持续推进基本公共服务均等化，通过保障和改善民生，促进社会的公平正义，目标直指缩小区域差距，推进地区共同富裕的进程。在具体实践中，推进基本公共服务均等化所采取的公共服务基础设施建设等措施，突破了因市场失灵导致的 "贫者愈贫，富者愈富" 的恶性循环现象，直接促进了欠发达地区的经济增长，缩小了地区间经济发展的差距，促进区域协调发展。推进基本公共服务均等化能够提高低收入群体收入水平，增强中等收入群体抵御风险的能力，是 "扩中提低" 收入分配政策落地的重要举措，可以有效地提高全社会消费水平促进经济增长和共同富裕。因此，在高质量发展阶段，基本公共服务均等化是实现全体人民共享发展成果，推进国家走向共同富裕的基础性与战略性的要素（丁元竹，2022）[①]，健全基本公共服务体系、推动基本公

---

① 丁元竹. 实现基本公共服务均等化的实践和理论创新 ［J］. 人民论坛·学术前沿，2022（5）：4-13.

共服务均等化将被赋予"共同富裕"这一鲜明的时代特色（李实和杨一心，2022）①。

从现有研究情况来看，囿于数据的可获得性，大量研究基于省级层面数据，探讨了公共服务均等化对投资、消费的影响，重点主要集中在指标测量及分地区差异的影响、公共服务均等化实现程度等不同概念、公共服务均等化的指标测量及相关实证研究等方面，较少从省内地市层面分析不同省内公共服务均等化对共同富裕程度的影响。

从区域内各地市发展情况来看，山东省不仅有经济发达的沿海地区，也有经济相对落后的内陆地区，存在明显的梯次分布特征。本部分利用 2001～2020 年山东省地市级面板数据实证研究公共服务均等化对共同富裕的影响。首先，借鉴其他学者经验，基于数据可获得性考量，构建公共服务均等化评价指标体系，并采用熵权法测度山东省公共服务均等化程度，并对不均等程度（基尼系数）进行来源分解与地区分解。其次，通过对共同富裕典型实施方案的解读，结合学者研究，提炼出共同富裕指标，并赋予权重，衡量不同地市、不同年份共同富裕指数，并进行分解。最后，以"城乡人均可支配收入倍差"与"教育支出占财政支出的比例"为门槛变量，建立门槛面板计量模型，探讨公共服务均等化程度对共同富裕水平的影响。

二、理论模型

综合借鉴 Liu 和 He（2019）② 与 Bhattacharya 和 Banerjee（2016）③ 的理论模型，本部分构建一个简单的理论模型，分析城乡分割条件下基本公共服务均等化对共同富裕的影响。简单起见，我们做出如下假设：

H1：国民经济只包括两个部门，即位于农村的农业生产部门和位于城市的非农业生产部门。假设两个部门的资本和劳动力产出弹性系数相同，资本、劳动力和技术等投入要素不同。

H2：农村和城镇初始劳动力分别记为 L_1 和 L_2，$L_1 = aL_1 + bL_1 + cL_1$，其中 a、b、c 分别代表在农村从事农业生产活动的农村劳动力比例、从事非农业生产活动的无城镇户口农民工比例和在城镇有户口农民工比例。总劳动力保持不变，生

---

① 李实，杨一心.面向共同富裕的基本公共服务均等化：行动逻辑与路径选择［J］.中国工业经济，2022（2）：27-41.

② Huiting Liu, Qinying He. The effect of basic public service on urban-rural income inequality: a sys-GMM approach［J］. Economic Research-Ekonomska Istraživanja, 2019, 32（1）：3211-3229.

③ Bhattacharya S. Saha S., Banerjee S. Income inequality and the quality of public services: A developing country perspective［J］. Journal of Development Economics, 2016, 123：1-17.

产函数用科布—道格拉斯形式表示。

根据上述假设,用未获得城镇户口的外来人口与城镇常住人口的比例来表示城市户籍管控力度 η,可表示为:

$$\eta = \frac{bL_1}{(b+c)L_1 + L_2} \tag{4-1-1}$$

其中,η 是指未获得城镇户口的外来人口与城镇常住人口比例。在农业部门普遍不征税的情况下,政府财政收入的主要来源于城镇常住人口(或实际人口)。政府公共服务支出主要集中在城镇地区,但也有少部分投资于农村。在劳动力较为丰富的城市,政府倾向于限制普通农民工获得城市户口。虽然现在有"新市民"融合的相关政策,但限于教育资源、文化资源,甚至社会保障等方面公共服务支出的考虑,总体上条件还较为严格,以便在不影响城市经济增长的情况下减轻财政负担。这一比例越大,政府对城市户籍管控力度就越强。农业部门和非农业部门的产出、技术水平和资本投入分别定义为 Y_1 和 Y_2、A_1 和 A_2、K_1 和 K_2。假设两个部门的资本和劳动产出弹性系数相同,记为 α 和 $1-\alpha$。两个部门的生产函数可以概括为:

$$Y_1 = A_1 K_1^{\alpha}(aL_1)^{1-\alpha} \tag{4-1-2}$$

$$Y_2 = A_2 K_2^{\alpha}\left[(b+c)L_1 + L_2\right]^{1-\alpha} \tag{4-1-3}$$

两个部门的人均产出为:

$$y_1 = \frac{Y_1}{aL_1} = A_1\left(\frac{K_1}{aL_1}\right)^{\alpha} \tag{4-1-4}$$

$$y_2 = \frac{Y_2}{(b+c)L_1 + L_2} = A_2\left(\frac{K_2}{(b+c)L_1 + L_2}\right)^{\alpha} \tag{4-1-5}$$

两个部门的人均资本投入分别为 $k_1 = K_1/aL_1$ 和 $k_2 = K_2/\left[(b+c)L_1 + L_2\right]$。在市场出清的假设下,从事农业生产和非农业生产的工资性收入分别为:

$$w_1 = (1-\alpha)A_1 k_1^{\alpha} \tag{4-1-6}$$

$$w_2 = (1-\alpha)A_2 k_2^{\alpha} \tag{4-1-7}$$

在城乡二元结构下,虽然城镇户籍人口比非城镇户籍人口获得更多的基本公共服务,但目前也逐步向农村地区扩展。假定政府制定单一税率 t,并只向城镇部门劳动力征税,基本公共服务资金来源于税收,因此,总税收收入:

$$T = t\left[(b+c)L_1 + L_2\right]w_2 \tag{4-1-8}$$

假定全部税收用于基本公共服务,用于城镇公共服务支出的比例为 θ,用于农村比例为 $1-\theta$。假定劳动力者个体间接效用来源于工资性收入和转移性公共服务,农村和城镇劳动力的效用 U_1,U_2 可以用式(4-1-9)和式(4-1-10)表示:

$$U_1 = U\left[w_1, \frac{(1-\theta)T}{(a+b)L_1} \right] \tag{4-1-9}$$

$$U_2 = U\left[(1-t)w_2, \frac{\theta T}{cL_1 + L_2} \right] \tag{4-1-10}$$

假定共同富裕状况由城乡收入差距与公共服务差距来表达，可以定义为 $\pi = \pi_w + \pi_s$。城乡共同富裕状况 π 来自两个方面，即工资差距 π_w 和公共服务供给差距 π_s。工资差距可以进一步表述为 $\pi_w = (1-t)w_2/w_1$，公共服务供给差距可以表述为 $\pi_s = s_2/s_1$，其中：

$$s_1 = \frac{(1-\theta)T}{(a+b)L_1} \tag{4-1-11}$$

$$s_2 = \frac{\theta T}{cL_1 + L_2} \tag{4-1-12}$$

根据以上式子可得：

$$\pi = \pi_w + \pi_s = (1-t)\frac{A_2}{A_1}\left(\frac{K_2}{K_1}\right)^{\alpha} \cdot \left(\frac{a\eta}{b}\right)^{\alpha} + \frac{\theta}{1-\theta} \cdot \frac{\eta}{1-\eta} \cdot \frac{a+b}{b} \tag{4-1-13}$$

根据式（4-1-13），通过推导得到 $\partial\pi/\partial\eta > 0$，$\partial\pi/\partial\theta > 0$，$\partial\pi/\partial b < 0$，$\partial^2\pi/\partial\eta\partial\theta > 0$。根据推导的结果有下面的命题：

命题1：户籍管控力度越大，城乡收入差距越大，共同富裕程度越低。

命题2：基本公共服务城镇比例越高，城乡收入差距越大，共同富裕程度越低。

命题3：从事非农业生产活动的无城镇户口农民工比例越高，城乡收入差距越小，共同富裕程度越高。

命题4：随着户籍管控力度的加大，城镇基本公共服务比例会扩大城乡收入差距，共同富裕程度越低。

因此，从上述命题可以推断，进一步放松户籍管理，农村基本公共服务供给的增加，更高比例的农村劳动力城镇非农就业可以有效地降低城乡收入差距，提高共同富裕水平。

三、数据与方法

（一）数据来源

山东省各地市数据主要来源于历年《山东省统计年鉴》，时间跨度为2011~2020年。还有部分数据来源于各地市的统计年鉴和统计公报。

（二）熵权法：确定指标权重

作为客观赋权法中的重要方法，熵值法能够克服其易受异常值干扰所导致的个别权重偏离正常区间等局限，在诸多社会科学研究领域得到较为广泛的应用。熵值是用来衡量指标所包含的信息量大小的，熵值越小，表明指标内部数值的波动越大，评价中的重要性越强，权重就越高；相反，权重就越低。熵值法确定指标权重的步骤如下：

（1）归一化处理。为消除因量纲不同对评价结果的影响，需要对各项指标进行归一化或者标准化处理。根据确定的评价指标的性质确定需要处理的方向，负向型指标取倒数转为正向型指标（陈景华等，2020[①]；许宪春等，2021[②]；董艳玲和李华，2022[③]），随后统一采用最大最小值法进行归一化处理。

$$x_{ij} = \frac{x_{ij} - \min(x_{ij})}{\max(x_{ij}) - \min(x_{ij})} \tag{4-1-14}$$

标准化处理完成，得到矩阵 $R = (r_{ij})_{m \times n}$，其中 m 代表样本个数，n 代表评价指标数量。

（2）坐标平移。熵值法计算过程中需要进行对数处理，无量纲化后存在数值为零的指标，因此还需要对各指标的标准化值做坐标平移：

$$Y_{ij} = x_{ij} + k \tag{4-1-15}$$

其中，Y_{ij} 为 x_{ij} 平移后的坐标。为尽可能减少对指标的影响，取 k = 0.01。

（3）同度量化。计算每一年第 j 项指标中第 i 个样本占该指标的比重。

$$p_{ij} = Y_{ij} \Big/ \sum_{i=1}^{m} Y_{ij} \tag{4-1-16}$$

（4）计算第 j 项指标的信息熵和差异系数。

$$e_j = -\frac{1}{\ln n} \sum_{i=1}^{n} p_{ij} \ln(p_{ij}) \tag{4-1-17}$$

$$g_j = 1 - e_j \tag{4-1-18}$$

式中，n 表示样本个数，e_j 是信息熵，g_j 是差异系数，某项指标的信息熵值越小，某项指标的信息熵值越小，差异系数越大，该项指标包含的信息量就越大，其权重也越大。

（5）计算指标权重。

$$\omega_j = g_j \Big/ \sum_{i=1}^{m} g_j \tag{4-1-19}$$

① 陈景华，陈姚，陈敏敏. 中国经济高质量发展水平、区域差异及分布动态演进 [J]. 数量经济技术经济研究，2020，37（12）：108-126.
② 许宪春，刘婉琪，彭慧，张钟文. 新时代全面建成小康社会的辉煌成就及新征程展望——基于"中国平衡发展指数"的综合分析 [J]. 金融研究，2021（10）：1-21.
③ 董艳玲，李华. 中国基本公共服务的均等化测度、来源分解与形成机理 [J]. 数量经济技术经济研究，2022，39（3）：24-43.

（6）利用线性加权法计算综合得分。

$$I_j = \sum_{j=1}^{m} (\omega_j \times Y_{ij})$$ (4-1-20)

（三）基尼系数的分解方法

根据 Lerman 等 （1985）[1] 对基尼系数按照来源进行的分解方法，对地市间的不均衡程度进行分解。总体基尼系数 G 满足如下条件：

$$G = \sum_{k=1}^{K} S_k \times G_k \times R_k$$ (4-1-21)

其中，S_k 表示第 k 类基本公共服务在总基本公共服务的比例，也即权重、第 k 类基本公共服务的基尼系数（G_k）、第 k 类基本公共服务与总基本公共服务分布的基尼系数相关性（R_k），以及每类基本公共服务不均衡程度在总体不均衡程度中的比例（Share）。在 Stata 中可用第三方命令 descogini 命令进行分解操作 （Lopez-Feldman，2006）[2]。

四、基本公共服务均等化与共同富裕测度

（一）基本公共服务均等化水平

1. 基本公共服务均等化水平测度

目前学术界对基本公共服务均等化的测度并未形成统一的意见，主要是从基本公共服务供给水平与均等化程度两个视角进行测度。大量学者通过构建基本公共服务指标体系对基本公共服务供给水平进行了测度。安体富和任强 （2008）[3] 基于卫生、安全、社保、教育、基础设施、环境以及科技七个维度构建基本公共服务供给指标体系，并利用等分赋权综合评价法进行测度分析。武力超等（2014）[4] 从环境、基础设施、医疗、教育方面来评价基本公共服务，并通过主成分法进行测算。辛冲冲和陈志勇 （2019）[5] 主要基于民生视角，从文化传媒、教育、医疗卫生、基础设施、环境保护以及社保就业六个方面来衡量基本公共服

① Lerman R. I. , S. Yitzhaki. Income inequality effects by income source: A new approach and applications to the United States ［J］. Review of Economics and Statistics, 1985, 67: 151-156.

② Lopez-Feldman A. Decomposing inequality and obtaining marginal effects ［J］. The Stata Journal, 2006, 6 (1): 106-111.

③ 安体富，任强. 中国公共服务均等化水平指标体系的构建——基于地区差别视角的量化分析 ［J］. 财贸经济，2008 (6): 79-82.

④ 武力超，林子辰，关悦. 我国地区公共服务均等化的测度及影响因素研究 ［J］. 数量经济技术经济研究，2014, 31 (8): 72-86.

⑤ 辛冲冲，陈志勇. 中国基本公共服务供给水平分布动态、地区差异及收敛性 ［J］. 数量经济技术经济研究，2019, 36 (8): 52-71.

务的供给程度，并使用熵值法进行指标计算。

从基本公共服务均等化测度角度，少数学者在测算基本公共服务供给水平基础上对其均等化进行简单描述（马慧强等，2011[①]；程岚和文雨辰，2018[②]），大多数研究则借助一系列工具进行测算分析，比如变异系数、基尼系数、泰尔指数、收敛工具等（刘尚希，2007[③]；刘华军等，2014[④]；龚锋和余锦亮，2015[⑤]；田学斌和陈艺丹，2019[⑥]；董丽晶等，2021[⑦]）。相关研究主要基于空间视角对基本公共服务均等化进行来源分解，较少文献基于结构视角进行考察。其中，对空间差异来源进行分解时，采用可分解的泰尔指数和基尼系数方法者居多（范柏乃等，2015[⑧]；辛冲冲和陈志勇，2019；李华和董艳玲，2020[⑨]）。许光建等（2019）[⑩]对于基本公共服务均等化的测算方法做了较为系统的梳理。

《"十四五"基本公共服务规划》按照"幼有所有，学有所教，劳有所得，病有所医，老有所养，住有所居，弱有所扶，文体服务保障"8个类别，提出22个基本公共服务指标。虽然这与"十三五"时期基本公共服务领域主要发展指标存在较大的差异，但可以看出，这更加突出体现了基本公共服务"保基本"，注重弱势群体公共服务可及性与公平性的核心特征。但"十四五"规划中提出的大多数基本公共服务指标难以获得较为全面的历史数据，尤其是到了地市级层面，部分指标数据尚未公开或者未进行准确的统计。因此，基于数据现实可获得性考虑，仍沿用学者普遍采用的在"十三五"期间确定的关联性指标。

① 马慧强，韩增林，江海旭．我国基本公共服务空间差异格局与质量特征分析［J］．经济地理，2011，31（2）：212-217.

② 程岚，文雨辰．不同城镇化视角下基本公共服务均等化的测度和影响因素研究［J］．经济与管理评论，2018，34（6）：106-115.

③ 刘尚希．基本公共服务均等化：现实要求和政策路径［J］．浙江经济，2007（13）：24-27.

④ 刘华军，张权，杨骞，杨宝利．中国基本公共服务的空间非均衡及其与地区经济差距的关系［J］．经济与管理评论，2014，30（2）：53-59.

⑤ 龚锋，余锦亮．平等与激励权衡下的地方公共服务均等化评估——内涵及实证分析框架［J］．经济评论，2015（5）：21-36+58.

⑥ 田学斌，陈艺丹．京津冀基本公共服务均等化的特征分异和趋势［J］．经济与管理，2019，33（6）：7-15.

⑦ 董丽晶，林家熠，苏飞，杨美洁．基本公共卫生服务均等化水平测度［J］．统计与决策，2021，37（9）：41-45.

⑧ 范柏乃，傅衍，卞晓龙．基本公共服务均等化测度及空间格局分析——以浙江省为例［J］．华东经济管理，2015，29（1）：141-147+174.

⑨ 李华，董艳玲．中国基本公共服务均等化测度及趋势演进——基于高质量发展维度的研究［J］．中国软科学，2020（10）：74-84.

⑩ 许光建，许坤，卢倩倩．我国基本公共服务均等化研究：起源、进展与述评［J］．扬州大学学报（人文社会科学版），2019，23（2）：41-49.

借鉴参考 Dai 等（2022）[①] 与董艳玲和李华（2022）[②] 的均等化测量的指标体系，从七个方面对基本公共服务均等化水平进行测度。其中，一级指标（维度）包括基础设施、环境、医疗卫生、教育文化、社会保障与安全。考虑基础设施维度，将"互联网宽带接入家庭的渗透率"作为一项非常重要的基础设施指标，未包含固定电话渗透率，实际上反映出目前在通行设施的建设上移动网络的重要性。互联网宽带接入是家庭户数为基础单位，其在家庭的渗透率反映了目前互联网宽带基础设施的建设情况，因此代表性更强。在教育维度增加了"中等职业中学的师生比"的指标，主要反映了中等职业教育的规模以及投入情况。在社会保障维度的指标选择上，将常规的"基本养老保险覆盖率"分为"城镇职工养老保险覆盖率"与"城乡居民养老保险覆盖率"两项指标，可以较好地反映目前在基本养老保险覆盖人群方面的均等化程度。从某种意义上来说，若城镇职工基本养老保险覆盖率越高，那意味着未来养老金水平可能会更高。因此，该指标也能凸显在养老保险方面政府推进基本公共服务减少未来城乡差距的水平所做出的努力。工伤保险、生育保险与失业保险三个方面的参保率均以就业人员数作为分母，主要因为这三项保险覆盖到职工群体，因此，可以充分反映在就业群体中非灵活群体的参保情况，在一定程度上反映了就业稳定性与参保水平两个层面公共服务均等化推进情况。

根据上述的熵值法确定指标权重。表 4-1-1 中基本公共服务各指标的权重即为利用熵权法测算后的情况。结果表明，社会保障、文化、基础设施三个方面评价指标所占权重较大，尤其中小学师生比的两项指标的权重均超过 10%，重点突出了义务教育在基本公共服务供给中的重要性。

表 4-1-1　基本公共服务均等化评价指标体系

一级指标	一级权重（%）	二级指标	指标释义及计算方法	二级权重（%）
基础设施	15.40	人均日生活用水量（升）	日均生活用水量	2.11
		每万人等级公路里程	等级公路里程/万人	3.66
		每万人路灯盏数	路灯盏数/万人	3.78
		移动电话渗透率	移动电话总户数/总人口	1.77
		互联网宽带接入家庭渗透率	宽带接入家庭户数/家庭户总数	4.07

① Dai F., Liu H., Zhang X. Li Q. Does the equalization of public services effect regional disparities in the ratio of investment to consumption? Evidence from provincial level in china [J]. SAGE Open, 2022, 12 (1): 265-277.

② 董艳玲，李华. 中国基本公共服务的均等化测度、来源分解与形成机理 [J]. 数量经济技术经济研究，2022, 39 (3): 24-43.

续表

一级指标	一级权重（%）	二级指标	指标释义及计算方法	二级权重（%）
环境	8.60	人均污水处理量（吨）	水处理量（吨）/万人	4.72
		人均公园绿地面积（平方米）	园绿地面积（平方米）/万人	3.88
医疗卫生	6.15	每千人卫生机构数	卫生机构数/千人	1.15
		每千人医疗机构床位数	医疗机构床位数/千人	2.13
		每千人执业医师数	执业医师数/千人	2.87
教育	12.54	小学师生比	小学专任教师数/小学在校生人数	4.01
		普通初中师生比	普通初中专任教师数/普通初中在校生人数	1.94
		中等职业中学师生比	中等职业中学专任教师数/中等职业中学在校生人数	3.42
		普通高中师生比	普通高中专任教师数/普通高中在校生人数	3.16
文化	19.82	人均公共图书量	公共图书藏书量/万人	4.93
		万人文化设施数	文化设施数/万人	10.09
		万人博物馆数	博物馆数/万人	4.79
社会保障	27.12	职工基本养老保险参保率	职工基本养老保险人数/总人口数	5.44
		城乡居民养老保险参保率	城乡居民养老保险参保人数/总人口数	1.36
		医疗保险参保率	医疗保险参保人数/总人数	4.81
		失业保险参保率	失业保险参保人数/就业人数	5.34
		工伤保险参保率	工伤保险参保人数/就业人数	5.34
		生育保险参保率	生育保险参保人数/就业人数	4.83
安全	10.38	万人交通事故数	交通事故数/万人	10.38

2. 基本公共服务均等化程度及其分解

表4-1-2为基本公共服务均等化程度的描述性统计结果。从山东省各地市基本公共服务均等化程度变化情况看，如表4-1-3所示，2011~2020年基本公共服务均等化程度虽然在有的地市有所波动，但总体上是在不断提高。作为第一梯队的东营、青岛、济南、烟台、威海5个地市普遍水平较高，2020年均超过了0.4；第二梯队除淄博外，其他地市均低于0.4；第三梯队除泰安超过0.3以外，其他地市均低于0.3，均等化程度相对较低。如表4-1-4所示，2011~2020年虽然均等化程度存在着地市差异，但地区之间不均衡程度却在改善，基尼系数在缩小。差异主要表现在经济相对发达地市组与不发达地市组的差距上，而且组间差异所占比例越来越大，从2011年的72.16%提高到2020年的83.46%。从分梯队

基本公共服务均等化程度差异来看（见图4-1-1），2015~2020年，三个梯队内部基本公共服务均等化程度保持相对稳定，但第二梯队内部差异明显较第一、三梯队要大，而且内部差异有扩大趋势，第一梯队略有下降趋势。

表4-1-2　2011~2020年山东省各地市基本公共服务均等化程度描述性统计

指标	最小值	最大值	标准差	平均值	变异系数（%）
人均日生活用水量（升）	74.0	201.2	23.3	129.1	18.03
每万人等级公路里程	15.1	43.5	7.3	28.0	26.02
每万人路灯盏数	28.7	319.6	66.5	145.9	45.58
移动电话渗透率（%）	25.1	290.2	28.9	96.4	30.02
互联网宽带接入家庭渗透率（%）	15.4	194.2	32.6	69.6	46.85
人均污水处理量（吨）	3.15	64.01	13.84	23.71	58.37
人均公园绿地面积（平方米）	10.31	28.60	4.44	18.38	24.15
每千人卫生机构数	3.40	11.04	1.35	7.96	17.00
每千人医疗机构床位数	3.13	7.70	0.95	5.44	17.44
每千人执业医师数	1.29	4.35	0.62	2.54	24.53
小学师生比	0.014	0.222	0.039	0.072	54.42
普通初中师生比	0.059	0.113	0.010	0.084	12.37
中等职业中学师生比	0.029	0.103	0.016	0.058	27.53
普通高中师生比	0.051	0.127	0.015	0.079	18.97
人均公共图书量	0.077	1.475	0.271	0.463	58.53
万人文化设施数	0.012	0.284	0.097	0.129	75.11
万人博物馆数	0.000	0.140	0.026	0.037	70.59
职工基本养老保险参保率（%）	8.69	48.12	10.46	23.64	44.27
城乡居民养老保险参保率（%）	13.90	55.21	9.63	43.52	22.12
医疗保险参保率（%）	19.63	105.99	29.75	70.88	41.97
失业保险参保率（%）	8.96	59.42	11.40	25.17	45.30
工伤保险参保率（%）	8.96	59.42	11.40	25.17	45.30
生育保险参保率（%）	3.37	57.91	10.16	18.79	54.08
万人交通事故数	0.24	7.95	1.24	1.33	93.48

表 4-1-3　2011~2020 年山东省各地市基本公共服务均等化程度

梯队	年份地市	2011	2012	2013	2014	2015	2016	2017	2018	2019	2020
第一梯队	济南	0.224	0.433	0.449	0.245	0.332	0.361	0.390	0.422	0.431	0.434
	青岛	0.255	0.465	0.491	0.293	0.370	0.388	0.402	0.423	0.438	0.454
	东营	0.243	0.515	0.518	0.309	0.377	0.405	0.443	0.476	0.469	0.477
	烟台	0.236	0.473	0.472	0.264	0.361	0.364	0.371	0.379	0.401	0.415
	威海	0.275	0.510	0.501	0.346	0.434	0.444	0.455	0.466	0.483	0.493
第二梯队	淄博	0.228	0.455	0.468	0.267	0.344	0.366	0.380	0.394	0.419	0.461
	潍坊	0.170	0.379	0.394	0.185	0.252	0.262	0.280	0.298	0.320	0.341
	济宁	0.127	0.347	0.351	0.147	0.234	0.240	0.261	0.269	0.277	0.296
	日照	0.146	0.377	0.391	0.199	0.268	0.271	0.288	0.301	0.315	0.329
	德州	0.141	0.341	0.348	0.158	0.261	0.266	0.270	0.280	0.293	0.315
	滨州	0.143	0.362	0.373	0.169	0.283	0.304	0.318	0.341	0.356	0.380
第三梯队	枣庄	0.136	0.388	0.372	0.150	0.231	0.242	0.242	0.260	0.265	0.289
	泰安	0.167	0.350	0.356	0.167	0.247	0.267	0.277	0.291	0.299	0.322
	莱芜	0.224	0.438	0.418	0.212	0.300	0.323	0.345	0.357	—	—
	临沂	0.184	0.362	0.369	0.157	0.238	0.237	0.244	0.253	0.263	0.268
	聊城	0.102	0.336	0.330	0.127	0.213	0.224	0.228	0.242	0.259	0.278
	菏泽	0.092	0.307	0.332	0.124	0.222	0.225	0.243	0.254	0.256	0.275

表 4-1-4　地市间基本公共服务均等化程度差异（基尼系数）及分梯队分解结果

年份	Gini	Between	Within	Overlap	Between（%）	Within（%）	Overlap（%）
2011	0.165616	0.119504	0.032412	0.013701	72.16	19.57	8.27
2012	0.166405	0.127889	0.032245	0.006271	76.85	19.38	3.77
2013	0.174894	0.145517	0.026911	0.002466	83.20	15.39	1.41
2014	0.172487	0.142952	0.027454	0.002082	82.88	15.92	1.21
2015	0.116194	0.099199	0.016517	0.000478	85.37	14.22	0.41
2016	0.119197	0.100624	0.017878	0.000695	84.42	15.00	0.58
2017	0.121790	0.103429	0.017794	0.000567	84.92	14.61	0.47
2018	0.122307	0.103567	0.017889	0.000852	84.68	14.63	0.70
2019	0.122939	0.105942	0.016116	0.000880	86.17	13.11	0.72
2020	0.115980	0.096797	0.01718	0.002002	83.46	14.81	1.73

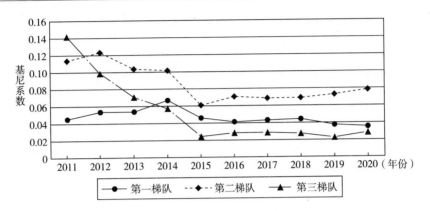

图 4-1-1 分梯队基本公共服务均等化程度差异

从地区基本公共服务不均等程度的分解来看（见表4-1-5），在公共安全、教育、文化三个领域的地区差异明显较大，基础设施与卫生健康方面的地区差异相对较小。从基本公共服务领域1%变化的影响来看，其他方面的提高均能带来总体不均等程度下降，但教育与社会保障两个方面有所不同，尤其是教育方面，1%教育方面均等化程度的提高，反而会增加总体不均衡程度。

表4-1-5 按不同领域的基本公共服务均等化基尼系数分解

来源	Sk	Gk	Rk	Share	%Change
基础设施（infra）	0.1628	0.1764	0.8067	0.1174	−0.0454
环境（envio）	0.0927	0.2457	0.7355	0.0849	−0.0078
卫生健康（healths）	0.0824	0.2044	0.8228	0.0702	−0.0122
教育（education）	0.126	0.2008	0.6164	0.079	−0.047
文化（culture）	0.1953	0.3642	0.8817	0.3179	0.1225
社会保障（socialinsu）	0.2996	0.2668	0.9229	0.3738	0.0742
公共安全（publicsec）	0.0412	0.5116	−0.4043	−0.0432	−0.0845
总体基尼系数（G）		0.1973			

注：最后一列（%Change）指的是各自基本公共服务领域1%的变化总体不均衡的影响。

（二）共同富裕的测度

1. 共同富裕指标体系的研究

学术界围绕共同富裕的科学内涵、时代特征和重大意义等问题进行了比较充分的研究和讨论，对共同富裕测量指标体系从不同角度做了有益探讨。蒋政（2014）[①] 从维护社会公平正义的视角对社会主义共同富裕的科学内涵进行了理

① 蒋政. 共同富裕新论——基于平等理论的分析 [J]. 岭南学刊，2014（1）：22-26.

论解读。邓斌和彭卫民（2014）① 从共同富裕与"中国梦"的内在关系层面探究了共同富裕的当代特征。邱海平（2016）② 探讨了共同富裕的科学内涵与实现途径。贾康和苏京春（2015）③ 指出，对共同富裕"真问题"的研究，应当切入中国收入分配中的居民收入内部结构问题，深入探讨居民内部收入分配的差距过大、规则紊乱、不公正的问题对中国现代化提升过程的影响。杨宜勇和王明姬（2021）④ 认为，要多层次理解共同富裕的丰富内涵、多视角评价地区发展经验，通过树立全新的共同富裕观，多维度测算共富系数，建立兼顾富裕共享性和差异性的指标评价体系。

现有文献关于共同富裕具体指标体系的构建主要有三种：陈丽君等（2021）⑤ 以发展性、共享性、可持续性作为共同富裕指数模型的评价维度，基于问卷调查基础上的层次分析法，测算了各因素的重要性程度及其关联度。刘培林等（2021）⑥ 从总体富裕程度、人群差距、区域差距和城乡差距四大方面构建共同富裕的测度框架，但并未进行实际测算和经验分析。高帆（2021）⑦ 从新型政府—市场关系角度，从经济增长、成果分享关系来测算中国共同富裕的发展状况。吕新博和赵伟（2021）⑧ 参照联合国 2030 年可持续发展目标和中国全面推进乡村振兴加快农业农村现代化的发展目标，形成多维度的评价指标体系。

2. 共同富裕测量指标的选取

根据其他学者对共同富裕指标的研究，主要体现在对富裕水平及差异性两个方面。与此不同，本部分主要是从目前有关共同富裕指标的实践中来提炼相关的指标，以对共同富裕进行测度。浙江省作为共同富裕先行示范区，各地市均提出了促进共同富裕方案，其中包括了有关共同富裕的一系列相关的指标。本部分通过梳理有关的指标发现，宁波市有关目标任务中关于共同富裕的指标非常丰富，因此在后续的研究中以此为基础提出本部分共同富裕的指标。

① 邓斌，彭卫民. 共同富裕：历史的省思与中国梦的进路 [J]. 西南大学学报（社会科学版），2014，40（1）：19-24+173.

② 邱海平. 共同富裕的科学内涵与实现途径 [J]. 政治经济学评论，2016，7（4）：21-26.

③ 贾康，苏京春. 直面"中等收入陷阱"真问题——基于 1962—2013 年全球数据对"中等收入陷阱"的判断、认识 [J]. 中共中央党校学报，2015，19（4）：51-63.

④ 杨宜勇，王明姬. 共同富裕：演进历程、阶段目标与评价体系 [J]. 江海学刊，2021（5）：84-89.

⑤ 陈丽君，郁建兴，徐铱娜. 共同富裕指数模型的构建 [J]. 治理研究，2021，37（4）：5-16+2.

⑥ 刘培林，钱滔，黄先海，董雪兵. 共同富裕的内涵、实现路径与测度方法 [J]. 管理世界，2021，37（8）：117-129.

⑦ 高帆. 新型政府—市场关系与中国共同富裕目标的实现机制 [J]. 西北大学学报（哲学社会科学版），2021，51（6）：5-17.

⑧ 吕新博，赵伟. 基于多维测度的共同富裕评价指标体系研究 [J]. 科学决策，2021（12）：119-132.

2021 年 3 月，宁波市发布《宁波高质量发展建设共同富裕先行市行动计划（2021—2025 年）》，确定了体制机制完善、物质基础夯实、区域协同格局优化、城乡融合水平提升、群众获得感增强、文明风尚浓厚、安全底线巩固七个方面的目标，实际上彰显了共同富裕的实质性内涵特征，突出体现了缩小区域差距与城乡差异的物质共富，以及文明安全与群众获得感的精神共富两个方面，后者涵盖的目标及指标透射出与基本公共服务内容与目标的一致性。

因此，为避免在后续中可能出现基本公共服务与共同富裕之间的直接相关性，在共同富裕指标的选取上，最终选取农村可支配收入（w1）、城镇人均可支配收入（w2）、全员劳动生产率（w3）、城乡可支配收入倍差（w4）、城乡居民消费水平倍差（w5）、人均可支配收入与人均 GDP 之比（w6）6 个指标，主要涉及物质基础及城乡融合两个方面，但在很大限度上反映了共同富裕中的物质共富方面，并充分体现了物质财富水平与城乡之间的差异。在这些指标中并没有选择人均 GDP，主要是因为该指标与其他指标高度相关。而以居民人均可支配收入水平作为替代，更能真实反映共同富裕的水平。

3. 共同富裕指标权重

同样采用熵权法确定共同富裕指标的权重。结果表明，全员劳动生产率指标的权重最大，为 27.66%，其次是城乡居民消费支出倍差，最低的是城乡居民收入倍差指标，为 8.69%。描述性统计结果如表 4-1-6 所示。

表 4-1-6 共同富裕指标权重及描述性统计结果

维度	指标	权重（%）	平均值	标准差	最小值	最大值
物质共富	城镇居民人均可支配收入水平（元）	16.67	32860	8405	16658	55905
	农村居民人均可支配收入水平（元）	16.56	14339	3624	7119	23656
	居民人均可支配收入与人均 GDP 之比（%）	11.43	39.70	11.04	12.89	65.87
	全员劳动生产率（万元）	27.66	10.84	5.32	3.31	31.20
城乡融合	城乡居民收入倍差	8.69	2.274	0.250	1.741	3.022
	城乡居民消费支出倍差	18.98	2.290	0.450	1.363	3.166

由结果可知，近 10 年来体现物质共富水平的城乡居民人均可支配收入水平变化较大，差异性较大。其中全员劳动生产率的变动幅度较大，这与通过熵权法确定的权重最大是一致的。城乡居民收入倍差与城乡居民消费支出倍差在各地市历年数据中变动幅度也较大。

4. 共同富裕指数

通过各地市不同年份共同富裕指数的变动情况，可以看出所有地区总体共同富裕指数呈现不断增长的趋势，但是不同地区也呈现出较大的差异。作为第一梯队的东营、青岛、济南、烟台、威海5个地市普遍水平较高；第二梯队除日照之外，淄博、潍坊、济宁、德州、滨州5个城市处于中间水平；第三梯队枣庄、泰安、临沂、聊城、菏泽的水平相对较低。2011~2020年山东省分地区共同富裕指数变动情况如表4-1-7所示。

表4-1-7　2011~2020年山东省分地区共同富裕指数变动情况

梯队	年份 地区	2011	2012	2013	2014	2015	2016	2017	2018	2019	2020
第一梯队	济南	0.271	0.327	0.371	0.422	0.371	0.409	0.462	0.520	0.572	0.629
	青岛	0.342	0.405	0.465	0.512	0.498	0.537	0.577	0.628	0.672	0.729
	东营	0.321	0.422	0.452	0.489	0.518	0.551	0.611	0.682	0.655	0.695
	烟台	0.260	0.305	0.347	0.425	0.476	0.511	0.554	0.602	0.649	0.678
	威海	0.323	0.371	0.413	0.462	0.468	0.507	0.544	0.605	0.640	0.671
第二梯队	淄博	0.300	0.358	0.396	0.443	0.450	0.488	0.542	0.589	0.617	0.672
	潍坊	0.272	0.335	0.381	0.429	0.426	0.462	0.503	0.541	0.589	0.625
	济宁	0.158	0.197	0.253	0.304	0.371	0.412	0.456	0.490	0.536	0.575
	日照	0.141	0.195	0.225	0.268	0.313	0.344	0.378	0.429	0.441	0.475
	德州	0.138	0.190	0.232	0.249	0.399	0.424	0.447	0.484	0.522	0.546
	滨州	0.234	0.291	0.337	0.395	0.371	0.400	0.437	0.483	0.525	0.563
第三梯队	枣庄	0.171	0.207	0.270	0.305	0.331	0.356	0.387	0.431	0.481	0.515
	泰安	0.201	0.243	0.288	0.336	0.395	0.422	0.453	0.496	0.552	0.586
	莱芜	0.188	0.244	0.272	0.317	0.395	0.404	0.472	0.517	—	—
	临沂	0.199	0.270	0.332	0.366	0.401	0.430	0.463	0.487	0.530	0.565
	聊城	0.139	0.182	0.213	0.259	0.349	0.373	0.401	0.439	0.489	0.521
	菏泽	0.177	0.209	0.251	0.292	0.362	0.388	0.419	0.446	0.478	0.508

5. 共同富裕指数不均衡程度的地区分解

为了更好地分析共同富裕指数，在不同地区的差异及不均衡程度，仍然可以采用上述的分解方法，按照三个梯队进行分解。结果发现，山东省不同地区共同富裕指数的差异总体上在不断缩小，也偶尔有所波动。其差异主要来源于不同组之间的差距，组内差距比较小。组间差距所占比例处于不断上升趋势。2011~2020年山东省地市共同富裕指数不均等程度（基尼系数）及分梯队分解结果如表4-1-8所示。

表 4-1-8　2011~2020 年山东省地市共同富裕指数不均等
程度（基尼系数）及分梯队分解结果

年份	Gini	Between	Within	Overlap	Between（%）	Within（%）	Overlap（%）
2011	0.1711	0.1160	0.0366	0.0185	67.81	21.37	10.82
2012	0.1566	0.1069	0.0347	0.0150	68.27	22.14	9.59
2013	0.1373	0.0890	0.0317	0.0166	64.81	23.09	12.10
2014	0.1267	0.0845	0.0281	0.0141	66.70	22.15	11.15
2015	0.0793	0.0504	0.0181	0.0108	63.59	22.80	13.61
2016	0.0775	0.0518	0.0171	0.0086	66.90	22.06	11.04
2017	0.0781	0.0546	0.0172	0.0063	69.91	22.02	8.07
2018	0.0780	0.0589	0.0154	0.0037	75.51	19.69	4.80
2019	0.0704	0.0504	0.0134	0.0066	71.57	19.02	9.42
2020	0.0706	0.0509	0.0137	0.0060	72.12	19.39	8.49

五、基本公共服务均等化对共同富裕的影响

1. 基本计量模型

本部分主要是探讨基本公共服务均等化对共同富裕的影响，以提出推进共同富裕的基本公共服务政策措施。研究数据跨越 10 年，但个体较少，仅有 16 个地市，假定误差项独立同分布，可采用一般的单面板回归模型进行分析。

以共同富裕指数作为被解释变量，基本公共服务供给的七个方面作为核心解释变量，基础设施（infra）、环境（envio）、卫生健康（healths）、教育（education）、文化（culture）、社会保障（socialinsu）、公共安全（publicsec）。参考其他学者的做法，选择城镇化率（urban_rate）作为重要的控制变量。虽然目前山东省城镇化率已经超过了 50%，但在不同地市之间差异也较为明显，可能会对共同富裕有着重要的影响。另外，对外开放程度在一定程度上会影响地区的经济发展水平从而影响共同富裕。参照 Dai（2022）的做法，将财政分权度、工业化程度、经济开放度作为控制变量。

财政分权度变量（Finance_sep）可以用一般性财政支出与人均预算收支总额的比值来替代。工业化程度变量（Industry）用工业化产值与 GDP 的比值来衡量。对外开放度 FDI 反映了经济的开放程度指标，用进出口总额和 GDP 的比值来替代；城镇化率（Urban_rate）为城镇人口与总人口比重。另外，将教育支出占财政支出比例（Education_infa）、医疗卫生支出占财政支出比例（Healths_infa）、社会保障支出占财政支出比例（sc_infa）作为控制变量。根据上面的分析，

建立如下两个面板模型：

$$CW_{it} = \alpha_0 + \alpha_1 Supply_{it} + \alpha_2 Industry_{it} + \alpha_3 FDI_{it} + \alpha_4 Urban\_rate_{it} + \alpha_5 Education\_infa_{it} +$$
$$\alpha_6 Healths\_infa_{it} + \alpha_7 Sc\_infa_{it} + \mu_i + \varepsilon_i \qquad (4\text{-}1\text{-}20)$$

$$CW_{it} = \alpha_0 + \alpha_1 Infra_{it} + \alpha_2 Envio_{it} + \alpha_3 Healths_{it} + \alpha_4 Education_{it} + \alpha_5 Culture_{it} + \alpha_6 SC_{it} +$$
$$\alpha_7 Publicsec_{it} + \alpha_8 Industry_{it} + \alpha_9 FDI_{it} + \alpha_{10} Urban\_rate_{it} + \alpha_{11} Education\_infa_{it} +$$
$$\alpha_{12} Healths\_infa_{it} + \alpha_{13} Sc\_infa_{it} + \alpha_{14} Findec_{it} + \alpha_{15} Industry_{it} + \alpha_{16} FDI_{it} +$$
$$\alpha_{17} UR_{it} + \mu_i + \varepsilon_i \qquad (4\text{-}1\text{-}21)$$

其中，t 代表年份，i 代表各地市，α_0 代表常量，α_j 代表各变量回归系数，μ_i 代表个体随机效应，ε_i 代表随机误差。

2. 基本公共服务均等化对共同富裕的影响

根据以上回归模型，分别将基本公共服务均等水平指标总体和分项作为自变量进行线性回归。通过 Hausman 检验，发现无法拒绝原假设，因此需要选择随机效应模型。结果如表 4-1-9 所示，建立 6 个基本模型，模型（1）与模型（2）为反映了基本公共服务均等化总体影响分析时采用的固定效应与随机效应模型；模型（4）与模型（5）是七项基本公共服务领域独立影响的结果。为尽量减少可能出现的自相关、异方差和截面相关的问题，采用面板广义最小二乘进行估计，为模型（3）与模型（6）。

表 4-1-9　基本公共服务供给对共同富裕的影响回归结果

变量	（1）	（2）	（3）	（4）	（5）	（6）
	FE	RE	GLS	FE	RE	GLS
supply	0.593 ***	0.598 ***	0.685 ***			
	(0.0959)	(0.0773)	(0.0477)			
infra				1.335 ***	1.757 ***	1.891 ***
				(0.446)	(0.468)	(0.294)
envio				−0.329	−0.693	−0.377
				(1.078)	(0.853)	(0.386)
healths				3.310 **	2.558 *	3.547 ***
				(1.245)	(1.493)	(0.663)
education				1.182 **	0.795	0.740 **
				(0.474)	(0.670)	(0.290)
culture				0.346	0.474 **	0.339 **
				(0.232)	(0.216)	(0.146)

续表

变量	(1)	(2)	(3)	(4)	(5)	(6)
	FE	RE	GLS	FE	RE	GLS
socialinsu				0.457**	0.496*	0.454**
				(0.207)	(0.272)	(0.190)
publicsec				-0.328	0.233	0.326
				(0.255)	(0.498)	(0.231)
finance_sep	0.304	0.422***	0.494***	0.273	0.622**	0.437***
	(0.266)	(0.161)	(0.120)	(0.268)	(0.262)	(0.123)
industry	-0.0819**	-0.0635*	-0.110**	0.0111	0.0996	-0.0119
	(0.0351)	(0.0385)	(0.0503)	(0.0550)	(0.0745)	(0.0534)
urban_rate	0.555***	0.577***	0.545***	0.473***	0.517***	0.446***
	(0.0677)	(0.0675)	(0.0512)	(0.118)	(0.105)	(0.0716)
FDI	0.000160	-0.00706	-0.0218	0.00276	-0.0287	-0.0309
	(0.0182)	(0.0198)	(0.0185)	(0.0178)	(0.0382)	(0.0201)
education_fina	-0.240	0.00629	0.305*	-0.122	0.696	0.372**
	(0.262)	(0.224)	(0.166)	(0.271)	(0.427)	(0.166)
healths_fina	-0.465	-0.390	0.0110	-0.378	-0.302	0.177
	(0.578)	(0.391)	(0.302)	(0.584)	(0.559)	(0.328)
sc_fina	1.248***	1.052***	0.303	0.950***	0.491	0.509***
	(0.238)	(0.209)	(0.196)	(0.250)	(0.339)	(0.197)
Constant	-0.311	-0.436***	-0.476***	-0.354	-0.730***	-0.542***
	(0.195)	(0.125)	(0.0890)	(0.213)	(0.217)	(0.1000)
Observations	160	160	160	160	160	160
R-squared	0.929			0.947		
Number of id	16	16	16	16	16	16

注：括号内为标准差；***表示$p<0.01$，**表示$p<0.05$，*表示$p<0.1$。

回归分析表明，在控制了其他因素的影响下，总体基本公共服务均等化程度对共同富裕有着极其重要的正向影响。分项来看，基础设施、医疗卫生、文化、社会保障四个方面均等化对共同富裕有积极影响，这也意味着这四个方面的基本公共服务均等化程度的提高可以提升共同富裕程度。从控制变量的影响来看，财政分权有力地促进了共同富裕程度的提高，其原因可能在于财政分权力度大的地区，财政支出自主性更强，更有能力提供民生保障，并将过去"城市偏向"基本公共服务供给机制向农村倾斜，减少城乡收入差距，因而能够提高共同富裕程度。另外，城镇化水平的提高，可以提高农村居民人均可支配收入水平，减少贫富差距。社会保障支出占财政支出比例的提高可以提高人均可支配收入水平，提高共同富裕的水平。但教育支出占财政支出比例、卫生健康支出占财政支出比例对共同富裕水平没有显著影响。

3. 面板门槛模型

从各地市的经济发展情况来看，作为衡量城乡共同富裕的城乡人均可支配收入倍差呈现先上升后下降的趋势，为非线性关系，可以考虑以此作为门槛变量，分析不同城乡收入差距、不同类型财政投入条件下，基本公共服务均等化水平对共同富裕水平的影响程度。因此，用城乡人均可支配收入倍差、教育支出占财政支出比例、医疗卫生支出占财政支出比例、社会保障支出占财政支出比例逐一作为门槛变量进行分析。

使用 Hansen（1999）[①] 面板门槛分析的多门槛模型。以双门槛模型为代表来阐述其他门槛模型的估计过程。模型设定如下：

$$CW = \begin{cases} \alpha_1 Supply_{it} + \beta X_{it} + \varepsilon_i, & q_i < \gamma_1 \\ \alpha_2 Supply_{it} + \beta X_{it} + \varepsilon_i, & \gamma_1 \leq q_i < \gamma_2 \\ \alpha_3 Supply_{it} + \beta X_{it} + \varepsilon_i, & q_i \geq \gamma_2 \end{cases} \tag{4-1-22}$$

其中，Supply 表示基本公共服务均等化水平，为自变量，X 表示控制变量，γ_1 和 γ_2 分别表示相应变量的两个门槛值。q_i 是某一门槛变量。通过估计 α_1、α_2、α_3 是否相等，可检验门槛效应是否存在。

通过对四个变量进行门槛检验，结果发现仅"城乡人均可支配收入倍差"与"教育支出占财政支出比例"存在单一门槛效应（见表 4-1-10、表 4-1-11）。其中，income_dis 单一门槛值为 2.413。education_infa 的单一门槛值为 22.62%，均处于 5% 置信区间内。门槛回归结果如表 4-1-12 所示，"城乡人均可支配收入倍差"低于 2.413 时，与"高于 2.413"时相比，基本公共服务均等化水平对共同富裕指数的影响程度更大。这意味着当城乡人均可支配收入差距较大时，推动基本公共服务均等化对共同富裕的影响更小些，但一旦城乡人均可支配收入差距降到合理范围，基本公共服务均等化将会加速共同富裕的实现。

① Hansen Bruce E. Threshold Effects in Non-dynamic Panels: Estimation, Testing, and Inference [J]. Journal of Econometrics, 1999, 93（2）: 345-368.

表 4-1-10 门槛检验

门槛变量	假设检验	F 值	P 值	临界值		
				10%	5%	1%
城乡人均可支配收入倍差（income_dis）	单一门槛检验	23.95	0.0300	16.9369	20.7072	27.3253
	双重门槛检验	16.87	0.0575	15.415	17.3559	24.2282
教育支出占财政支出比例（education_infa）	单一门槛检验	18.03	0.0175	12.4436	14.9058	18.8699
	双重门槛检验	8.14	0.2525	11.2404	13.6392	18.5889

表 4-1-11 门槛值及置信区间

单一门槛模型	门槛估计值	95%置信区间
income_dis	2.4129	[2.4051, 2.4130]
education_infa	22.62%	[22.33%, 22.66%]

表 4-1-12 单一门槛模型估计结果

变量	(7)	(8)
	共同富裕指数	共同富裕指数
	income_dis 为门槛变量	education_infa 为门槛变量
finance_sep	0.398 *	0.396 *
	(0.212)	(0.213)
industry	−0.101 **	−0.0617
	(0.0458)	(0.0461)
urban_rate	0.560 ***	0.573 ***
	(0.0617)	(0.0622)
port_gdp	−0.00431	−0.0177
	(0.0230)	(0.0236)
education_fina	−0.158	−0.685 **
	(0.236)	(0.263)
healths_fina	−0.537	−0.516
	(0.454)	(0.456)
sc_fina	1.201 ***	1.139 ***
	(0.239)	(0.242)
supply0 {income_dis<2.413}	0.607 ***	
	(0.0571)	

续表

变量	(7)	(8)
	共同富裕指数	共同富裕指数
supply1 {income_dis≥2.413}	0.502***	
	(0.0613)	
supply0 {education_infa<22.62%}		0.548***
		(0.0584)
supply1 {education_infa≥22.62%}		0.660***
		(0.0599)
Constant	−0.365**	−0.263*
	(0.148)	(0.149)
Observations	160	160
R-squared	0.936	0.936
Number of id	16	16

注: Standard errors in parentheses; ***表示 p<0.01, **表示 p<0.05, *表示 p<0.1。

"教育支出占财政支出比例"作为门槛变量同样呈现出类似的结果。当"教育支出占财政支出比例"高于 22.62% 时,基本公共服务均等化将会促使共同富裕指数增长更快,表现出明显的门槛效应。

六、结论与建议

（一）基本结论

通过本部分的研究可以发现如下基本结论:

（1）推动基本公共服务均等化是实现共同富裕的重要手段。在各地的具体实践中,实现共同富裕的阶段性目标中包含了基本公共服务均等化的内在因素。从某种意义上来看,推进基本公共服务均等化能够提高公众对政府的满意度,实现共建共享的目标。

（2）近 10 年来,基本公共服务均等化程度不断提高,地区之间的不均衡程度在改善,差异主要表现在经济相对发达地市组与不发达地市组的差距上,而且组间差异所占比例越来越大。从地区基本公共服务不均等程度的分解来看,在公共安全、教育、文化三个领域的地区差异明显较大。

（3）以物质共富与城乡融合两个视角,从共同富裕水平与城乡差异两个方面来衡量共同富裕水平具有一定的科学性。从山东省现实情况来看,总体共同富裕指数呈逐年增长态势,体现物质共富水平的城乡居民人均可支配收入水平变化较大，以经济发展水平划分的三次梯队呈现明显的梯队聚焦特征。不同地区共同富裕指数的差异总体上在不断缩小，也偶尔有所波动，其差异主要来源于不同组之间的差距，组内差距比较小，而且组间差距处于上升趋势。

（4）在控制了其他因素的影响下，基本公共服务均等化水平对共同富裕有着极其显著的积极影响。从基本公共服务领域来看，基础设施、医疗卫生、文化、社会保障四个方面对共同富裕程度有着积极的影响，这也意味着这四个方面的基本公共服务改善可以提高共同富裕程度。

（5）财政分权度的提高可以在一定程度上促使公共服务供给向农村倾斜，减少城乡收入差距。城镇化水平的提高可以在一定程度上提高全员劳动生产率，增加农村居民人均可支配收入，可以促进共同富裕程度的提高。

（6）"城乡人均可支配收入倍差"与"教育支出占财政支出比例"作为门槛变量，在基本公共服务均等化对共同富裕的影响上具有明显的门槛效应。在"城乡人均可支配收入倍差"低于 2.413 及"教育支出占财政支出比例"高于22.62%时，基本公共服务均等化程度的提高会对共同富裕程度改善的影响更大。

（二）政策建议

毫无疑问，推动公共服务均等化对于实现共同富裕有着极其重要的作用。根据本部分的研究结论，提出以下相关的政策建议。

（1）不断提高基本公共服务均等化水平。在全面乡村振兴战略之下，将更多的资源投到农村，不断提高农村基本公共服务供给的水平，促进基本公共服务均等化，缩小城乡基本公共服务的差距，推进城乡共富。

（2）在省级层面建立地区之间财政投入协调机制。通过"先富引领"，加强经济较为发达的地区与经济不发达地区之间的协作，给予基本公共服务供给水平较低的地区更多的财政投入和转移支付，提高经济不发达地区的基本公共服务均等化水平，进一步缩小省内地市之间差距，从而提高共同富裕水平。

（3）重点完善基础设施、医疗卫生、文化、社会保障等方面基本公共服务供给与均等化水平，不断推进共同富裕向更高层次发展。将公共基础设施建设不断从城镇向农村延伸，提高人均日常生活用水量，加强农村等级公路建设与公共设施建设，不断提高移动互联网宽带接入的家庭渗透率。强化医疗卫生投入和均等化水平，增设医疗机构和床位数，提高专业的执业医师数量，整体上提高医疗卫生的均等化水平。不断提高文化设施数量、公共图书拥有量和博物馆数量，改善基本公共文化服务的供给水平与均等化程度。进一步提高各项社会保险的参保率，尤其是不断提高职工基本养老保险参保率、失业保险参保率、工伤保险参保率和生育保险参保率。

（4）进一步提高财政分权度。财政分权度通过同时影响省级政府和地市政府的公共物品供给行为。对于更为偏好公共服务支出的地市政府给予更高的财政分权程度，激励地方政府在公共服务供给水平与均等化程度。同时，在生产性支出方面的财政投入的增加会促进经济增长，提高物质财富水平。

（5）在经济相对不发达的地市淡化户籍管控政策，推进城镇化与农民工的市民化。城镇化的不断推进可以吸引更多非农就业和城镇常住人口的增长，在此基础上，通过加大基本公共服务供给，推动常住人口城镇化转向户籍人口的城镇化，实现真正意义的城镇化，从而不断提高居民收入水平，不断缩小城乡收入差距和区域差距。

共同富裕作为一个尚未完全明晰内涵与外延的概念，对其深入的分析在现阶段具有较大的难度。本部分通过对政策文本的分析，提炼出可行的衡量共同富裕程度的指标，具有一定的科学意义。不过，这种做法忽略了共同富裕本身的丰富内涵，在现有数据约束下显得简略，其结论可能会受到影响。从另外角度来看，扎实推进共同富裕仍需不断提高基本公共服务均等化的实现程度，这既是实现共同富裕的手段，同时也是实现共同富裕的目标之一。

改革城乡居民基本养老保险制度
促进共同富裕

　　基本养老保险制度是实现共同富裕的基础性制度安排。山东省城乡居民基本养老保险制度是在全面建成小康社会中期建立的。2009 年启动新型农村社会养老保险试点，2011 年启动城镇居民社会养老保险试点，2013 年正式将两项制度整合为统一的城乡居民基本养老保险制度，2018 年建立城乡居民养老保险待遇确定和基础养老金正常调整机制。该制度的主要特点在于其普惠性，通过财政补贴，吸引激励广大城乡居民参保，在农村经济发展水平比较低的情况下，为广大城乡居民建立起分享改革发展成果的制度及有效运行机制，在传统家庭保障之外引入社会化养老保障，为构建覆盖城乡全体居民的基本养老保险制度，农村数以亿计的贫困人口脱贫，全面建成小康社会，都发挥了重要作用。但站在新发展阶段重新审视，该制度还存在保障水平极为有限、参保人员面临退休返贫风险等问题。养老金是城乡居民转移性净收入的主要来源。山东省养老金水平很低的城乡居民基本养老保险参保人数和待遇领取人数占比偏高，养老金水平较高的城镇企业职工基本养老保险参保人数和待遇领取人数占比偏低，已经成为制约城乡居民转移净收入提高的主要因素。改革城乡居民基本养老保险制度，不仅是提高农村居民转移性净收入的重要途径，也有助于缩小城乡居民收入差距，促进共同富裕。

一、山东省城乡居民基本养老保险制度发展状况

(一) 发展历程

　　早在 1986 年，我国就着手对农村社会养老保险（以下简称"老农保"）开展了试点工作，在 1992 年又颁布的《县级农村社会养老保险基本方案（试行）》，对广大农民的养老保险作出了重要安排。山东省人口数量多且老龄化严重，历来高度重视广大城乡居民的养老保障问题，依据该文件制定了试行农村养老保险制度的政策措施。由于在制度定位、制度设计、政策环境等多方面存在问题，这种强调自我储蓄的制度在实践中表现出了覆盖面窄、参保人数少、待遇水

平低等诸多缺陷。1999 年国务院正式废止了这项制度，"老农保"成为历史，退出了历史舞台。

自 2003 年起，山东省部分地区（如烟台市、青岛市等）开始进行"新农保"试点探索。2009 年，颁布《国务院关于开展新型农村社会养老保险试点的指导意见》，山东省积极参加"新农保"试点，在"新农保"资金筹集上明确了政府补贴责任，试图通过制度化补贴政策，建立起覆盖广大农村居民的社会化养老保险制度，保障农民的养老权益[①]。2011 年，山东省人民政府印发《关于贯彻国发〔2011〕18 号文件开展城镇居民社会养老保险试点的意见》（鲁政发〔2011〕24 号），各地区积极开展了城镇居民社会养老保险试点工作。

鲁政发〔2011〕24 号明确提出："有条件的地方，城镇居民养老保险应与新农保合并实施；其他地方应积极创造条件将两项制度合并实施。"所以从 2011 年开展城镇居民社会养老保险试点起，山东省就开始了"城居保"和"新农保"制度的整合。到 2013 年，率先完成了"新农保"和"城居保"两种制度的整合，建立起统一的城乡居民基本养老保险制度，参保人数达到 4512.8 万人[②]。

（二）运行现状

1. 扩面速度进入相对平稳状态

"低水平、广覆盖"是城乡居民基本养老保险制度的基本原则。正是这种指导理念，让广大城乡居民切实感受到了制度的普惠性，提升了群众对于制度的认同感和参与感。由表 4-2-1 可知，山东省城乡居民参保积极性高，制度已经建立，参保人数在很短的时间内就达到了很高的水平。2010 年，参保人数只有1065 万人，待遇领取人数为 400 万人[③]。到 2011 年底，参保人数就达到了 4039万人，增长了 2974 万人。待遇领取人数达到 1197.9 万人，增长了 797.9 万人。自此以后，覆盖面的扩张就进入相对平稳的状态。参保人数和待遇领取人数虽然持续增加，但增长幅度都很小，9 年时间参保人数仅增长了 551.4 万人，待遇领取人数增长了 366.1 万人。如图 4-2-1 所示。

表 4-2-1　2009~2020 年山东省城乡居民基本养老保险制度参保状况

年份	参保人数			领取待遇人数		
	人数（万人）	新增（万人）	增长率（%）	人数（万人）	新增（万人）	增长率（%）
2009	—			139		
2010	1065	—	—	400	261	187.77

①　国务院关于开展新型农村社会养老保险试点的指导意见 [N]．人民日报，2009-09-08（8）．
②　数据来源：《2013 年山东省国民经济和社会发展统计公报》。
③　数据来源：《山东统计年鉴 2010》。

续表

年份	参保人数			领取待遇人数		
	人数（万人）	新增（万人）	增长率（%）	人数（万人）	新增（万人）	增长率（%）
2011	4039	2974	279.2	1197.9	797.9	199.48
2012	4401.2	362.2	8.97	1257.5	59.6	4.98
2013	4512.8	111.6	2.54	1219.7	-37.8	-3.01
2014	4539.9	27.1	0.60	1353.3	133.6	10.95
2015	4534.3	21.5	0.47	1407.7	54.4	4.02
2016	4538.9	26.1	0.58	1438.7	31	2.20
2017	4530.6	17.8	0.39	1487.9	49.2	3.42
2018	4551.9	39.1	0.86	1524.6	36.7	2.47
2019	4560.3	47.5	1.04	1532.6	8	0.52
2020	4590.4	77.6	1.70	1564.0	31.4	2.05

资料来源：根据2009~2020年《山东省统计年鉴》整理而来。

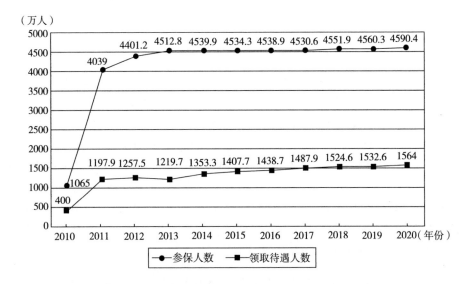

图4-2-1 2010~2020年参保人数与待遇领取人数变动

2. 制度赡养率逐年增高

受人口老龄化加深的影响，基本养老保险制度赡养率呈现出持续升高态势。山东省老龄化程度较为严重，截至2020年11月，山东省60岁以上人口占总人口的20.9%（其中65岁以上的人口占比为15.13%）[1]。城乡居民基本养老保险

---

[1] 数据来源：《山东省第七次全国人口普查公报（第四号）》。

制度赡养率也逐年升高①。从图4-2-2中可见，山东省城乡居民基本养老保险达到领取待遇人数占总参保人数的比重逐年上升，由2013年的27.03%，上升到2020年的35.49%，7年时间提高了8.46个百分点。随着产业结构的进一步优化和城镇化的持续推进，特别是农民工参加城镇企业职工养老保险制度障碍的消除，新增应参加基本养老保险人员中，参加城乡居民基本养老保险的人数将会不断减少。领取待遇人数则会持续增加，制度赡养率将会持续增高。

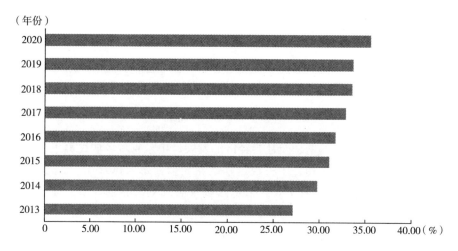

图4-2-2　2013~2020年山东省城乡居保制度待遇领取人数占参保人数的比重

3. 基金累计收入逐年增加

2013~2020年，山东省城乡居民养老基金的收支情况如表4-2-2所示。基金总收入从2013年的210.9亿元，增加到2020年的505.0亿元，年均增长17.8%。基金支出由2013年的138.6亿元，增加到2020年的340.2亿元，年均增长18.9%。基金累计结余1290.7亿元，相较于2013年的358.3亿元增加了932.4亿元。基金结余逐年上升，为城乡居民基本养老保险制度的可持续运行提供了充分保障。

_____

① 城乡居民基本养老保险制度赡养率指的是制度内养老金的领取人数与参保人数之比，是衡量制度负担水平的一个指标。

表4-2-2　2013~2020年山东省城乡居民养老保险基金收支情况

年份	基金总收入（亿元）	基金总支出（亿元）	基金累计结余（亿元）
2013	210.9	138.6	358.3
2014	265.7	157.8	466.4
2015	285.9	187.2	563.9
2016	324.4	204.8	683.6
2017	369.8	230.9	822.5
2018	437.5	274.2	985.8
2019	435.8	295.9	1125.7
2020	505.0	340.2	1290.7

资料来源：根据2013~2020年山东省统计年鉴之居民养老金部分数据整理而来。

4. 待遇水平逐年提高

随着国家财政投入的增加及社会经济的发展，山东省城乡居民养老金水平也逐年提高。在制度建立之初，中央规定基础养老金为每人每月55元，由中央财政全额负担。到2020年7月1日，山东省城乡居民基础养老金最低标准自建立"新农保"制度以来已调整了七次，基础养老金最低标准由55元提升到了142元。年人均养老金水平也由2013年的1136元，增加到2020年的2175元（见表4-2-3和图4-2-3）。

表4-2-3　2009~2020年山东省城乡居民基础养老金调整

调整日期	基础养老金	调整日期	基础养老金
2009年11月27日	55元/月	2015年1月1日	85元/月
2012年10月1日	60元/月	2016年7月1日	100元/月
2013年10月1日	65元/月	2018年1月1日	118元/月
2014年1月1日	75元/月	2020年7月1日	142元/月

资料来源：根据2009~2020年山东省发布的《关于提高全省居民基本养老保险基础养老金最低标准的通知》汇总而成。

5. 制度功能及发挥

长期以来，受城乡二元体制的深刻影响，政府主要是为城镇就业者提供养老保障，城乡居民尤其是农民一直处于需要社会化的养老保障，却一直得不到保障的状态。在这种情况下，城乡居民基本养老保险制度的建立无疑是一种很好的制度安排，因为它能有效解决广大城乡居民享有社会化基本养老保险权益的问题。

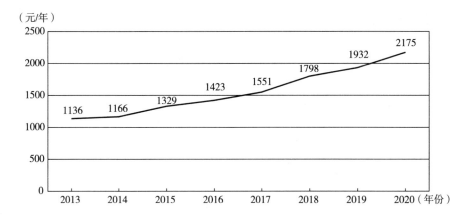

图 4-2-3　2013~2020 年山东省城乡居民养老金待遇水平

资料来源：根据 2013~2020 年山东省统计年鉴之居民养老金部分数据整理而来。其中，人均养老金待遇水平=基金总支出/待遇领取总人数。

　　但从山东省城乡居民基本养老保险制度运行实际来看，它并不具备完全的养老保障功能。因为该制度提供的养老金水平甚至都不能满足城乡居民的生存需要（日常食品消费支出），更不用说满足城乡居民维持年老后基本生活的需要。这也就意味着它对城乡居民养老保障，所发挥的始终是带有辅助性质的补充功能，已经不能满足全体人民共同富裕的需要。

　　由表 4-2-4 可知，2013 年山东省城乡居民年人均养老金待遇为 1136 元，而同期城乡居民的年人均可支配收入是 19008 元，养老金收入占比仅为 5.98%；城镇居民年人均消费支出为 17112 元，养老金收入仅占 6.64%；农村居民年人均消费支出为 7393 元，养老金收入仅占 15.37%，约为 1/8；居民年人均食品等消费支出为 3560.9 元，居民养老金收入仅占人均食品等消费支出的 31.9%，还不到 1/3。

　　虽然基础养老金水平和整体养老金待遇都逐年上调，城乡居民人均养老金也已经从 2013 年的 1136 元增加到 2020 年的 2175 元，但是养老金替代率却依然很低，即使到了 2020 年也仅有 6.61%；养老金占城镇和农村居民人均消费支出的比例分别是 7.97% 和 17.18%。养老金收入占城乡居民人均食品等的消费支出反而逐年降低，即养老金的购买力逐步下降，已经由 2013 年的 31.90% 下降到 2020 年的 25.57%，接近 1/4。由此可见，从建立至今，城乡居民基本养老保险在城乡居民养老保障中，所发挥的始终是辅助性的补充作用，广大城乡居民养老依然主要依靠土地和家庭。如果城乡居民基本养老保险制度在今后也只能发挥这种辅助性补充作用，广大城乡居民不仅仍然没有可靠的社会化养老保障，退休养老人员也将很难更多更公平分享改革发展成果，实现共同富裕。

表 4-2-4　山东省城乡居保待遇水平及其功能发挥

单位：元/年/人,%

年份	人均养老金	占可支配收入比重	占城镇居民人均消费支出比例	占农村居民人均消费支出比例	占居民人均食品等消费支出比例
2013	1136	5.98	6.64	15.37	31.90
2014	1166	5.59	6.36	14.64	29.65
2015	1329	5.85	6.69	15.19	31.90
2016	1423	5.76	6.62	14.95	31.70
2017	1551	5.76	6.72	15.00	32.90
2018	1798	6.16	7.25	15.95	35.74
2019	1932	6.11	7.23	15.70	22.39
2020	2175	6.61	7.97	17.18	25.57

资料来源：根据 2013~2020 年《山东省统计年鉴》和《山东省国民经济与社会发展公报》的有关数据整理得到。

二、山东省城乡居民基本养老保险制度保障水平预测

2021~2035 年是推动共同富裕实现第二阶段目标即取得更明显实质性进展的时期，基本养老保险制度作为退休养老人员分享改革发展成果、实现共同富裕的基础性制度安排，理应发挥重要作用。为了明确城乡居民基本养老保险制度的保障能力，能否在推动共同富裕中发挥应有的作用，我们对 2021~2035 年的保障水平进行预测。

（一）2021~2035 年保障水平预测

1. 城乡居民养老金待遇预测

2014~2020 年，山东省城乡居民人均养老金的年均增长率如表 4-2-5 所示，年均增长率为 9.8%。但各年增长率忽高忽低，没有明显的趋势。2014 年仅增长 2.64%，此后六年中，两年低于 10%，三年超过 12%。

表 4-2-5　2013~2020 年山东省城乡居民养老金年均增长率

年份	城乡居民人均养老金（元/年）	城乡居民人均养老金年均增长率（%）
2013	1136	—
2014	1166	2.64

续表

年份	城乡居民人均养老金（元/年）	城乡居民人均养老金年均增长率（%）
2015	1329	13.98
2016	1423	7.07
2017	1551	9.00
2018	1798	15.93
2019	1932	7.45
2020	2175	12.58

资料来源：根据 2013~2020 年《山东省统计年鉴》中的相关资料整理得到。

    按照共同富裕的要求，今后将加大再分配力度，目前仍然处于较低水平的城乡居民基本养老保险基础养老金，理应保持较高的增长速度。个人账户养老金也随着平均账户积累水平的提高而不断提高。但受经济增长放缓和政府财政能力的制约，城乡居民养老金增长速度也不可能太高。为此，我们按照高、中、低三种情况，假定 2021~2035 年山东省城乡居民年人均养老金增长率分别为 12.5%、10% 和 7.5%。据此对 2021~2035 年山东省城乡居民人均养老金进行预测，结果如表 4-2-6 所示。在高、中、低三种增长速度下，到 2035 年，山东省城乡居民年人均养老金分别为 12728 元、9086 元和 6436 元，分别相当于每人每月 1060.67 元、757.17 元和 536.33 元。

表 4-2-6　2021~2030 年山东省城乡居民人均养老金预测

年份	城乡居民人均养老金（元/年）		
	低增长率	中增长率	高增长率
2021	2338	2393	2447
2022	2513	2632	2753
2023	2702	2895	3097
2024	2905	3184	3484
2025	3122	3503	3919
2026	3357	3853	4409
2027	3608	4238	4961
2028	3879	4662	5581
2029	4170	5129	6278
2030	4483	5641	7063

续表

年份	城乡居民人均养老金（元/年）		
	低增长率	中增长率	高增长率
2031	4819	6206	7946
2032	5180	6826	8939
2033	5569	7509	10056
2034	5987	8260	11313
2035	6436	9086	12728

2. 城乡居民人均消费支出预测

城乡居民养老金增长的同时，消费支出也会增长。2020年受新冠肺炎疫情影响，城乡居民消费支出增幅都很低，不能反映正常增长情况。因此，我们选取2013~2019年的数据作为预测参考依据（见表4-2-7）。期间山东省城镇居民消费支出平均增长率为7.8%，农村居民消费支出平均增长率为8.9%。农村居民消费支出增长率比城镇居民消费支出的增长率高1个百分点。由于未来经济增长总体上将会逐步放缓，特别是新冠肺炎疫情还将持续较长时间，城乡居民消费支出增长速度也会逐步放缓。为了更好地说明城乡居民基本养老保险待遇保障能力不足的状况，我们假定2021~2035年，山东省城乡居民人均消费支出增长速度较2013~2019年有较大幅度降低。其中，城镇居民人均消费支出年均增长率为5.5%，农村居民人均消费支出年均增长率为6.5%。

表4-2-7 2013~2020年山东省城乡居民人均消费支出情况

年份	城镇居民消费支出		农村居民消费支出	
	数值（元/年）	年均增长率（%）	数值（元/年）	年均增长率（%）
2013	17112	8.5	7393	9.1
2014	18323	7.1	7962	7.7
2015	19864	8.4	8748	9.9
2016	21495	8.2	9519	8.8
2017	23072	7.3	10342	8.6
2018	24798	7.5	11270	9.0
2019	26731	7.8	12309	9.2
2020	27291	2.1	18753	2.9

资料来源：根据2013~2020年《山东省统计年鉴》中的相关资料整理得到。

按照上述假设，2021~2035 年山东省城乡居民年人均消费支出预测结果如表 4-2-8 所示。到 2035 年，山东省城镇居民年人均消费支出为 60927 元/年，农村居民年人均消费支出为 47777 元。

表 4-2-8　2021~2030 年山东省城乡居民人均消费支出预测　　　单位：元

年份	城镇居民	农村居民	年份	城镇居民	农村居民
2021	28792	19972	2029	44187	32743
2022	30376	21270	2030	46617	34871
2023	32046	22440	2031	49181	37138
2024	33809	23899	2032	51886	39552
2025	35668	25452	2033	54740	42123
2026	37630	27106	2034	57750	44861
2027	39700	28868	2035	60927	47777
2028	41883	30745			

3. 2021~2035 年城乡居民养老金保障水平变化

（1）城镇居民养老金保障水平变化。

表 4-2-9 反映了不同增长率条件下，2021~2035 年山东省城乡居民基本养老保险养老金对城镇居民的保障能力的变化。在低增长率（7.5%）条件下，山东省城乡居民人均养老金待遇为 2338~6436 元/年，占城镇居民人均消费支出的比重为于 8.12%~10.56%；在中增长率（10%）条件下，山东省城乡居民的养老金待遇为 2393~9086 元/年，占城镇居民人均消费支出的比重为 8.31%~14.91%；在高增长率（12.5%）条件下，山东省城乡居民的养老金待遇为 2447~12728 元/年，占城镇居民人均消费支出的比重为 8.50%~20.89%。总之，广大城镇居民获得的养老金收入，只能满足其日常生活需求的一小部分，完全达不到保障退休后保障基本生活的目的。

表 4-2-9　2021~2035 年山东省城乡居保对城镇居民保障水平

单位：元/年/人

年份	人均消费支出	低增长		中增长		高增长	
		养老金	占比（%）	养老金	占比（%）	养老金	占比（%）
2021	28792	2338	8.12	2393	8.31	2447	8.50
2022	30376	2513	8.27	2632	8.66	2753	9.06
2023	32046	2702	8.43	2895	9.03	3097	9.66

续表

年份	人均消费支出	低增长		中增长		高增长	
		养老金	占比（%）	养老金	占比（%）	养老金	占比（%）
2024	33809	2905	8.59	3184	9.42	3484	10.30
2025	35668	3122	8.75	3503	9.82	3919	10.99
2026	37630	3357	8.92	3853	10.24	4409	11.72
2027	39700	3608	9.09	4238	10.68	4961	12.50
2028	41883	3879	9.26	4662	11.13	5581	13.32
2029	44187	4170	9.44	5129	11.61	6278	14.21
2030	46617	4483	9.62	5641	12.10	7063	15.15
2031	49181	4819	9.80	6206	12.62	7946	16.16
2032	51886	5180	9.98	6826	13.16	8939	17.23
2033	54740	5569	10.17	7509	13.72	10056	18.37
2034	57750	5987	10.37	8260	14.30	11313	19.59
2035	60927	6436	10.56	9086	14.91	12728	20.89

（2）农村居民养老金保障水平变化。

表4-2-10反映了不同增长率条件下，2021~2035年山东省城乡居民基本养老保险养老金对农村居民的保障能力的变化。在低增长率（7.5%）条件下，山东省城乡居民人均养老金待遇为2338~6436元/年，占农村居民人均消费支出的比重为11.71%~13.47%；在中增长率（10%）条件下，山东省城乡居民的养老金待遇为2393~9086元/年，占城镇居民人均消费支出的比重为11.98%~19.02%；在高增长率（12.5%）条件下，山东省城乡居民的养老金待遇为2447~12728元/年，占城镇居民人均消费支出的比重为12.25%~26.64%。城乡居民养老金占农村居民人均消费支出的比例虽然高于占城镇居民人均消费支出的比例，但是到2035年的最高占比也不足农村人均消费支出的1/3，也就意味着养老金待遇水平依然不能保障农村居民年老后基本生活的需求。

表4-2-10　2021~2035年山东省城乡居保对农村居民保障水平

单位：元/年/人

年份	人均消费支出	低增长		中增长		高增长	
		养老金	占比（%）	养老金	占比（%）	养老金	占比（%）
2021	19972	2338	11.71	2393	11.98	2447	12.25
2022	21270	2513	11.82	2632	12.37	2753	12.94

续表

年份	人均消费支出	低增长		中增长		高增长	
		养老金	占比（%）	养老金	占比（%）	养老金	占比（%）
2023	22440	2702	12.04	2895	12.90	3097	13.80
2024	23899	2905	12.15	3184	13.32	3484	14.58
2025	25452	3122	12.27	3503	13.76	3919	15.40
2026	27106	3357	12.38	3853	14.22	4409	16.27
2027	28868	3608	12.50	4238	14.68	4961	17.18
2028	30745	3879	12.62	4662	15.16	5581	18.15
2029	32743	4170	12.74	5129	15.66	6278	19.17
2030	34871	4483	12.86	5641	16.18	7063	20.25
2031	37138	4819	12.98	6206	16.71	7946	21.40
2032	39552	5180	13.10	6826	17.26	8939	22.60
2033	42123	5569	13.22	7509	17.83	10056	23.87
2034	44861	5987	13.34	8260	18.41	11313	25.22
2035	47777	6436	13.47	9086	19.02	12728	26.64

（二）2020 年新参保人员养老金目标替代率测算

以上根据城乡居民年人均养老金和消费支出对 2021~2035 年城乡居民基本养老保险保障水平的预测，所针对的主要是城乡居民基本养老保险制度建立以来参保的城乡居民。他们的年龄结构、缴费水平等虽然会不断变化，但是很难衡量，所以并没有作为影响因素加以考虑。为了弥补这一缺陷，我们选取 2020 年新参保人员，考虑不同缴费水平和缴费年限条件，测算其养老金的目标替代率，用以评判其养老金可能的保障水平。

1. 样本选择

养老金目标替代率是基本养老保险制度提供养老金水平与退休前可支配收入的比值，能够较好地反映养老金对退休人员生活的保障能力[①]。由于城乡居民基本养老保险个人账户资金不仅来源于参保人缴费，也来源于与个人缴费水平紧密相关的财政补贴，且各地市补贴标准补贴。考虑到经济发展的不平衡性，我们从山东省东、中、西部各选取两个地级市为样本城市进行测算。东部地区选择青岛和烟台，中部地区选择淄博和潍坊，西部地区选择聊城和菏泽。2020 年，六市人均 GDP 和城乡居民人均可支配收入如表 4-2-11 所示，具有明显的梯次特征。

---

① 李珍，王海东．基本养老保险目标替代率研究［J］．保险研究，2012（2）：97-103.

表 4-2-11　2020 年山东省样本地区的经济发展状况　　　单位：元/年

地区	人均 GDP	城镇居民可支配收入	农村居民可支配收入
全省	72585	43726	18753
青岛	130535	55905	23656
烟台	109504	49434	22305
淄博	78160	46415	20891
潍坊	60760	41664	20369
聊城	37992	30036	15718
菏泽	39663	29365	15107

资料来源：山东省统计局及各地区政府及统计局网站数据整理得到。

六市城乡居民基本养老保险最低缴费水平都是 100 元，最高缴费水平青岛市和烟台市为 12000 元，淄博、潍坊、聊城和菏泽都是 5000 元。为了更好地说明问题，我们在最低与最高缴费水平之外，再以 2000 元作为六市共同的中等缴费水平。与上述低、中、高缴费水平相对应，六市的财政补贴水平如表 4-2-12 所示，基本上呈西高东低态势。

表 4-2-12　样本地区缴费档次及相应的缴费补贴　　单位：元/人·年

地区	青岛			地区	烟台		
C_0	100	2000	12000	C_0	500	2000	12000
S	30	80	100	S	30	80	100
地区	淄博			地区	潍坊		
C_0	100	2000	5000	C_0	100	2000	5000
S	30	110	150	S	30	80	80
地区	聊城			地区	菏泽		
C_0	100	2000	5000	C_0	100	2000	5000
S	30	150	200	S	30	150	200

资料来源：根据 2020 年山东省六个样本地区的城乡居民基本养老保险制度的缴费及待遇标准政策中数据整理而得。

2. 养老金目标替代率计算公式

假定山东省城乡居民基本养老保险制度保持稳定，参保人选择的缴费档次和年缴费金额长期不变，六市财政补贴标准在预测期内不做调整，城乡居民养老金的年收益率与年贴现率保持一致，且各地市城乡居民养老金不考虑集体补助部分，只由基础养老金部分和个人缴费两部分构成。

城乡居民基本养老保险养老金包括基础养老金和个人账户养老金两部分。其目标替代率也可以分为基础养老金目标替代率和个人账户养老金目标替代率两部分。

养老金目标替代率可以是对工资的替代率，也可以是对可支配收入的替代率。可支配收入的替代率更能反映养老金保障能力。我们也选择对可支配收入的替代率作为城乡居民基本养老保险的养老金目标替代率。

基础养老金目标替代率等于参保人退休时领取的养老金与可支配收入之比。由于城乡居民基本养老保险实行长缴多得，超过最低缴费年限将增发养老金，个人退休时领取的养老金实际上包括按缴费年限计算的最低标准养老金和按照超过最低缴费年限计算的增幅养老金两部分。假定基础养老金目标替代率为 R_1，计算公式为：

$$R_1 = \frac{P_0(1+f)^{a-b} + \Delta p}{Y_0(1+g)^{a-b}} \qquad (4-2-1)$$

其中，P_0 为最低基础养老金标准，f 为基础养老金调整系数，a 为参保居民领取养老金年龄，b 为参保居民起始缴费年龄，ΔP 为缴费年限计发机制中的多发基础养老金，Y_0 为参保对象上年度的城乡居民人均可支配收入，g 为城镇和农村居民人均可支配收入增长率。

个人账户养老金是根据个人账户积累计算的养老金。个人账户积累的资金来源包括个人缴费和政府补贴及其投资收益。假定个人账户的基金积累总额为 A，计算公式为：

$$A = C_0 \sum_{i=1}^{a-b} (1+g)^{a-b-i}(1+r) + S \sum_{k=1}^{a-b} (1+r)^k \qquad (4-2-2)$$

假定个人账户养老金的总额现值为 B，计算公式为：

$$B = P_2 \sum_{j=0}^{m-1} \frac{1}{(1+r)^j} \qquad (4-2-3)$$

其中，C_0 为 2020 年缴费标准，S 为政府的缴费补贴，R 为个人账户收益率，M 为参保对象个人账户计发年限，P_2 为个人账户养老金领取额。

根据精算平衡原理，A＝B。若个人账户养老金的目标替代率为 R_2，计算公式则为：

$$R_2 = \frac{C_0 \sum_{i=1}^{a-b}(1+g)^{a-b-i}(1+r)^i + S \sum_{k=1}^{a-b}(1+r)^k}{Y_0(1+g)^{a-b} \sum_{j=0}^{m-1} \frac{1}{(1+r)^j}} \qquad (4-2-4)$$

设城乡居民基本养老保险金总体替代率为 $R_总$，计算公式则为：

$$R_总 = R_1 + R_2 \qquad (4\text{-}2\text{-}5)$$

3. 参数假设

（1）参保年龄、待遇领取年龄与缴费年限。

根据城乡居民基本养老保险制度的规定：最低参保年龄为年满 16 周岁，按月领取养老金最低缴费年限为 15 年，法定养老金领取年龄为 60 周岁。参保年龄为 b，法定养老金领取年龄用 a 表示，故而，参保年限取值范围理应为 $15 \leqslant a - b \leqslant 44$。为了反映不同缴费年限的影响，我们设定 15 年、25 年和 35 年三个不同的缴费年限。

（2）个人账户基金收益率及个人账户养老金。

综合考虑有关政策规定和我国经济发展水平，假定个人账户积累收益率为 3%。按照鲁政发〔2013〕13 号文件对养老金计发的规定为参照，计算得出个人账户累计养老金计发年限为 11.58 年，为了使计算结果取整数，假定将计发年限设定为 12 年。

（3）城乡居民人均可支配收入增长率。

2009~2020 年，六个样本地区城镇和农村居民人均可支配收入增长率如表 4-2-13 增后降趋势。2009 年六个样本地区城镇人均可支配收入增长率在 9.2%~10.0%，2012 年达到最大值，此后持续降低，到 2019 年已降至 6.7%~8.2%。2009 年，农村居民人均可支配收入增长率在 8.4%~10.1%，2011 年达到最大值，此后持续降低，到 2019 年已降至 8.4%~10.3%。2020 年受新冠肺炎疫情影响，六个样本地区城镇和农村居民人均可支配收入增长率都下降很大，不具有参考价值。

根据山东省"十四五"规划中的有关要求，再兼顾省内各地经济平稳增长态势进行综合考虑，在扣除物价水平变动的影响因素后，目标期内山东省城乡居民人均收入设定为同样的增长率。假定在 2021~2035 年增幅为 5.5%，2036~2050 年增幅为 5%，2050 年以后的增幅为 4.5%。

表 4-2-13　2009~2020 年样本地区人均纯收入名义增长率　　　　单位:%

类别	年份	青岛	烟台	淄博	潍坊	聊城	菏泽
城镇居民	2009	9.3	9.2	9.2	10.0	9.6	10.0
	2010	11.8	10.2	13.0	13.9	12.1	13.2
	2011	14.3	9.4	14.6	14.4	15.4	15.5
	2012	12.5	11.2	13.0	14.7	—	15.0
	2013	9.6	9.7	11.8	14.7	10.1	11.0

续表

类别	年份	青岛	烟台	淄博	潍坊	聊城	菏泽
城镇居民	2014	8.7	8.6	8.6	10.0	8.8	—
	2015	8.1	7.8	7.6	8.3	—	8.5
	2016	8.0	7.9	7.8	8.2	7.9	8.6
	2017	8.2	8.0	8.2	8.0	8.4	9.0
	2018	7.7	5.7	7.3	7.6	8.1	8.5
	2019	7.2	6.9	7.0	6.7	7.1	8.2
	2020	2.6	3.0	2.6	3.4	2.8	3.7
农村居民	2009	8.7	8.9	8.7	8.8	8.4	10.1
	2010	14.1	14.8	14.8	15.3	15.1	15.2
	2011	15.0	13.4	18.3	17.3	21.3	22.5
	2012	13.1	11.5	13.8	13.3	—	15.0
	2013	12.4	12.4	12.6	13.3	13.6	13.7
	2014	11.0	11.4	11.5	12.5	11.4	—
	2015	8.4	8.9	8.7	9.2	—	9.8
	2016	7.4	7.6	7.9	8.1	8.3	9.2
	2017	7.8	8.0	8.2	8.3	9.0	9.8
	2018	7.5	6.9	7.8	7.4	8.7	9.3
	2019	8.4	9.2	9.0	8.8	9.8	10.1
	2020	4.8	5.1	4.9	6.3	6.1	6.6

资料来源：2009~2020 年山东省各市国民经济与社会发展统计公报，其中所有数据均未扣除价格因素变动的影响。

（4）基础养老金标准及调整系数。

2020 年，除青岛的基础养老金标准 P_0 为 2304 元，其余 5 市基础养老金标准都是 1704 元。根据样本地区的政策规定，当城乡居民参保缴费年限超过规定最低年限 15 年后，每增加 1 年，菏泽、聊城基础养老金每月增发 3 元，烟台每月增发 1 元，青岛和潍坊增发 1% 的基础养老金，淄博增发 3% 的基础养老金。三种缴费年限下各市增发的基础养老金如表 4-2-14。

假设六个样本地区基础养老金调整系数都与经济增长速度相同，即在 2020~2035 年、2036~2050 年、2050 年以后基础养老金的调整系数分别为 5.5%、5%、4.5%。

表 4-2-14 2020 年样本地区基础养老金标准 单位：元/年

缴费年限	青岛	烟台	淄博	潍坊	聊城	菏泽
15 年	0	0	0	0	0	0
25 年	0.1P1	120	0.3P1	0.1P1	360	360
35 年	0.2P1	240	0.6P1	0.2P1	720	720

资料来源：根据 2020 年山东省六个样本市有关城乡居民养老保险待遇调整有关政策整理得到。

4. 不同假设下的养老金目标替代率

分别选取六个样本地区城乡居民基本养老保险最低缴费档次 100 元、中间档次 2000 元以及最高缴费档次 5000 元（淄博、潍坊、聊城、菏泽 4 市）和 12000 元（青岛和烟台）进行预测缴费 15 年、25 年和 35 年的养老金目标替代率，结果如表 4-2-15 所示。

表 4-2-15 本地区不同缴费年限和缴费档次的目标替代率 单位：%

地区	缴费档次（元）	城镇居民			农村居民		
		15 年	25 年	35 年	15 年	25 年	35 年
青岛	100	4.38	4.63	4.89	10.36	10.94	11.54
	2000	8.58	11.24	14.04	20.29	26.57	33.18
	12000	30.33	45.58	61.66	71.68	107.71	145.72
烟台	500	4.73	5.51	6.34	10.47	12.22	14.06
	2000	8.50	11.44	14.54	18.83	25.36	32.24
	12000	33.09	50.27	68.40	73.33	111.42	151.59
淄博	100	3.99	4.29	4.60	8.86	9.53	10.22
	2000	9.10	12.33	15.71	20.22	27.39	34.91
	5000	17.02	24.81	33.01	37.82	55.13	73.35
潍坊	100	4.44	4.78	5.12	9.09	9.77	10.48
	2000	10.08	13.65	17.41	20.62	27.92	35.61
	5000	18.82	27.46	36.56	38.50	56.16	74.78
聊城	100	6.16	6.74	7.32	11.77	12.87	13.98
	2000	14.17	19.30	24.66	27.09	36.87	47.12
	5000	26.44	38.63	51.44	50.53	73.81	98.30
菏泽	100	6.30	6.88	7.49	12.25	13.38	14.55
	2000	14.50	19.73	25.23	28.18	38.36	49.03
	5000	27.04	39.50	52.62	52.57	76.79	102.28

（1）年缴费 100 元。缴满 15 年，城镇居民目标替代率在 3.99%～6.30%，农村居民目标替代率在 8.86%～12.25%；缴满 25 年，城镇居民目标替代率在 4.29%～6.88%，农村居民目标替代率在 9.53%～13.38%；缴满 35 年，城镇居民目标替代率在 4.60%～7.49%，农村居民目标替代率在 10.22%～14.55%。

（2）年缴费 2000 元。缴满 15 年，城镇居民目标替代率在 8.50%～14.50%，农村居民目标替代率在 18.83%～28.18%；缴满 25 年，城镇居民目标替代率在 11.24%～19.73%，农村居民目标替代率在 26.57%～38.36%；缴满 35 年，城镇居民目标替代率在 14.04%～25.23%，农村居民目标替代率在 32.24%～49.03%。

（3）年缴费 5000 元（淄博、潍坊、聊城、菏泽）。缴满 15 年，城镇居民目标替代率在 17.02%～27.04%，农村居民目标替代率在 37.82%～52.57%；缴满 25 年，城镇居民目标替代率在 24.81%～39.50%，农村居民目标替代率在 55.13%～76.79%；缴满 35 年，城镇居民目标替代率在 33.01%～52.62%，农村居民目标替代率在 73.35%～102.28%。

（4）年缴费 12000 元（青岛、烟台）。缴满 15 年，城镇居民目标替代率分别为 30.33% 和 33.09%，农村居民目标替代率分别为 71.68% 和 73.33%；缴满 25 年，城镇居民目标替代率分别为 45.58% 和 50.27%，农村居民目标替代率在 107.71% 和 111.42%；缴满 35 年，城镇居民目标替代率分别为 61.66% 和 68.40%，农村居民目标替代率分别为 145.72% 和 151.59%。

多数学者认为，基本养老保险制度目标替代率应该保持在 60% 左右才能基本上保障老人们的日常生活开支[1]。从六个样本地区的测算结果可以看出，在缴费 100 元的情况下，即使缴费满 35 年，养老金目标替代率也是很低的。城乡居民退休后领取的养老金，不到城镇居民人均可支配收入的 10% 和农村居民人均可支配收入的 15%。事实上，很大一部分城乡居民尤其是享受财政代缴的建档立卡贫困人员，都是按照这一档次缴费的。

如果每年缴费 2000 元，六个样本地区城镇居民养老金目标替代率在 8.50%～25.23%，农村居民养老金目标替代率则在 18.83%～49.03%。即使缴满 35 年，养老金目标替代率也很低，青岛、烟台、潍坊、淄博 4 个地区城镇居民养老金目标替代率都低于 20%，聊城、菏泽 2 个地区在 25% 左右。农村居民养老金替代率虽然相对高一些，但也不足以保障退休后的基本生活。青岛、烟台、潍坊、淄博 4 个地区在 32.24%～35.61%，聊城、菏泽 2 个地区也不到 50%。每年缴费 2000 元已经是比较高的缴费档次，选择这一档次缴费的城乡居民已比较少。绝大多数城乡居民选择的缴费档次都低于这一水平。

① 李珍，王海东 . 基本养老保险目标替代率研究［J］. 保险研究，2012（2）：97-103.

淄博、潍坊、聊城、菏泽城乡居民如果选择按最高档次 5000 元缴费，城镇居民即使缴满 35 年，养老金目标替代率也达不到 60%，淄博和潍坊在 40% 以下，聊城和菏泽略高于 50%；农村居民缴满 25 年，养老金目标替代率就将达到 55% 以上，基本可以满足日常生活需要。青岛和烟台城乡居民按最高档次 12000 元缴费，城镇居民缴满 35 年、农村居民缴满 15 年，养老金目标替代率就将超过 60%。年缴费 5000 元已经很高了，相当于城镇企业职工月缴费工资 5200 元以上的缴费水平。年缴费 12000 元则相当于城镇企业职工月缴费工资 12500 元的缴费水平。这显然不是以种地为生的农村居民和没有工作的城镇居民能够承受的。有能力选择最高档次缴费的城乡居民，主要是从事自主经营和部分在城镇就业的农村居民。他们完全可以参加城镇企业职工养老保险，所享受的待遇水平要远高于城乡居民养老金。这或许就是几乎没有人选择按最高档次缴费的原因。

六个样本地区代表了山东省发展水平的三个梯次，基本可以反映山东省城乡居民基本养老保险养老金目标替代率的状况。通过对预测结果的分析，我们可以得到一个基本结论，在全面建成小康社会时期建立起来的城乡居民基本养老保险制度，其保障水平不足以保障参保人员退休后的基本生活，更不足以发挥让广大城乡居民更多更公平分享改革发展成果，实现共同富裕的功能。

三、改革城乡居民基本养老保险制度的必要性

城乡居民基本养老保险制度的主要优点在于其普惠性，通过财政补贴，吸引激励广大城乡居民参保，在农村经济水平比较低的情况下，为广大城乡居民建立起了分享改革发展成果的制度及有效运行机制，在传统家庭保障之外引入了社会化养老保障的内容，为构建覆盖城乡全体居民的基本养老保险制度，数以亿计的农村贫困人口脱贫以及助力全面建成小康社会上，无疑发挥了巨大的作用。但该制度并不是作为传统家庭保障的替代物设计的，而是传统家庭保障的补充，不仅待遇水平低，保障能力有限，而且与新时代共同富裕的目标要求也存在较大的差距，已经不能适应新时代广大城乡居民特别是已经退休城乡居民实现共同富裕的需要，有必要对城乡居民基本养老保险制度进行改革。

（一）有助于化解参保人员年老返贫风险

参加城乡居民基本养老保险制度的在职人员主要由三部分组成：一部分在家务农，一部分外出打工，还有一部分是从事经营，但以个体工商户及各类小微企业经营为主。这三部分人中的绝大多数收入水平都比较低，属于低收入人群。随着共同富裕的推进，特别是工资占初次分配的比重逐步提高，将会有一部分人进入中等收入人群。但在现行的城乡居保制度下，其中的多数人退休以后都存在返贫风险。

一方面，作为农村居民养老保障主体的土地收入或从事第一产业收入水平却并不高，且增长缓慢，对农村居民的养老保障作用正在持续下降。表4-2-16为山东省农村人均收入构成情况，其中家庭经营第一产业收入不仅水平比较低，而且增长缓慢，七年累计仅增长了53.31%，并且占农村人均纯收入的比重持续下降。退休养老的农村居民能够从承包地中获得的收入，肯定比这一水平还要低。在乡村振兴战略持续推进的过程中，农村人均收入水平无疑会以较快速度持续提高，但这种提高将主要来自农业产业化过程中的第二、三产业，受益者主要是投资者和劳动者，退休养老农村居民通过土地出租、入股等方式能够获得的收入也会提高，但由于占比很低，能够获得的收入水平依然会比较低。

表4-2-16　2013~2020年山东省农村家庭人均收入水平及构成

单位：元，%

年份	可支配收入	工资性收入		第一产业收入	
		数额	比重	数额	比重
2013	10620	4189	39.4	3168	29.8
2014	11882	4713	39.7	3530	29.7
2015	12930	5139	39.7	3514.2	27.2
2016	13954	5569	39.9	3760.2	26.9
2017	15118	6069	40.1	4038	26.7
2018	16297	6550	40.2	4316.4	26.5
2019	17775	7165	40.3	4679.4	26.3
2020	18753	7591	40.5	4857	25.9

资料来源：根据2013~2020年《山东省统计年鉴》整理得到。

　　另一方面，参保人员存在退休后陷入绝对贫困的风险。国际贫困有三个标准，分别为1.9美元/天（极低标准）、3.2美元/天（中标准）、5.5美元/天（高标准）[①]，按照1美元折合6.5元人民币的标准计算，贫困标准折合人民币分别约为4508元/年、7592元/年、13049元/年。本部分的贫困标准也参照这一数值。根据我们前面的分析，退休养老城乡居民的收入水平有很大的可能会低于绝对贫困线的最低标准。依靠前期大幅度的参保缴费或者子女就业的收入，肯定能够使一部分人避免陷入绝对贫困（见表4-2-17）。但是那些没有子女、没有其他

---

　　① 环球信息网．贫困标准（2020年国家贫困线标准）［EB/OL］．https：//www.gpbctv.com/jrrd/202104/159842.html，2021-04-13.

收入来源（如家庭成员给予的经济支持，或多年积累形成的财产收入等），或其他来源收入比较少，参加城乡居保人员进入退休养老阶段，有很大的可能会陷入绝对贫困之中（见表4-2-18）。另外，随着社会经济的发展，贫困线的标准也会有所提高，该制度提供的养老金与贫困线标准有进一步拉大的可能。更令人担忧的是，若继续维持现有的制度运行模式，该制度还存在内在缺陷日益扩大化和显性化的问题，这不仅会对共同富裕目标的实现造成阻碍，而且很可能会成为沉重的兜底保障负担，给各级政府带来巨大财政压力，进而对社会稳定产生负面影响。

表4-2-17　2021~2030年山东省城乡居民养老金与极低标准贫困线比较

单位：元/年

年份	城乡居民人均养老金预测			养老金与极低标准贫困线之差		
	低档	中档	高档	低档	中档	高档
2021	2338	2393	2447	-2170	-2115	-2061
2022	2513	2632	2753	-1995	-1876	-1755
2023	2702	2895	3097	-1806	-1613	-1411
2024	2905	3184	3484	-1603	-1324	-1024
2025	3122	3503	3919	-1386	-1005	-589
2026	3357	3853	4409	-1151	-655	-99
2027	3608	4238	4961	-900	-270	453
2028	3879	4662	5581	-629	154	1073
2029	4170	5129	6278	-338	621	1770
2030	4483	5641	7063	-25	1133	2555

资料来源：根据环球信息网及本书的相关预测数据整理得到。

表4-2-18　2021~2030年低增幅养老金与中高标准贫困线比较　单位：元/年

年份	城乡居民人均养老金	养老金与贫困线之差	
		与中标准贫困线之差	与高标准贫困线之差
2021	2338	-5254	-10711
2022	2513	-5079	-10536
2023	2702	-4890	-10347
2024	2905	-4687	-10144
2025	3122	-4470	-9927

续表

年份	城乡居民 人均养老金	养老金与贫困线之差	
		与中标准贫困线之差	与高标准贫困线之差
2026	3357	−4235	−9692
2027	3608	−3984	−94441
2028	3879	−3713	−9170
2029	4170	−3422	−8879
2030	4483	−3109	−8566

资料来源：根据环球信息网及本书的相关预测数据整理得到。

（二）有助于提高城乡居民转移性净收入

城乡居民转移性净收入是指转移性收入扣除转移性支出后的净值。它能有效地反映出城乡居民的收入状况，是衡量居民生活水平是否得到提高的重要指标之一。2020年，山东省和浙江省GDP总产值分别位居全国的第三位和第四位，但是两省间城乡居民的转移性净收入却存在显著的差异。山东省是4848元，浙江省是7888元，相差3040元（详见表4-2-19）。主要原因就是两省基本养老保险参保结构存在明显的差别，山东省参加待遇水平很低的城乡居民基本养老保险人员占比远高于浙江省，参加待遇水平较高的城镇企业职工基本养老保险人员占比远低于浙江省，给山东省城乡居民转移性净收入的提高造成了阻碍。

表4-2-19　2013~2020年山东与浙江城乡居民转移性收入与支出比较

单位：元

年份		2013	2014	2015	2016	2017	2018	2019	2020
山东	转移净收入	2503.8	2796.7	3025.8	3322.7	3674.0	4047.0	4461.0	4848.0
	转移性收入	3257.7	3643.7	4009.9	4657.4	5105.0	5748.0	6325.0	6804.0
	公共性转移收入	2670.0	3037.4	3454.7	4085.4	4505.0	5085.0	5565.0	5941.0
	家庭性转移收入	587.8	606.2	555.3	594.2	601.0	661.0	802.0	863.0
	转移性支出	753.9	847.0	984.1	1334.6	1431.0	1701.0	1864.0	1956.0
浙江	转移净收入	3434.0	4044.0	4622.0	5396.0	6043.0	6602.0	7182.0	7888.0
	转移性收入	5112.0	5925.0	7158.0	8062.0	8702.0	9456.0	10143.0	10788.0
	公共性转移收入	4126.0	4949.0	5895.0	6879.0	7512.0	7947.0	8548.0	9238.0
	家庭性转移收入	986.0	976.0	1263.0	1182.0	1188.0	1509.0	1596.0	1551.0
	转移性支出	1678.0	1882.0	2536.0	2666.0	2659.0	2854.0	2962.0	2900.0

续表

年份		2013	2014	2015	2016	2017	2018	2019	2020
差距	转移净收入	930.2	1247.3	1596.2	2073.3	2369.0	2555.0	2721.0	3040.0
	转移性收入	1854.3	2281.3	3148.1	3404.6	3597.0	3708.0	3818.0	3984.0
	公共性转移收入	1456.0	1911.6	2440.3	2793.6	3007.0	2862.0	2983.0	3297.0
	家庭性转移收入	398.2	369.8	707.7	587.8	587.0	848.0	794.0	688.0
	转移性支出	924.1	1035.0	1551.9	1331.4	1228.0	1153.0	1098.0	944.0

资料来源：根据 2013~2020 年《浙江省统计年鉴》和《山东省统计年鉴》整理得到。

养老金或离退休金的高低对于转移性收入的高低具有决定性作用。在所有各项转移性收入中，养老金或离退休金占比最大，占公共性转移性收入的 90% 左右，占全部转移性收入的比例也近 80%。如表 4-2-19 所示，2013 年，两省城乡居民养老金或离退休金相差 1359.3 元，两省公共性转移性收入相差 1456 元，养老金或离退休金的差距占公共性转移性收入差距的 93.56%。2020 年，两省城乡居民养老金或离退休金差距扩大到了 3207 元，两省公共性转移性收入差距就扩大到了 3297 元，养老金或离退休金的差距占公共性转移性收入差距的比例则提高到了 97.27%。

山东省城乡居民养老金或离退休金差距扩大的原因，就在于两省城乡居民基本养老保险参保人数和待遇领取人数占基本养老保险参保总人数和待遇领取总人数的比例下降速度不同，山东省下降缓慢，浙江省下降速度比较快。2013 年以来，山东省城乡居民基本养老保险待遇领取人数与职工基本养老保险离退休人数比例也远高于浙江省，且差距持续扩大。2013 年，山东省两种基本养老保险待遇领取人员比例是 2.86，而浙江省待遇领取人员比例只有 1.45。到了 2020 年，山东省待遇领取人员比例降了 2.06，浙江省则降到了 0.59（详见表 4-2-20、表 4-2-21）。

表 4-2-20　2013~2020 年浙江省基本养老保险制度的参保情况

单位：万人

年份	2013	2014	2015	2016	2017	2018	2019	2020
居民参保人数	1355.80	1342.10	1285.90	1233.10	1200.70	1197.80	1199.40	1143.90
居民领取待遇人数	577.10	580.10	550.80	536.40	533.10	533.90	531.70	529.50
职工参保人数	2375.40	2548.00	2504.30	2506.90	2712.40	2883.40	3031.70	3211.10
离退休人数	398.87	468.79	570.30	663.90	747.50	806.79	856.87	897.23
参保人员比	0.57	0.53	0.51	0.49	0.44	0.42	0.40	0.36
待遇领取人员比	1.45	1.24	0.97	0.81	0.71	0.66	0.62	0.59

资料来源：根据 2013~2020 年《浙江省统计年鉴》整理得到。

表 4-2-21　2013~2020 年山东省基本养老保险制度的参保情况

单位：万人

年份	2013	2014	2015	2016	2017	2018	2019	2020
居民参保人数	4512.8	4539.9	4534.3	4538.6	4530.6	4551.9	4560.3	4590.4
居民领取待遇人数	1315.2	1322.2	1401.1	1430.9	1476.6	1512.4	1532.6	1555.3
职工参保人数	2259.6	2370.2	2477.5	2576.4	2660.9	2762.7	2868.0	3046.3
离退休人数	459.16	511.51	554.38	607.4	638.78	677.12	711.18	754.14
参保人员比	2.00	1.92	1.83	1.76	1.7	1.65	1.59	1.51
待遇领取人员比	2.86	2.58	2.53	2.36	2.31	2.23	2.16	2.06

资料来源：根据 2013~2020 年《山东省统计年鉴》整理得到。

这说明养老金或离退休金水平及增长速度的差距，不仅是导致山东省与浙江省城乡居民转移性净收入水平差距较大的主要因素，也是导致两省转移性净收入差距持续扩大的主要原因。山东省城乡居民基本养老保险制度的广覆盖从根本上制约了城乡居民转移性净收入的提高。改革城乡居民基本养老保险制度，有助于消除这一阻碍因素。

（三）有助于完善退休养老城乡居民共同富裕基础性制度安排

城乡居民基本养老保险制度的不仅保障水平低，而且缺乏可持续性发展能力。城乡居民基本养老保险制度实行个人缴费与财政补贴相结合，所需费用由参保个人和政府两方负担，而不是世界各国基本养老保险制度普遍采用的三方负担模式。筹资渠道狭窄，资金来源少。这实际上是一种带有福利色彩的保障模式，其优点在于它的普惠性，缺点则是制度缺乏基于精算平衡的可持续发展能力。

首先，国家财政投入直接决定了城乡居民基本养老保险制度运行的质量，而政府财政能力是有限的，一旦中央或者地方政府削减了财政投入，城乡居民基本养老保险制度就缺少了最重要的资金保障，这实际上是一种没有自我平衡能力的制度安排。其次，随着社会经济发展水平的提高，人口城镇化的持续推进，农村外出务工人员日益增多，这样一种低起点、低待遇的保险制度模式对大部分城乡居民的吸引力有限，导致个人履行缴费义务具有不确定性。最重要的是，该制度筹资模式与产业发展缺乏关联，参保人员的缴费与就业和收入变动没有关联性，既不能从用人单位筹集资金，也不能根据参保人员收入水平调整缴费，所建立的基金规模比较小，不仅不能满足养老金支付的需要，而且保值增值的能力也极为有限，无法实现精算平衡。

导致城乡居民基本养老保险制度保障水平低且缺乏可持续性发展能力的根本原因，在于制度设计缺陷。该制度是在全面建成小康社会初期建立的，其功能定位不是保障参保人员退休后基本生活，而是作为传统家庭保障的补充，主要目的在于解决农村居民和未就业城镇居民没有社会化养老保障的问题。在开始试点的2009年，农村居民人均可支配收入只有5435元，不具备建立功能完备的社会养老保险制度的经济基础。这样的功能定位，显然不能满足广大城乡居民共同富裕的需要，不足以发挥退休养老城乡居民共同富裕基础性制度安排的作用。

四、适应共同富裕需要改革城乡基本养老保险制度

（一）重新确立目标功能定位

习近平总书记在2021年2月26日中共中央政治局第二十八次集体学习的讲话中，将"坚持人民至上，坚持共同富裕，把增进民生福祉、促进社会公平作为发展社会保障事业的根本出发点和落脚点，使改革发展成果更多更公平惠及全体人民"作为中国社会保障事业发展的主要经验。在关于科学谋划"十四五"乃至更长时期社会保障事业中指出："要树立战略眼光，顺应人民对高品质生活的期待，适应人的全面发展和全体人民共同富裕的进程，不断推动幼有所育、学有所教、劳有所得、病有所医、老有所养、住有所居、弱有所扶取得新进展。"

习近平总书记的讲话明确将共同富裕作为发展社会保障事业的目标追求和基本遵循。城乡居民基本养老保险制度改革也必须坚持共同富裕目标追求，并适应全体人民共同富裕的进程，不断推动城乡居民老有所养取得新进展。全面建成小康社会初期建立起来的城乡居民基本养老保险制度，对城乡居民的养老保障只具有补充作用。个人低缴费、低待遇的制度设计和以财政补贴为主的筹资模式，使其并不具备基本养老保险制度保障领取养老金人员基本生活的功能，已经不能适应全体人民共同富裕的需要。适应共同富裕需要改革城乡居民基本养老保险制度，必须重新确定其目标功能定位，实现从补充保障到基本保障的转变，将"保基本"的制度目标落在实处，为广大城乡居民提供保障功能完备的社会养老保险制度，彻底改变城乡居民至今仍然主要依靠家庭保障养老的状况。

（二）以建立一体化基本养老保险制度为目标

为城乡居民建立起保障功能完备的社会养老保险制度，有两种途径：一是对现行制度进行重新设计，建立一个以城乡居民为对象、能够保障待遇领取人员基本生活的基本养老保险制度；二是统筹城乡居民和城镇企业职工养老保险制度，建立覆盖城乡居民和城镇企业职工的一体化基本养老保险制度。依照养老保险制度的发展轨迹来看，整合碎片式的养老保险制度，实行城乡一体化的养老保险，是扩大广大群众经济发展成果享受机制和促进群体间相对公平最行之有效的办法。这个规律同样适合于山东省城乡居民基本养老保险制度的改革完善。一方面，不管是从管理角度还是实现促进共同富裕来说，一体化的制度不仅有助于实现基本养老保险制度从量到质的改善，同时还能提升制度的公平性。另一方面，从基本养老保障体系建设的经验中，可以肯定的是，基本养老保险制度的发展基本经历了从特定工薪人群向广大居民逐步扩展、待遇水平从低向高逐步提高的过程。这不仅是养老保险制度发展的普遍趋势，同时也是提高制度保障水平，增加未来养老金收入的客观要求。事实上，整合的制度则在一定程度上更能促进每个社会人员的权益公平。长期看来，随着社会经济的发展，城乡人口与就业结构的调整，特别是农业产业化和农民职业化的发展，越来越多的农村居民具备参加城镇企业职工养老保险制度的条件，城乡居民基本养老保险制度覆盖范围和应参保人数都会逐渐缩小。与城镇职工养老保险制度统一，形成统一的基本养老保险制度是基本养老保险制度发展的必然趋势。

（三）推动参保人员进行制度性转移

建立城乡居民与城镇企业职工一体化的基本养老保险制度不能一蹴而就，需要通过长期的渐进式调整实现。一方面，现行城乡居民和城镇企业职工基本养老保险制度建立在不同的经济基础之上，筹资模式与待遇保障机制差异很大，目前并不具备将二者整合统一的条件。另一方面，城乡居民基本养老保险制度已经运行十多年时间，涉及三千多万参保缴费人员和一千多万待遇领取人员，特别是参保缴费人员构成复杂，要将他们转入缴费水平和待遇水平都高很多的基本养老保险制度，难度很大。因此，我们认为应当与经济发展特别是城乡就业结构变化的趋势，加大力度扩大城镇企业职工基本养老保险覆盖范围，逐步缩小城乡居民基本养老保险覆盖范围，推动具备条件的城乡居民基本养老保险参保人员进行制度性转移，积极参加城镇企业职工基本养老保险，推进城乡居民和城镇企业职工基本养老保险参保人数和待遇领取人数此消彼长，以逐步减少城乡居民基本养老保险参保人数和待遇领取人数。经过一个较长时期，并在适当的时候，城乡居民基本养老保险参保人数和待遇领取人数减少至一定水平，再进行制度整合，建立覆盖城镇企业职工和城乡居民的一体化基本养老保险制度。

通过实行养老保险制度性转移，大幅度减少城乡居民基本养老保险参保人数，可以从根本上优化基本养老保险参保结构，让越来越多的农村居民拥有真正意义的基本养老保障，年老后能够领取足以保障基本生活的职工养老金。不仅有助于大幅度提高城乡居民的养老保障水平，也为他们更多更公平分享改革发展成果，实现共同富裕提供有效的制度保障。

国家现行鼓励城镇就业农村居民参加职工养老保险，近年来出台的职工基本养老保险扩面政策，已逐步将扩面重点转入城镇灵活就业人员、新业态就业人员和农民工等重点人群，这些人绝大多数是参加了城乡居民基本养老保险的农村居民。特别是户籍限制全面放开后，城镇就业农村居民参加职工养老保险已没有制度障碍。"十四五"期间就要实施延迟退休，将增加城乡居民进行养老保险制度性转移后的累计缴费年限，使更多的人因符合按月领取职工养老金满15年的规定而获益，有助于更多参加城乡居民基本养老保险人员进行制度性转移。

能够实行养老保险制度性转移的农村居民有四类：一是新增城镇就业农村居民；二是男不超过45岁、女不超过40岁，参加职工养老保险到退休时累计缴费能够满15年人员；三是男超过45岁、女超过40岁，过去参加过职工养老保险，转移后累计缴费能够满15年人员；四是转移后退休时累计缴费不能满15年人员。按照现行参保政策，前三类人员转移不存在制度性障碍，只有第四类人员的转移需要进行制度创新和必要支持，以使其转移后能够按月领取职工养老金。

山东省实行农村居民养老保险制度性转移潜力巨大。2020年，只有68.5%的城镇就业人口参加职工养老保险，也就是有1053.86万（占居民养老保险参保缴费人数的34.72%）符合条件人员没有参加职工养老保险。如果将职工养老保险参保范围扩展到在乡村就业的二三产业人员，应参未参人数将增加到1844.86万人（占居民养老保险参保缴费人数的60.78%）。这些人几乎都参加了居民养老保险，绝大多数可以进行制度性转移。

城乡居民基本养老保险参保人员进行制度性转移并不是新鲜事，在实践中已进行了多年，在部分省份已取得明显成效，有可资借鉴的经验做法。2020年，全国有23个省份领取居民养老金人数占比低于山东省，有17个省份居民养老保险参保缴费人数占比也低于山东省。上海市2020年居民养老保险缴费人数只有23.9万人，仅占养老保险缴费总人数的4.5%。居民养老保险已经处于退出阶段。浙江省居民养老保险参保人数和待遇领取人数占比已分别降至26.25%和37.17%，并且还在以年均1~2个百分点的速度降低。这说明实行养老保险制度性转移，是可行的。

山东省城乡居民基本养老保险参保人员制度性转移已进行了多年，只是政策不够积极，因而进展比较缓慢。如表4-2-22所示，2009年开始建立城乡居民基本养老保险制度试点以来，山东省就业结构发生了显著变化，二三产业就业人数持续增加，城镇企业职工养老保险参保人数也大幅度增加，未参加城镇企业职工养老保险的二三产业就业人数从2012年开始持续减少，到2020年已经比最高时的2011年减少了962万人。

表4-2-22　2009~2020年山东省二三产业就业人数与职工养老保险参保人数对比

年份	参保人数（万人）	就业人数（万人）			就业人数与参保人数差（万人）
		第二产业	第三产业	总计	
2009	1661	2014.1	1982.7	3996.8	2335.8
2010	1773	2086.7	2042.1	4128.8	2355.8

续表

年份	参保人数（万人）	就业人数（万人）			就业人数与参保人数差（万人）
		第二产业	第三产业	总计	
2011	1907.1	2185.6	2088.4	4274	2366.9
2012	2063.2	2245.2	2141.1	4386.3	2323.1
2013	2259.6	2270.2	2224.2	4494.4	2234.8
2014	2370.2	2294.2	2289.1	4583.3	2213.1
2015	2477.5	2338	2331.3	4669.3	2191.8
2016	2576.4	2354	2360.6	4714.6	2138.2
2017	2660.9	2335.6	2368.4	4704	2043.1
2018	2762.7	2181.8	2280.6	4462.4	1699.7
2019	2868	2116.7	2218.6	4335.3	1467.3
2020	3046.3	2221.4	2229.8	4451.2	1404.9

资料来源：根据2009~2020年山东省统计年鉴数据和山东省人力资源和社会保障厅发表的相关资料整理而得。

浙江省在推动城乡居民进行基本养老保险制度性转移方面，采取了更加积极的政策，积极推动符合条件的城乡居民参加职工基本养老保险。在企业职工参保上，对于"小升规"企业，在基本养老保险缴费上，单位缴纳部分可享受3年政策优惠期，同时，出于确保用人单位能够尽可能地为员工参保和减轻企业财政负担的综合考虑，浙江省明文规定：从2009年7月1日起，在参加职工基本养老保险时，用人单位的缴费基数下调为14%[1]。在新就业人员的参保缴费上，温州市出台相关规定：签订2年以上劳动合同的新就业人员，其第一年由单位缴纳的基本养老保险部分，由当地政府视财力情况按30%~50%比例给予相应的保险补贴。[2] 在被征地农民的参保缴费上规定，自2017年7月1日起，当其转入企业职工基本养老保险中，原个人缴费优惠资金由当地政府从土地出让收入等资金中安排补助企业职工基本养老保险统筹基金[3]。在灵活就业人员参保问题上，浙江省更是给予其充分的自主选择权，自2019年5月1日起，允许其按照城镇单位就

---

① 数据来源：根据《浙江省人民政府办公厅关于促进小微企业转型升级为规模以上企业的意见》和《浙江省人力资源和社会保障厅财政厅关于调整省本级企业基本养老保险缴费比例的通知》汇总而来。

② 数据来源：根据《温州市出台政策加强高校毕业生就业工作》整理而来。

③ 数据来源：根据《浙江省人力资源和社会保障厅等5部门关于完善被征地农民衔接转入企业职工基本养老保险政策的通知》政策解读整理而来。

业人员平均工资的 60%~300% 选择相应的缴费基数①。

正是这一系列的政策规定，顺应了城乡人口和就业结构的变化，促进了浙江省基本养老保险制度中企业职工养老保险参保人数和待遇领取人数持续较快增加，在基本养老保险参保和待遇领取构成中占比不断提高。2013 年，全国职工基本养老保险参保人数是城乡基本养老保险参保人数的 0.65 倍。山东省则更低，仅为 0.5 倍。浙江省则是 1.75 倍，到 2020 年，全国和山东省分别提高到了 0.84 倍和 0.66 倍，分别提高了 29.23% 和 32%。浙江省提高到了 2.81 倍，提高了 60.57%。图 4-2-4 直观地反映了 2013~2020 年全国以及山东省、浙江省职工基本养老保险参保人数是城乡基本养老保险参保人数之比变化的情况。浙江省不仅起点高，增长速度也明显高于全国和山东省。

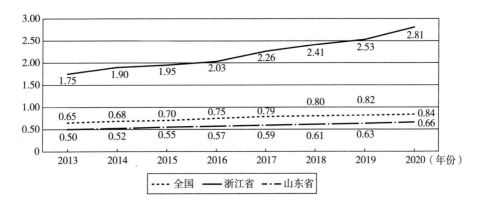

图 4-2-4 2013~2020 年城职保与城乡居保的参保人数之比

资料来源：由 2013~2020 年《浙江省统计年鉴》《山东省统计年鉴》和《人力资源与社会保险事业公报》整理得来。

比参保人员比例更直接影响居民人均养老金水平的是待遇领取人数比例。2013 年，全国领取职工基本养老保险待遇的人数是领取城乡基本养老保险待遇人数的 0.58 倍，山东省是 0.85 倍；浙江省则是 0.69 倍，高于全国，低于山东省。到了 2020 年，全国领取职工基本养老保险待遇的人数是领取城乡基本养老保险待遇人数提高到了 0.79，山东省则降到了 0.47，浙江省大幅度提高到 1.69（见图 4-2-5）。

---

① 数据来源：根据《全省本月起降低社会保险费率调整社保缴费基数》整理而来。

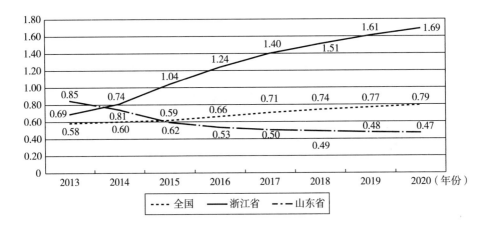

图 4-2-5　2013~2020 年城职保与城乡居保的待遇领取人数之比

资料来源：由 2013~2020 年《浙江省统计年鉴》《山东省统计年鉴》和《人力资源与社会保险事业公报》整理得来。

　　总之，山东省适应共同富裕进程，实行更加积极的基本养老保险政策，通过推动参加城乡居民基本养老保险制度人员进行制度性转移，逐步优化基本养老保险参保结构，将越来越多的城乡居民纳入城镇企业职工养老保险制度覆盖范围，对于提高城乡居民养老保障水平和转移性净收入水平，使他们更多更公平分享改革发展成果，不仅是有效的，也是完全可行的。

共同富裕背景下
山东省第三次分配的民间法调整

    共同富裕是中国式现代化的重要特征之一,而第三次分配对实现共同富裕具有重要的促进作用。第三次分配就是要在初次分配和再分配基础上,通过非政府主体自愿地在道德伦理的驱动下,以发展公益慈善事业的形式,扶助低收入阶层和受灾等弱势群体,促进整个社会和谐发展。第三次分配的健康发展离不开国家法律政策的规范和引导,我国已经颁布实施了一系列法律、法规。《中华人民共和国民法典》为慈善事业发展提供了基础性的法治保障,并构成了慈善法治的制度基础。此外,还颁布实施了《中华人民共和国慈善法》《中华人民共和国公益事业捐赠法》《社会团体登记管理条例》《中华人民共和国基金会管理条例》和《民办非企业单位登记管理暂行条例》等,专门的法律法规对规范第三次分配的发展发挥了重要作用。此外,《中华人民共和国信托法》的公益信托制度、所得税法律制度等都制定了有利于我国慈善事业发展的特殊制度,在很大程度上促进了第三次分配的繁荣发展。但第三次分配毕竟是以民间为主导的一种分配形式,具有典型的自愿性和非政府性,"民间主导、政府监管"是发展第三次分配的最理想模式。这决定了单纯依靠国家法律法规实现其有效治理具有很大的局限性。事实上,除了国家法以外,"关系紧密之群体的成员为管控自身的日常互动,一般会开发出一些非正式规范",即"民间法",也蕴含着治理效能。特别是在目前我国法律制度尚不够完善的情况下,"民间法"在构建第三次分配法治治理结构方面可以发挥独特的作用。近十年来在党中央正确领导下,山东第三次分配发展迅速,但也存在一些问题制约着其进一步发展,其中,忽视"民间法"对第三次分配的调节作用是一个重要的方面。因此,研究共同富裕背景下山东省第三次分配的"民间法"调整具有重要的理论和现实意义。

一、共同富裕背景下的第三次分配

（一）共同富裕是中国式现代化的重要特征

党的二十大报告提出，我国下一阶段的发展目标是实现中国式现代化。中国式现代化是中国共产党领导的社会主义现代化，既有各国现代化的共同特征，更有基于自己国情的中国特色。中国式现代化是物质文明和精神文明相协调的现代化，是人与自然和谐共生的现代化，是走和平发展道路的现代化。中国式现代化也是人口规模巨大的现代化，是全体人民共同富裕的现代化，这意味着未来中国人民生活水平将整体跃升。因此，全体人民共同富裕是中国式现代化的重要特征之一。

我国是世界第一人口大国，这一基本国情决定了中国式现代化是人口规模巨大的现代化、是全体人民共同富裕的现代化，这也是中国式现代化区别于西方资本主义国家现代化的显著特征。共同富裕是"社会主义的目的""社会主义的原则"和"社会主义最大的优越性"。党的十八大以来，习近平总书记反复强调："共同富裕是中国特色社会主义的根本原则""实现共同富裕是我们党的重要使命""我们追求的发展是造福人民的发展，我们追求的富裕是全体人民共同富裕"，要"让发展成果更多更公平惠及全体人民，不断促进人的全面发展，朝着实现全体人民共同富裕不断迈进"。因此，中国共产党领导的中国式现代化新道路，一定具有全体人民共同富裕这个重要特征，这内嵌于社会主义的本质、目标和原则，是社会主义制度优越性的重要体现。

共同富裕体现了中国式现代化新道路的目标要求和实现路径。从目标要求看，中国式现代化要求最终达到共同富裕这个目标，一方面是要实现社会生产力高度发展、社会全面进步的发达状态，即"富裕"，另一方面是要让现代化成果由全体人民共享，满足全体人民的美好生活需要，即"共同"。共同富裕作为中国式现代化新道路的目标要求，体现了中国共产党为全体人民谋福利的初心使命，也是建成社会主义现代化强国的重要衡量标准。从实现路径看，中国式现代化要求正确处理公平与效率的关系，以共享发展理念为指导，形成人人参与发展过程、人人享有发展成果的公平普惠的环境条件和制度体系，动态把握发展生产力与消除两极分化两方面的现代化战略任务，形成既有利于促进生产力发展又有利于缩小贫富差距的现代化政策体系。

推进共同富裕的意义在于我们坚定不移地追求社会主义本质，审时度势，把制度建设和政策优化组合在一起，推进现代化战略目标的实现，达到中华民族伟大复兴。

（二）第三次分配对共同富裕的促进作用

要实现共同富裕，一方面必须保持经济增速处于合理区间，另一方面必须以完善分配格局为重要抓手。从分配角度讲，需要充分发挥三次分配的共同调节作用，对此中央已很好地、有针对性地给出了指导意见，2021 年 8 月，中央财经委员会第十次会议提出，要构建初次分配、再分配、三次分配协调配套的基础性制度安排。一般来讲，第一次分配注重经济增长的包容性和协调性，注重保护产权、公平竞争，使生产要素充分流动，调动统一大市场的活力与潜力；第二次分配聚焦公平公正，即在初次分配基础上更多地要考虑怎样"提低、扩中、限高"，体现在使分配结果适当地平均化；第三次分配则强化企业社会责任，即在初次分配和再分配基础上，由非政府主体自愿地在道德伦理驱动下，以捐赠和资助等无偿方式做公益慈善，帮助低收入阶层和受灾民众。[①] 可见，第三次分配具有典型的非营利性、自发性和非政府性等特点，其中自发性是第三次分配的最本质特征。当然这不能说政府可以完全放任不管，事实上第三次分配也需要以制度进行规范，并通过政策加以引导，调动非政府主体从事公益慈善的积极性，以发展公益慈善事业的形式，进一步扶助弱势群体，促进整个社会和谐发展。我国第三次分配的预期功能是弥补初次分配和再分配的不足，最终实现全社会的共同富裕。

二、山东省第三次分配的发展现状、存在问题及原因

（一）发展现状

党的十九届五中全会明确提出"发挥第三次分配作用，发展慈善事业"。这十年来，我国在慈善事业发展方面取得了巨大成就。从民政部的统计看，截至2021 年底，全国共有经常性社会捐赠工作站点和慈善超市 1.4 万个（其中，慈善超市 4034 个）；全年共有 2227.4 万人次在民政领域提供了 6507.4 万小时志愿服务；全国社会组织捐赠收入 1192.5 亿元，比上年增长 12.6%；截至 2021 年底，全国备案慈善信托 580 单，慈善信托合同规模 34.7 亿元。[②] 山东省慈善总会于 2003 年 12 月 18 日挂牌成立，标志着山东省慈善事业开始步入良性发展轨道，尽管与其他兄弟省份相比，成立的时间相对较晚，但发展速度很快，已在多个领域形成了自己的发展特色。

---

① 所谓第三次分配是指一种分配机制，即个人或企业出于自愿，把可支配收入的一部分捐赠出去，建立社会救助、民间捐赠、慈善事业、志愿者行动等多种形式的制度和机制，以实现社会财富的重新配置。魏俊．社会财富的——社会财富的第三次分配及其法律调整［J］．河北法学，2008（7）：69.

② 民政部．2021 年民政事业发展统计公报［Z］．2021，9.

1. 慈善进入法治轨道

《慈善法》颁布实施以来，山东省积极推进慈善领域地方立法工作，先后出台了《山东省慈善条例》《山东省志愿服务条例》。两个《条例》的出台，标志着山东省慈善事业进入了法治化建设新阶段，为推进"依法治善、依法行善、依法兴善"提供了更加坚实的法治保障。

2. 慈善组织网络不断完善

建立健全省、市、县三级慈善组织体系，全省慈善组织达到725家，位居全国前列。慈善新业态发展迅速，慈善信托备案金额达7227万元；社区基金从无到有，全省已设立1242只，基金总额达4889.23万元，"小"基金激发"善"能量的作用逐渐彰显。全社会参与志愿服务热情高涨，全省注册志愿服务队伍10.68万个；标识志愿服务组织2354个；注册志愿者1734.48万人，居全国第二位。

3. 筹集善款能力不断增强

一是倡导发起的"慈心一日捐"活动已成为全国慈善募捐品牌。按照"依法组织，广泛发动，坚持自愿，鼓励奉献"的原则，倡导每个企业捐出一天的利润或节约的一笔资金，每位公民献出一天的工资收入或节约的一笔支出。二是企业和家庭（个人）冠名基金取得新突破。2018年，山东省慈善总会陆续打通与腾讯公益、公益宝、联劝网、新华公益、新浪公益等网络募捐平台的合作，召开由158家公益组织参加的"慈善山东"公益大会，牵头发起首届"慈山东益齐鲁"公益创投大赛，联合72家省内公益慈善机构参与腾讯99公益日活动，3天共募捐1398万元，开创了山东省慈善总会系统网络募捐的新局面；2019年，总会举行第二届"慈山东益齐鲁"公益创投大赛，联合全省超过130家公益机构发起母项目132个，子计划345个，99公益日期间，公众筹款达到2356万元，筹款总额突破3000万元；2020年腾讯"99公益"活动，总会联合89家机构，上线了113个公益项目，通过提供财务披露、项目优化、备案、培训、上线指导、子计划审核、企业配捐等一系列服务，共募集善款3427万元。2020年首次与支付宝公益合作，试点上线了一个长期项目、两个短期筹款项目，截至2020年底，共募集善款336.6万元；2021年腾讯"99公益"活动，总会首次采取独立运作方式，围绕民政重点工作设立募捐项目，广泛动员社会力量参与，联合7个市（县）慈善总会、44家社会组织，上线168个项目，募集资金达3785万元，较上一年提高14%，创历史新高；2022年腾讯"99公益"网络募捐活动，山东省慈善总会克服疫情反复、企业经营困难等不利因素影响，主动作为、真抓实干，最终联合13个市（县）慈善总会、56家社会组织，上线完成56个母项目、23个子计划共79个项目，共募集资金3909.07万元，较2021年提升3.2%，再创历史新高。

4. 慈善作用更加突出

2018 年以来，山东省慈善总会积极参与对口援建和扶贫协作活动，共向新疆喀什、西藏日喀则、青海海北州、重庆市万州区捐赠 110 余万元款物，鲁渝对口扶贫募捐已达 70 多万元。2020 年，山东省慈善总会全面贯彻落实党中央和省委省政府部署要求，在山东省新冠肺炎疫情防控指挥部统一领导下，在省民政厅专项工作组的具体指导下，严格按照"高效便捷、规范有序、公开透明"的要求，发起"共克时艰，国泰民安"新冠肺炎疫情防控募捐，从项目发起、善款物资接收、资金拨付等每个环节严格要求，有效完成了各项任务。截至 2020 年底，总会共接受捐赠资金 24568 万元，省指定账户接受各级慈善组织、红十字会汇缴捐赠资金 99383 万元。根据指挥部意见，向湖北拨付资金 105136 万元，向山东省内医疗机构等拨付资金 18804 万元，圆满完成疫情防控工作任务，得到了民政部、省委指挥部和审计部门的充分肯定。"抗击新冠肺炎疫情防控募捐"项目荣获民政部第十一届中华慈善奖，被中华慈善总会评为"中华慈善品牌"项目。

5. 慈善文化日益彰显

围绕"中华慈善日"，充分利用广播、电视、报刊、互联网等媒体，采取群众喜闻乐见的方式，大力普及慈善知识、宣传慈善典型、传播慈善文化，引导社会公众关心慈善、支持慈善、参与慈善。自 2012 年以来，山东省开展了 4 届"山东慈善奖"评选表彰活动，共表彰了 297 个爱心企业、个人和慈善项目。同时有 7 名个人、2 家企业、7 个项目荣获"中华慈善奖"表彰。

（二）存在问题

尽管山东省第三次分配发展速度很快，但同国外慈善事业发达的国家及一些慈善事业先进的兄弟省份相比，还存在不小差距。这些差距主要表现在以下几个方面：

1. 参与慈善公益的企业和人员比例还很低

根据 2020 年中国企业基金会发展报告，截至 2020 年底，中国基金会数量为 8565 家，其中企业基金会数量 1709 家，占全部基金会数量的 19.95%，每 10 万人拥有基金会数量仅为 0.6 家。而从上市公司来看，截至 2020 年底，国内 6000 余家上市企业中仅有 200 多家成立了企业慈善基金会，占比不足 3%。对比欧美发达国家，美国共有 12 万家基金会，每 10 万人拥有基金会数量为 36 家；德国共有 2.3 万家基金会，每 10 万人拥有基金会数量为 28 家。① 另据中华慈善总会

---

① https://baijiahao.baidu.com/s? id=1741279823513251029&wfr=spider&for=pc，2022-08-16.

统计，我国每年的捐赠大约 75% 来自国际捐助及中国香港、中国台湾地区，15% 来自中国的富人，10% 来自平民百姓，从而可见我国捐赠企业和人员的比例低却是一个不争的事实。

2. 捐款数额相对较少

如前所述，我国民政部门目前每年接受的各种社会捐赠已经达到近 1200 亿元人民币，这一数额尽管较以前有了很大的增长，但与世界发达国家相比，差距仍然比较大。有关数据表明，美国的捐赠款每年都在 2000 亿~3000 亿美元，个别捐赠款高的年份达到了 6000 亿美元，折合人民币约 4.8 万亿元。即便美国每年的捐赠款按照 3000 亿元计算，折合人民币 2.4 万亿元，我国仅相当于其 1/20。

3. 捐款占 GDP 的比例小

从长期数据来看，每个国家慈善捐赠总额占 GDP 的比重相对固定，美国在 2% 左右，新加坡在 0.6%~0.7%，中国平均仅为 0.15% 左右，而山东省 2020 年社会捐赠总额占 GDP 的比例仅为 0.05%。根据中华慈善总会的估计，2003 年美国人捐赠 2410 亿美元给慈善公益机构，人均善款 460 美元，占当年人均 GDP 的 2.17%；《2019 年度中国慈善捐助报告》显示，2018 年我国人均捐赠 107.8 元。

4. 非营利组织发展存在问题较多

非营利组织在第三次分配中发挥着重要作用。近年来山东省非营利组织发展迅速，但也存在不少问题。一是内部管理不够规范，组织运作效率有待进一步提高；二是"官办化"特点突出，政府干预过多；三是资金来源单一，且不稳定，经费较为缺乏；四是专业人员少，业务能力有待进一步提高。

（三）原因分析

制约第三次分配发展的因素有很多，其中慈善文化发展滞后、忽视民间个人和团体的直接捐赠对第三次分配的作用，以及政府政策支持不到位是主要的因素。

1. 慈善文化发展相对滞后

第三次分配本质上也是一种慈善文化。慈善文化表现为一种参与公益的渴望，一种帮助弱者的意识，一种借助慈善事业完善自身道德的内在要求，一种使人们的善意得到发挥和强化的制度习惯。在慈善文化较强的氛围中，社会上大多数人都把参与慈善和公益活动作为自己生活不可或缺的一部分，明星、富商等社会的强者更信守"能力有多大、责任有多大"的道德规范。尽管中国传统的慈善文化有强调个体"恻隐之心"之美德，然而也有不少人持有"各人自扫门前雪，岂管他人瓦上霜"的主张。"恻隐之心"虽然是慈善文化的基础，但这种慈善文化的形态毕竟是原始的、朴素的和个体的，其所能完成的慈善事业的效果有很大的局限性，而后一种则根本是与慈善文化相对立的，这对民众慈善公益理念的形成都带来一定的制约，加上我国社会缺乏自治组织的传统，民间自发的慈善事业严重缺乏规范性。显然，我国民间优秀的慈善文化需要得到进一步弘扬。

2. 忽视民间个人和团体的直接捐赠对第三次分配的作用

在我国，成立私人基金会门槛较高。一些人喜欢用自己的名义设立基金会，但是我国以前的规定基本上决定了基金会的主办只能由政府垄断。现在虽已经开始鼓励私人建立基金会，但是仍然设立了较高的门槛。其中，最大的障碍是对基金会实行业务部门和登记部门双重管理的规定。如果一个富豪要设立基金会，他就必须在去民政部门登记之前，先找到一个主管单位，很多人因为找不到主管单位，只能将基金会登记为企业，这样就需要按照企业的税收规定进行纳税。虽然民政部门可能考虑到这种办法更便于管理，但是，这在客观上却阻碍了民间慈善力量的发展。现有的少数慈善公益事业较为零散，慈善组织缺乏独立性，难以进行大规模高效运作。同时由于制度的不够完善，也使一些慈善组织逃避法律的监管，也有个别慈善组织甚至出现过一些较大的经济问题，使社会公信力受到了很大影响。

3. 政府政策支持不到位

慈善捐赠事业具有非营利性和公益性的特点，所以为了促使其发展壮大，各国政府都毫无例外地给予了特别的政策扶持。例如，在慈善组织的设立、运行等方面制定特殊的政策。近年来，我国通过立法在税收等方面加大了对慈善捐赠事业的扶持力度，但是这些政策的系统性和力度都还很不够，我国慈善组织设立比较困难、经费来源不足等问题仍然没有从根本上得到很好解决。税收方面的另一个问题是减免税问题。美国规定，如果一个企业向社会捐出善款的数额超过应缴税收的10%，那么应该减免10%的税款；如果不到10%，则可以在缴税时扣除已经捐出的善款。而中国在这方面的规定却只有3%，而且就是这3%，在实际的操作过程中还很难得到落实。目前实行的是特事特批的原则，企业只有向事先得到国家批准的少数基金会捐款才能得到减免税的优惠。

三、民间法——第三次分配的非正式调整

前述制约我国第三次分配发展的因素可以归结为一点，那就是目前我国发展第三次分配更多的还只是依赖于政府的规范和推动。由于忽视了第三次分配的民间自发性这一最本质的特征，因而制约了其快速发展。第三次分配发展离不开国家法律的规范和政府的政策支持，但那些既定的、行之有效的社会道德、传统习惯、宗教规范、社会纪律、社区公约、政党政策、社团章程、乡规民约、民族习惯等民间法规范在很大程度上可以发挥独特的作用，民间法对第三次分配的有效调整机制是由民间自发性的本质特点所决定的。

（一）民间法的内涵及其基本特征

1. 民间法的内涵

北京大学苏力教授在研究法律多元化过程中，在国内较早提出了民间法律（民间法）的概念①，但仅仅是从外延的角度列举了民间法的存在形式，并未对民间法概念内涵做出进一步的界定。梁治平先生对民间法的产生机理和渊源做了较为深入的研究，认为民间法主要是指"这样一种知识传统，它生于民间，出于习惯乃由乡民长期生活、劳作、交往和利益冲突中显现，因而具有自发性和丰富的地方色彩"，从民间法的渊源来看，"它们可以是家族的，也可以是民族的；可能形诸文字，也可能口耳相传；它们或是人为创造，或是自然生成，相沿成习；或者有明确的规则，或者更多地表现为富有弹性的规范；其实施可能由特定的一些人负责，也可能依靠公众舆论和某种微妙的心理机制。"② 但对于什么是民间法依然未有内涵上的明确界定。事实上，国内学者对民间法的定义尚未形成统一的认识。

学者陈骏业认为民间法"是指在人们长期一起生活、劳作过程中逐渐形成，用来分配人们之间权利、义务，调整和解决他们之间的利益冲突在特定地域、社会关系网络内发挥作用的地方性规范。这种规范一般不见诸文字，而且是零散的，甚至相互矛盾的主要是习惯性规范和其他规范性知识。"③ 王学辉（1999）认为，民间法"就应该指国家统一法制之外的习惯法。"④ 谢晖（2017）对民间法给出了较为明确的定义，认为民间法"是国家法（或官方法）的对称。它是社会和国家两分的产物，是指源自社会，并在一定时空范围内给人们分配权利义务，调整社会秩序，以多样方式保障其实施的社会规范。在外延上，可以对民间法进行两分，即日常生活视角的民间法和司法视角的民间法。"⑤ 但也有学者对民间法的概念提出了质疑，如刘作翔教授认为"民间法"是一个并不科学和规范的名称和概念，提出了具体的"民间法"概念，认为其在一般的意义上，"是指那些可以被称为'民间法'的规范和规则。"⑥

但无论如何称谓（习惯法、民间习惯还是民间法），作为一种规范形式民间法的确是客观存在的，并且是从法律文化的视角，从法律多元立场上提出的"非国家法"的概念。

① 苏力. 法律规避和法律多元［J］. 中外法学, 1993（6）：14.
② 梁治平. 中国法律史上的民间法——兼论中国古代法律的多元格局［J］. 中国文化, 1997（Z1）：88.
③ 陈骏业. 实行法治的代价［J］. 法学, 1999（2）：9.
④ 王学辉. 双向建构：国家法与民间法的对话与思考［J］. 现代法学, 1999（1）.
⑤ 谢晖. 论民间法对法律合法性缺陷的外部救济［J］. 东方法学, 2017（4）：8.
⑥ 刘作翔. 具体的"民间法"——一个法律社会学视野的考察［J］. 浙江社会科学, 2003（4）：18.

2. 民间法的基本特征

民间法概念的提出本身在很大程度上就是以此区别于国家法。作为不同于国家法的一种规则现象，民间法具有不同于国家法的一些基本特征：

第一，民间法存在的非正式性及渊源的多样性。一方面，民间法作为一种非正式制度，不需要像国家法作为正式制度那样经过严格论证，仔细的文字推敲和严格的制定程序，"但是唯有如此，才以人们喜闻乐见的方式对人们的日常生活发挥更大的作用。"① 另一方面，从渊源来看，与国家法相比，民间法渊源更具有多样性、宗教、道德、纪律、政策、乡约、习俗、规章等都是民间法规范的表现形式。

第二，民间法在人们的日常生活中发挥着独特功能。民间法"孕育和根植于农村这块特定的土壤上"，"紧紧围绕着农村的生产、生活的日常事务"，"以朴实、简洁、方便、合理、易操作的行为模式"规范着人们的行为。② 在传统中国社会中，自古就有"皇权不下县，县下惟宗族，宗族皆自治"之说，从一个侧面反映了国家的法律大部分只能推行到县一级，在县级以下行政单位多依靠宗族习惯法、村落习惯法等民间规范维持社会秩序、促进社会稳定。而在法治发达的现代社会，国家法也存在很多调整不及或不能高效调整的领域，如小费收取、排队、邻里纠纷解决、自主执法等影响广泛、直接关涉民众交往等领域，民间法发挥着独特有效的功能。

第三，民间法与国家法的共生性。民间法不仅在一定程度上能弥补国家法之不足，而且在一定条件下可以转变为国家法，成为国家法的重要渊源，甚至国家法的有效性也需要回溯，并通过民间社会的检验与评判。任何刚性的成文法要产生作用，必须通过反复的适用与实践人们普遍共同遵守形成惯例后才能真正生效。也就是说，国家法是否成活和产生效用不是也不能完全依靠国家的强力就可实现，国家法要回溯民间，接受民间社会的检验与评判，只有民间从习惯上、心理上接受了国家法才能保障其有效性。

总之，民间法自有其独立于国家法而存在的理由、空间和价值。但是，正如许多学者所指出的，民间法的调整也存在很多局限，特别是"我国民间法根植于长期的封建土壤，虽然有一些优秀的成分存在，但也不乏很多与现代文明和法治精神相违背的糟粕"，对此应引起人们的高度警惕。

（二）第三次分配关系与民间法调整对象的高度契合

第三次分配以民间为主导，具有自愿性和非政府性，因而，第三次分配与人

---

① 谢晖. 论民间法对法律合法性缺陷的外部救济［J］. 东方法学，2017（4）：8.

② 张翀. 民间法发展散论［J］. 山东大学学报（哲学社会科学版），2006（3）：20-26.

们在长期交往过程中形成的风俗、习惯、人情、伦理等慈善文化有着密切的关系，主要体现为私人自愿性捐赠来救济贫困，因此，这种事务更适合由市民社会或者说民间自发进行，由民间组织主导，通过民间组织来动员社会进行。从世界第三次分配较为发达的英美国家的经验来看，"民间主导、政府监管"是发展第三次分配的最理想模式。第三次分配这种强烈的民间色彩给民间法的调整留下了空间。

民间法作为"一种知识传统，它生于民间，出于习惯乃由乡民长期生活、劳作、交往和利益冲突中显现。"① 民间法往往是围绕着特定地区、特定人员的生产、生活的日常事务、婚丧嫁娶、节日喜庆、人情往来进行规定，而且这些约定很多都是偏重于对财产、婚姻家庭及本社区的生产资料的保护。这些人们在长期交往过程中形成的风俗、习惯、人情、伦理对民间捐赠同样发挥着重要的调节作用。民间法具有社会利益的整合价值，"民间法作为规范体系，在其生成的过程中就已经对社会利益进行了制度性整合；民间法作为社会事实，构成社会中的'共享定义'，对社会利益进行互动性整合；民间法作为治理资源，关注具体的社会互动形式，对社会利益进行救济性整合。推动社会治理和服务重心向基层下移，就必须关注基层社会中固有的民间法的治理效能。"② 正是这种整合价值，使其在对包括第三次分配在内的很多社会生活领域的调整中可以发挥其独特的功能。事实上，民间法在社会治理领域的作用已经引起了我国决策层的高度重视，党的十九大报告指出，"要推进多层次多领域依法治理，发挥市民公约、乡规民约、行业规章、团体章程等社会规范在社会治理中的积极作用"，第三次分配是社会治理的一个十分重要的领域，民间法的规范和引导作用自然也应该得到高度重视。

（三）民间法对第三次分配的调整机制

有学者根据制度的规制性、规范性、文化认知性三大基础要素，将制度化划分为三种类型，即规制型制度化，以强制性规则为秩序基础；契约型制度化，以约束性期待为秩序基础；建构型制度化，以建构性图式为秩序基础。③ 民间法属于契约型制度化和建构型制度化的产物，其对第三次分配的调整机制则主要表现为激励机制、约束机制和信念机制。

1. 民间法对第三次分配的激励机制

第三次分配是由社会机制主导的资源分配，以包括企业、社会组织和个人在

---

① 梁治平. 清代习惯法：社会与国家［M］. 北京：中国政法大学出版社，1996：431.
② 高中意. 初论民间法对社会利益整合的可能贡献［J］. 河北广播电视大学学报，2022（1）：64.
③ 郁建兴，秦上人. 制度化：内涵、类型学、生成机制与评价［J］. 学术月刊，2015（3）.

· 209 ·

内的社会力量为主体，以自愿和爱心为主观基础，是各种主体对社会资源的主动让渡，通过慈善捐赠和志愿服务等方式实现个人已有社会资源的重新配置。第三次分配的激励机制是社会保持活力的重要途径，是社会成员主动、广泛参与社会财富分配，促进分配正义和共同富裕的强大动力。社会的爱心善意是第三次分配的前提基础，第三次分配主要依靠"精神力量"，通过人性的温暖和友爱促进社会资源在不同群体之间均衡流动。民间法可以通过民间力量对共同富裕实践中的公益慈善主体力量的褒奖，建立慈善行为记录和激励机制，通过树立典型、表彰先进和授予荣誉等方式，激励在第三次分配各个环节和阶段贡献突出的个人、企业和公益慈善组织，给予其志愿服务精神奖励及社会优待，提高志愿者的荣誉感和获得感，引导更多社会成员增强共同体意识，自愿参与财富流动，追求社会公平正义，共同主动推动共同富裕目标的实现。

2. 民间法对第三次分配的约束机制

约束机制的核心要素是规范与价值观、结构与程序以及个体与集体行动者等。民间法对第三次分配的约束机制旨在创设第三次分配主体公益慈善行为规范秩序，促进主体行为与协作制度化，为社会财富合理流动和实现共同富裕奠定规范基础。对第三次分配的约束机制包括主体性约束机制、交互性约束机制和规范性约束机制，民间法主要体现为后两者。民间法对第三次分配的交互性约束机制是指，民间法可以为第三次分配主体间的互动与合作提供冲突解决机制和程序交互机制，以形成目标统一、行为有序的第三次分配主体间网络，包括以共同富裕为目标的慈善资源动员与筹集机制、慈善财产使用与分配机制和公益慈善主体、行为和结果认证机制等，形成第三次分配主体间网络共同行为规则。但需要指出的是，民间法对第三次分配的规范约束是以非正式规则的方式体现的，是对国家法正式规则的补充。

3. 民间法对第三次分配的信念机制

美国学者彼得·伯格和托马斯·卢克曼认为，共同信念的日益客观化是制度化的重要阶段，客观化包括组织决策者对某种结构的价值达成一定程度的共识，并在这种共识的基础上采纳这种结构。实现共同富裕，必须尊重人民主体地位，依靠社会成员的广泛参与。调动社会成员积极参与第三次分配的关键是要形成一套社会自我动员机制，通过价值引导、组织化参与和技术赋能广泛动员人民群众参与到推动共同富裕的实践中。民间法通过开展慈善以及与第三次分配相关的教育、研究和传播，强化价值引导，弘扬慈善文化，促进相关参与主体的习惯养成，推动第三次分配理论化，传播第三次分配的意义与价值，倡导慈善文化，塑造共建共治共享的社会信念。

四、慈善文化——孔孟之乡第三次分配民间法调整的资源禀赋

民间法植根于民间文化，就调整第三次分配的民间法而言，就是指包括平等互助、依法行善、企业公民、慈善无界等一系列精神内核在内的慈善文化的总和。中国是一个文明古国，自古以来就讲究"仁爱"，乐善好施，有尊老爱幼、扶危济困、邻里互助的优良传统，民间捐赠活动可以说是源远流长。这些丰富的慈善文化就是第三次分配民间法调整的不竭之源。山东是孔孟之乡，具有丰厚的慈善文化底蕴，这赋予了山东第三次分配民间法调整丰富的资源禀赋。

（一）传统慈善文化的资源禀赋

1. 儒家"仁爱"思想

孔子是我国伟大的思想家，"仁爱"思想是其思想核心所在，并具有丰富的内涵。仁是孔子哲学思想的精髓，是对三代至春秋时期文化成就的继承，也是孔子政治、教育、文献整理思想的理论基础和前提。有学者统计，《论语》中有109 次讲到"仁"[1]，足见"仁爱"思想在孔子思想中的地位。"仁"有着丰富的内涵，"仁者爱人"，"爱人"是"仁"的本质所在。同为儒家思想代表人物的孟子也主张"老吾老以及人之老，幼吾幼以及人之幼""出入为友，守望相助，疾病相扶"。"亲仁善邻，国之宝也。"人在社会中，离不开与人交往，中国文化非常注重以道德和伦理来调节人与人之间的关系。古语有云："亲仁善邻，国之宝也。""救灾恤邻，道也；行道，有福。"说的是，救济灾荒，抚恤邻国，是符合道义的。施行道义，就有福禄。

2. 陶朱公的"三聚三散"

范蠡被后人称为商圣，他也是中国最早的慈善家。在《史记·货殖列传》中，司马迁将范蠡的慈善行为描述为："十九年中三致千金，再分散与贫交疏昆弟。"范蠡从越国急流勇退时，不但无官一身轻，还把越王赏赐自己的钱财散尽，无财一身轻。这是他第一次散财。"后，经东海出于齐，自称鸱夷子皮，与西施并长子，耕海牧田，居无几何，治产数千万。"这是他的第二次起家。"齐人以为贤，欲相之，蠡不受，乃散其家财，举家定陶。"这是范蠡的第二次散财，带着妻儿来到了陶地，"广置家产，货利天下"。没多久，再次积资巨万。但不久，他的二儿子在楚地因杀人被判死刑。他感叹钱能救人，也能杀人，悔恨自己教子无方，便将所得全部钱财，再次用于救济周围的贫困百姓与乡亲。

（二）当代慈善文化的资源禀赋

中国当代慈善文化既融合了中国传统文化的仁爱精神，也融合了西方传统文

① 王伞伞. 孔子的"仁爱"思想及其当代价值 [J]. 理论前沿，2014（9）：301.

化的人道主义以及社会主义国家的政府责任等。平等互助理念、依法行善理念、企业公民理念、慈善无界理念也正在齐鲁大地得到大力弘扬。

1. 平等互助的理念

政府组织为第一部门，企业组织为第二部门，非营利组织为第三部门。三个部门具有各自社会职能，建立起社会的组织架构，它们之间的关系是平等的伙伴关系。我国现代慈善事业作为公益事业的一个重要组成部分，已超越了施舍恩赐的含义，而具有建立在人格平等基础上的互助互爱、共同进步的新内涵，帮助了弱者就等于帮助了自己，帮助了社会，实现了自身的生活理念和价值目标。

2. 依法行善的理念

我国慈善事业经过十年的发展，已经打下了良好的基础。尤其在 1998 年抗洪以后，慈善事业冲破种种观念的束缚，全面走向前台，改变了曾经有过的"犹抱琵琶半遮面"的尴尬局面。随着慈善事业的快速发展，也给积极扶持和规范管理提出了许多新课题，慈善事业的发展越来越需要建立健全法规政策的制度环境。依法治国同样需要依法行善。

3. 企业公民的理念

"企业家"是经济发展的重要标志，"慈善家"是社会文明进步的重要标志。现代社会的"企业公民"理念告诉我们，企业是国家的法定公民，企业有权利也有责任为建设一个和谐稳定的社会作出贡献。评价一个企业的成功，不单是实现超额的利润，理所当然还要包括企业对社会的贡献。宣传"企业公民"的理念，就要为建立"慈善家"队伍开辟道路，推动慈善事业的发展。

4. 慈善无界的理念

慈善事业的重要标志在于高度的开放性和社会化。"慈善"是我们的共同的"机构品牌"和共有的"精神家园"。要克服由于行政管理体制形成的狭隘地域观念，因为这背离了现代慈善事业发展的理念；要克服由于"行政力"影响形成的地方封闭式援助机制，因为这背离了现代慈善事业发展的价值观。要创新工作机制，构筑一方有难八方支援的互助协作平台，强化"大慈善"的社会观念，扩大慈善事业的社会化程度。

五、文化建设——民间法对第三次分配调节的主要抓手

法是文化整体一部分，其显著特点就在于它总是存在属于一定的社会群体之中，并随团体的不同而表现出多样性。"民间法产生和流行于各种社会组织和社会亚团体之中。"① 因此，要充分发挥区域内民间法对第三次分配的调节作用，

---

① 梁治平．清代习惯法：社会与国家［M］．北京：中国政法大学出版社，1996：36.

应该以各种社会组织和社会亚团体文化建设，尤其是慈善文化建设为抓手，在与各种文化的碰撞与磨合中凝聚共识，整合资源，提高公信力和感召力，推动第三次分配的可持续发展。

1. 加强社会主义精神文明建设

建设社会主义精神文明和以德治国是我们这个时代的重要任务，也是推动社会进步的重要举措。弘扬慈善文化、发展慈善事业理应成为两者的重要载体。实践"三个代表"的重要思想，发展社会主义先进文化也为我们建设慈善文化提供了广阔的空间。慈善文化是社会主义先进文化的有机组成部分，慈善文化应该为塑造人性德行，促进人的全面发展作出贡献。营造"以人为本""助人为乐"的人文关怀的社会环境是慈善文化义不容辞的责任，也是当前的紧迫任务。

2. 弘扬本省优秀的传统文化

如前所述，山东是孔孟之乡，有着深厚的文化积淀，其中许多优秀的成分，至今影响着我们的言行举止，成为我们的行为准则。对这些优秀的传统文化应该加以大力弘扬，而对传统文化中那些腐朽的、落后的，甚至是属于糟粕的部分，则应坚决地予以扬弃。

3. 与企业文化相结合

我国现代慈善事业离开了企业的参与是不可想象的。企业的成功得益于企业的核心竞争力。这种核心竞争力离开了质量和品牌也是不可想象的。慈善机构的准市场化策略告诉我们，慈善文化必须积极主动地融入企业文化，慈善机构要与企业建立平等合作的"伙伴关系"，强化服务意识，努力为企业参与慈善事业创造各种有利条件。要积极倡导"公益营销"，利用公益平台，推动企业"品牌"的发展。要当好企业的"公益"顾问，使企业参与慈善事业视为一项有良好经济效益的社会投资。使企业为善不仅是"最乐"，并且是"好生意经"。要通过慈善文化与企业文化的结合，培养企业的慈善意识和社会责任感，使慈善机构与企业达到双赢，并逐步培育一支慈善家队伍。

4. 与社区文化相结合

要加快发展慈善事业，光靠几个机构的努力是远远不够的，人文关怀的重心在基层。随着我国城市化建设的推进，使慈善事业在社区建设中的作用凸显。社区的原则是以人为本、互助互利、奉献爱心，民主自治。社区文化的核心是"志愿和奉献"，慈善文化与社区文化的结合，对于改善社区环境，维护社会稳定，促进经济社会协调发展都有着十分重要的意义。可以这样说，建设一个现代新型社区离不开慈善公益事业，慈善公益事业在基层社区建设中大有可为。

但需要指出的是，慈善文化不是一种孤立的文化现象，它渗透在经济与社会发展的各个方面，加强民间法对第三次分配的调整，必须注重上述各种文化的相互融合，以建立起各种文化的互动机制。

综上所述，民间法及其对社会生活的调节功能在我国早已引起学界的重视，但作为社会生活的一个重要领域，第三次分配的民间法调整问题却鲜有人涉及。第三次分配关系鲜明的民间色彩与民间法调整领域的高度契合，决定了在共同富裕的大背景下发展第三次分配国家法和民间法都可以在各自范围内发挥重要作用。近十年来，以慈善事业为代表的山东省第三次分配得到了快速发展，但由于在实践中过度依赖政府的规范和推动，而忽视民间规则的规范和引导，在很大程度上制约了第三次分配的进一步发展。作为孔孟之乡，山东省具有丰厚的慈善文化底蕴，赋予了山东第三次分配民间法调整丰富的资源禀赋，也为民间法在这一领域的调整留下了很大空间。但我们在强调发挥民间法的调整机制时，还必须对其自身固有的一些缺陷时刻保持谨慎。

共同富裕视域下新农村建设
财政支持研究

共同富裕具有鲜明的时代特征和丰富内涵，自改革开放至今，共同富裕历经了三个阶段，由最初的允许部分人先富阶段到共富阶段、再到迈向全面共同富裕阶段，我国取得了巨大的成就。现在，我国正处于迈向全面共同富裕的阶段，特别是中国特色社会主义进入新时代，我国进入新的发展阶段，为推动共同富裕提供了坚实的社会条件和物质基础。在新发展阶段下，共同富裕的内涵不断丰富和深化。习近平总书记在党的二十大报告中指出："我们要深入贯彻以人民为中心的发展思想，在幼有所育、学有所教、劳有所得、病有所医、老有所养、住有所居、弱有所扶上持续用力，实现人民生活全方位改善。建成世界上规模最大的教育体系、社会保障体系、医疗卫生体系，人民群众获得感、幸福感、安全感更加充实、更有保障、更可持续，共同富裕取得新成效"①。在以人民为中心的发展思想指引下，新农村建设是实现共同富裕的关键途径，新农村建设是在农村经济、政治、文化、生态等多方面建设改善农村面貌，提高农民生活水平，缩小城乡居民生活水平差距，促进全体居民共享富裕。新农村建设与共同富裕目标相辅相成，通过新农村建设可以推动共同富裕早日实现。

一、研究背景

（一）问题提出

在农村地区实现共同富裕，必须基于农村可持续发展的基础之上。从历史逻辑上说，我国进入新发展阶段，在新的历史起点上，农民始终是低收入群体的主体人群，农村致富依然是我们最艰巨最繁重的任务。实现共同富裕的关键堵点是

---

① 习近平．高举中国特色社会主义伟大旗帜　为全面建设社会主义现代化国家而团结奋斗——在中国共产党第二十次全国代表大会上的报告［EB/OL］．http：//www.gov.cn/gongbao/content/2022/content_5722378.htm.

农村发展，我们必须站在保护农民利益的角度解决农村发展难题，促进早日实现共同富裕。新农村建设是农村经济、环境、精神文化等方面的全面建设，我们可以基于新农村建设财政支持来实现农村可持续发展，以乡村振兴作为新农村建设的支撑，缩小城乡间发展差距。同时，在新发展阶段，不能忽视共同富裕"分蛋糕"的任务，要落实好社会主义的分配制度，加大财政资金对农村发展的转移支付，为新农村建设提供充足资金支持，以新农村建设作为实现共同富裕的重要途径，推动共同富裕早日实现。

（二）现有研究

共同富裕是社会主义的本质要求，扩大中等收入群体比重，形成中间大、两头小的橄榄形分配结构是实现共同富裕的重要途径。李强（2021）认为，共同富裕强调的是最大多数人的最大利益，共同富裕是在承认社会上有高、中、低不同收入群体的基础上，去扩大中等收入群体①。郭桂萍（2022）认为，一个具有社会稳定发展的国家，它的收入分配格局必然是"中间大、两头小"，现在我国正经历从中等收入偏上迈向高收入国家的发展阶段，在发展中扩大中等收入群体是迈向高收入国家发展阶段的关键。因此，在发展中扩大中等收入群体是扎实推进共同富裕取得更为明显的实质性进展的必然选择②。郑宝华（2022）认为，新农村建设主体始终是广大农民，但各级政府应该担负起自身的责任，给予新农村建设财政政策和财政资金支持③。戴德华（2014）认为，新农村建设是我国当前重要的发展战略，但要推动新农村建设离不开地方财政的支持，财政资金是推动新农村建设的关键④。黄杭（2022）认为，我国新农村农业发展需要大量的财政资金支持，这是地方财政面临的新挑战，要健全多渠道筹措资金机制、资金重点支持优先发展项目、调整和完善财政支持农业发展的政策⑤。李怡璇等（2022）认为建设社会主义新农村的根本目的是改善农村生活环境，提升农村居民的收入水平，从根本上缓解城乡发展差距，但新农村建设不是以城市经济发展模式加速发展，而是在不改变农村生产资料所有制的情况下，结合农村经济发展的特点，推动新农村经济发展，同时发挥财政和金融资金对新农村建设的作用⑥。综上所述，学者认为要想实现现阶段共同富裕必须要扩大中等收入群体比重，在充分发

---

① 李强．共同富裕的核心议题与基础条件［J］．探索与争鸣，2021（11）．

② 郭桂萍．在发展中扩大中等收入群体扎实推进共同富裕［J］．求知，2022（5）．

③ 郑宝华．财政资源配置制度视野里的新农村建设主体研究［D］．云南大学 2022 年硕士学位论文．

④ 戴德华．探讨完善地方财政支持新农村建设机制［J］．现代经济信息，2014（1）．

⑤ 黄杭．我国财政支农问题研究［D］．湖南农业大学硕士学位论文，2022.

⑥ 李怡璇，任叶笛，蒋文雪．乡村振兴背景下社会主义新农村建设与金融支持和财政政策的关系［J］．商业文化，2022（12）．

展的基础上满足人民群众的多元化需求；而在新农村建设中，政府要担负起相应的财政责任，政府应建立健全财政资金扶持新农村建设长效机制，优化财政资金在新农村建设中的投资结构，拓宽新农村建设资金来源渠道，同时政府应结合农村经济发展的特点，促进新农村经济发展，推动新农村建设，缓解城乡发展差距。

（三）研究目的与意义

农村地区是实现共同富裕的薄弱环节。我国农村经济发展落后，直接影响到我国社会经济发展，如何推动我国现阶段农村地区经济发展是我们面临的重大问题。农村农业基础设施建设不足，在很大程度上制约农村地区经济发展，因此，需要大量的物质基础和国家公共财政政策的倾斜来推动农村地区经济发展，新农村建设就是很好的契机。财政支持新农村建设可以推动"三农"发展，推动"三农"发展是实现乡村振兴的重要举措，而乡村振兴为我国实现全体人民共同富裕补齐短板。通过研究发现，农村经济发展资金需求数额巨大，现有资金投入不足以调动农村地区经济的充分发展，以及新农村建设财政扶持资金分配不合理等问题，针对以上问题提出优化和加快财政资金扶持新农村建设的对策与建议，丰富了财政支持新农村建设的内容，对促进农村地区共同富裕和增加农村居民收入有着重要意义。

二、新农村建设财政支持现状与实效分析

（一）新农村建设财政资金促进农村经济发展速度加快

山东省是一个农业大省，自 1978 年开始山东省财政支持农业发展资金规模不断扩大，为新农村建设打下良好基础。2005 年山东省政府积极响应支持新农村建设，安排资金 359.5 亿元，资金重点扶持新农村农业发展。2006 年山东省财政围绕新农村建设，安排资金 473.6 亿元支持"三农"发展，进一步扩大支持新农村覆盖范围，推动落实各项惠农政策，其中全省粮食补贴资金约 9.15 亿元，直接受益的农户达到 1640 万户；补贴农作物良种 2.61 亿元，为全省小麦和玉米良种进行补贴，促进农作物产量提高。2007 年山东省财政安排扶持资金 5000 万元，用于培养新农村居民掌握新型劳动技术，学习农产品加工、市场营销和经营管理知识，促进新农村居民建立新型农产品加工工厂。到 2011 年山东省财政累计投入资金约 86 亿元用于支持农村公路建设，农村公路通车总里程达到 20.3 万千米，极大地提高新农村公路运输能力，推动新农村构筑良好的物流通道。2015 年山东省财政支持高标准农田建设，投入资金高达 495 亿元，对 3298 万亩农田进行改造提升，提高耕地地力，完善农业灌溉设施，推动新农村农业发展。同年，山东省财政拨款注册资本补助金 5000 万元，用于支持新农村融资担保建设，

拓展以政府、银行和融资机构三方共同引导的农村金融市场，为新农村创业主体提供融资平台，加快资金流动。2017 年山东省财政对农业现代化养殖项目进行补贴，最高补贴额为 500 万元，同时对农机购置、农业综合开发产业化经营项目进行补贴。2018 年，山东省财政通过财政补助、贷款贴息、以奖代补等方式扶持新农村现代流通服务网络工程，支持农资、农产品、日用品、再生资源四大流通网络体系建设，包括连锁经营网络体系建设、批发交易市场建设、电子商务建设、集散市场产业园建设和再生资源企业回收网点建设等多个建设项目，密切农产品产销衔接，促进农业经营线上线下融合发展。2019 年山东省财政下达资金约 67.1 亿元，用于支持农业生产发展、农田建设补助以及动物防疫补助，促进农产品产量提高，降低家庭农场生产风险，促进家庭农场稳定发展。2020 年，山东省财政统筹资金 6 亿元，用于支持农村新型经营发展，其中，包括农产品仓储保鲜设施和冷链运输，给予农产品仓储保鲜设施资金补贴，减轻新型经营主体供销损耗成本；统筹资金重点向特色农产品优势区和贫困地区的产业倾斜，提升农产品品牌价值和市场竞争能力。受近年财政政策、财政资金扶持影响，农业产业和农村经济充分发展，拉近了城乡发展差距。山东省 2017 年农村居民人均可支配收入为 15118 元，2020 年农村居民人均可支配收入为 18753 元，比较分析可知，2017~2020 年发展期间，农村居民可支配收入持续提高（见表 4-4-1）。山东省财政合理确定扶持资金分配，给予新农村经济发展多方面扶持，推动新农村形成小规模农村产业经济，减缓了城乡发展差距扩大的趋势。

表 4-4-1　2017~2020 年山东省人均可支配收入　　　　单位：元

年份	2017	2018	2019	2020
农村人均可支配收入	15118	16297	17775	18753
城市人均可支配收入	36789	39549	42329	43726
山东省人均可支配收入	26930	29205	31597	32886

资料来源：根据 2017~2020 年《山东省统计年鉴》数据整理得到。

（二）新农村建设财政资金促进农民可支配收入增加

新农村建设启动以后，农村居民生活水平较以往生活有明显变化。财政资金投入向新农村农业发展倾斜，充分发挥山东省农业产业化优势，扩大农业经营规模，推进农业与精细加工等产业的融合发展，促进产业链向农村延伸，为新农村居民创造就业机会和实现产业链收益增值；支持农业生产技术、农业生产工具更新，改善农业生产条件，提高农业生产效率、农产品质量，增加农业产值；推动农业产业结构优化调整，提高农业生产经济效益。财政资金支持新农村农林牧渔业发展，改善以从事农业生产为主要收入来源的农户收入水平，提高农户储蓄。
2013 年山东省农村居民人均可支配收入为 10687 元，全省人均可支配收入为
19008 元，农村居民的恩格尔系数是 31.8%。2019 年山东省农村居民人均可支配
收入为 17775 元，全省居民人均可支配收入为 31597 元，农村居民的恩格尔系数
是 27.8%，通过对比可知，农村居民恩格尔系数减小，农村居民的消费结构发生
了变化，食品支出占总支出比重下降，意味着农村居民可支配收入增加、生活水
平提高，农村居民享受美好生活的愿景不断拉近。

表 4-4-2　2013 年和 2019 年山东省农村人均可支配收入　　　单位：元

年份	2013	2019
农村居民人均可支配收入	10687	17775
全省居民人均可支配收入	19008	31597

资料来源：根据 2013 年和 2019 年《山东省统计年鉴》数据整理得到。

（三）新农村建设专项财政资金改善农村环境

2017 年山东省财政统筹资金 1.5 亿元，开展农村环境整治工作，主要包括农
村生活垃圾处理、农村生活污水治理、村庄绿化美化。农村生活垃圾处理方面，
对农村生活垃圾进行分类、收集处理，定时清运，建立"户集、村收、镇运、县
处理"的垃圾处理体系。在污水治理方面，打捞污水沉积物，统一安装排污管
道，建立污水处理设施，对污水批量处理。在村庄绿化美化方面，清理村内柴草
堆、拆除违法建筑，做好街道绿化和公共场所绿化；对农村道路进行全面硬化处
理；结合农村周边环境特征，做好农村自然风光保护；推进畜禽标准化养殖，实
现人畜分离。2012~2018 年山东省财政共计安排资金 28.5 亿元支持农村危房改
造，其中包括建档立卡贫困户、低保户、分散供养特困人员、贫困残疾人家庭的
危房进行改造，帮助经济最贫困户、住房最危险户解决住房安全问题。2019 年
山东省财政统筹资金开展农村改厕改卫工作，对每一户新建、改建"旱厕"给
予资金补贴，改建过程中对厕所粪污做收集、储存、无害化处理。2021 年山东
省财政统筹资金 4.47 亿元支持农村改厕规范升级和后续管护；统筹资金 4.86 亿
元保障农村低收入群体解决住房安全问题；统筹资金 2.4 亿元为 1600 个村庄更
新老旧输水网管、改善供水水质，提高农村居民饮水质量。新农村人居环境治理
后，农村面貌焕然一新，新农村基础设施基本完善，新农村居民居住环境整体提
升，缩小了城乡间居民居住环境差距。

（四）新农村建设财政资金改善农村精神面貌

新农村基础设施健全，村民的物质生活水平不断提高，为保障村民的精神文

化需求，山东省开展公共文化服务体系建设。2017 年山东省财政下达农村综合性文化服务中心建设专项资金 1 亿元，按照每村 1 万元的标准进行补助，资金主要用来购买行政村综合性文化服务中心设备，开展群众性文体活动，包括体育健身、文化遗产保护等功能。2018 年中央为国家级传统村落提供 300 万元补助资金，用于传统建筑保护利用、历史环境要素修护、文物和非物质文化遗产保护工作。2021 年山东省财政安排公共文化服务资金 5.96 亿元，包括为乡镇和行政村的文化服务中心配备图书、报刊和电子书刊；送戏曲节目下乡等文艺演出；提供中央广播电视节目无线覆盖和运行维护等公共文化服务。同年拨付文化场馆免费开放资金 1.85 亿元，发展数字文化，采用线上线下相结合的方式开展文化活动，促进公共文化服务范围扩大、公共文化服务质量提高，乡村居民获取现代文化信息、享受文化资源方式更加便捷，乡村居民文化生活内容更加丰富，促使乡村居民文化素养提升。随着财政资金对农村文化建设的持续支持，新农村居民的休闲活动有了更高的精神追求，许多原来在农村没落的优秀传统文化再度传承，在举办农村艺术会演时，村民们热情排演优秀民俗节目，积极响应文化建设活动，新农村居民的审美情趣提高，不再沉浸于打麻将等赌博活动中。新农村体育活动设施基本完善，农民积极锻炼身体、参加体育竞赛活动，提高了农村居民的身体素质，形成了良好的健康生活方式。为提高新农村居民的卫生素质，中央下达专项资金，对举办农村卫生宣传、环境保护宣传等精神文明活动补助资金 1 万元。新农村积极开展卫生宣传活动，村民有意识地主动参与乡村环境保护，推动新农村居民卫生观念改善。新农村建设由政府统筹规划给予资金支持，文化建设资金促进城乡间公共文化服务均等化。新农村居民主动参与民间艺术传承和创新，参加文化会演、环保宣传、体育竞赛活动，提高了居民的参与感和责任感，新农村居民生活更加充实，居民获得感、幸福感提升。新农村居民在共同富裕下的新农村建设中实现人的发展与进步，拉近了城乡居民间的文化素养和精神面貌差距，推动新农村精神面貌整体改善。

三、新农村建设财政支持存在的问题与成因

（一）新农村建设中资金来源单一

新农村建设虽然得到财政资金大力支持，但资金总额对整个山东省新农村建设仍不充足，以解决农村住房安全为例，2017 年山东省预计解决 5 万户农村居民住房安全问题，涉及 17 个地级市和 20 个省直管县，获得中央和省级补助资金共计 6.79 亿元，农村住房改造涉及住户数多，资金投入总量不足。2019 年山东省财政统筹资金 1.6 亿元开展农村老年人养老集中居住试点，对现有农村养老院、空置住宅等资源进行统筹，新建、改建和扩建新型农村养老院，共计选取 20 个重点扶贫县，每县选取两个乡镇开展试点，对开展农村老年人养老集中居住点的补助总额不超过 400 万元，资金细化分配，对新建改建的分别补助 4 万元、2 万元，资金覆盖面窄、补助资金数额少，不利于城乡间融合发展。同时，新农村建设资金主要来自中央和地方财政拨款，缺乏社会资本、商业资本的投入，来源单一，减缓了新农村的发展速度。

（二）新农村建设资金分配不合理

关于新农村建设资金分配以 2017 年国家补助农村环境整治资金分配为例，农村环境整治资金总额为 8795 万元。山东省的 10 个地级市获得了农村环境整治资金，部分地级市没有获得农村环境整治资金，资源分配不公。获得财政补助资金的各地级市资金覆盖范围不同，济南市 326 个村庄获得财政补助资金，补助资金总额 42 万元。淄博市 459 个村庄获得财政补助资金，补助资金总额 85 万元。东营市 378 个村庄获得财政补助资金，补助资金总额 70 万元。烟台市 1121 个村庄获得财政补助资金，补助资金总额 226 万元。潍坊市 1516 个村庄获得财政补助资金，补助资金总额 262 万元。威海市 421 个村庄获得财政补助资金，补助资金总额 78 万元。德州市 962 个村庄获得财政补助资金，补助资金总额 178 万元。滨州市 373 个村庄获得财政补助资金，补助资金总额 69 万元（见表 4-4-3）。由图 4-4-1 和图 4-4-2 可知，财政补助资金偏向于补助高产值城市，受马太效应影响，高产值城市获得的农村环境整治资金数额多、覆盖范围广，低产值城市获得的农村环境整治资金数额少、覆盖范围小。新农村建设资金分配不均，不利于城乡间平衡发展。

表 4-4-3　山东省新农村环境整治资金分配

资金覆盖市名称	济南	淄博	东营	烟台	潍坊	威海	德州	滨州
资金覆盖村庄（个）	326	459	378	1121	1516	421	962	373
资金分配总额（万元）	42	85	70	226	262	78	178	69

资料来源：《关于下达 2017 年国家补助农村环境整治资金预算指标的通知》，山东省生态环境厅网，http：//sthj. shandong. gov. cn/。

（三）新农村建设基础设施和教育资源财政资金投入不足

山东省新农村农业基础设施建设有待完善，农村多数地区从事粮食种植，水利工程建设显得尤为重要。根据 2007 年数据，山东省耕地面积为 750. 71 万公顷。2019 年、2020 年两年全省新建成高标准农田 73. 24 万公顷，截至 2020 年山东省累计建成高标准农田 407. 7 万公顷。即便如此，还有将近一半的农田灌溉仍然依靠人力使用水井浇灌田地，耗时耗力的同时，水井灌溉会导致土壤次生盐碱

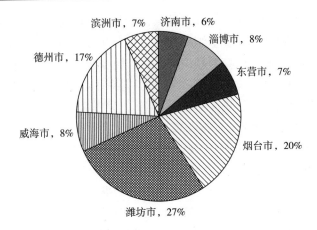

图 4-4-1 山东省新农村环境整治资金各地级市分配总额占比

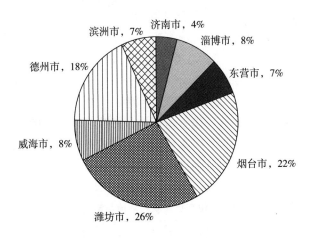

图 4-4-2 山东省新农村环境整治资金覆盖村庄占比

化，不利于农业生产。另外，新农村教育资源财政资金投入也不充足。新农村地区校舍硬件设施不健全，多数学校没有配置图书馆，音乐、美术专业教室；体育设施比较匮乏，没有塑胶跑道和篮球、足球等多样的运动器材；新农村教师数量少，师生配比不合理，一个老师教多门学科，教师教学任务重、压力大，教学质量不高；新农村教师待遇低，补贴力度小，学校环境差，教师对农村教学工作满意度低，影响教师工作稳定性，同时因为待遇低，缺乏优质教师资源，导致乡村与城镇学校教育差距不断被拉大。

（四）新农村建设社会保障财政补贴标准偏低

新农村建设中社会保障体系不够健全，农村地区绝大多数人口只享有医疗和养老保险保障，少数人群享有工伤保险、失业保险、生育保险的保障，甚至绝大多数农村地区人口不缴纳生育保险、失业保险已成常态。要逐渐普及生育工伤失业三险，提高农村居民的社会保障水平。以社会保障和就业支出以及医疗卫生支出为例进行对比分析，2019年山东省社会保障和就业支出为1444.6亿元，医疗卫生支出为912.1亿元，山东省年末常住人口为10106万人。2019年北京市社会保障和就业支出为973亿元，医疗卫生支出为534.4亿元，北京市年末常住人口为2190万人。如表4-4-4所示，通过数据对比可知，北京市社会保障和就业人均支出约是山东省的4.9倍，北京市医疗卫生人均支出约是山东省的4.2倍，由此可知，地区间社会保障水平不均，社会保障发展不平衡，山东省新农村建设社会保障水平低。

表4-4-4　2019年山东省与北京市社会保障资金支出比较

省份	山东省	北京市
社会保障和就业支出总额（亿元）	1444.6	973
社会保障和就业人均支出（元）	1429	6962.9
医疗卫生支出总额（亿元）	912.1	534.4
医疗卫生人均支出（元）	903	3824.2

资料来源：《地方财政社会保障和就业支出》，国家统计局网，http：//www.stats.gov.cn/。

四、共同富裕视域下强化新农村建设财政支持的政策建议

（一）发挥财政资金的杠杆撬动作用

引入PPP融资模式，PPP模式是一种融通资金和项目管理的模式，是政府和私人企业之间通过签订合同达成一种合作方式，向社会提供公共产品或服务。政府通过PPP模式来与私营企业合作，投资建设社会公共设施。例如，枣庄市台儿庄区城区供水项目，修复供水旧管网以及新建配水管线和水厂以满足供水需求，政府采用PPP模式引入社会资本投资，根据协议规定划分出资比例，由政府牵头建立投资平台，发挥了地方财政资金的杠杆撬动作用，促进公共设施投资资金增加，同时合理分配和承担该项目的收益与风险，既具有良好的社会效益，又能够产生稳定的资金收益，具有较好的经济效益。地方财政部门鼓励社会资本参与新农村建设，积极带动非公共部门的资源向国家重点项目或基础项目投资；除以资金形式投资国家项目，还可以以原料、半成品、科学技术的形式投资国家项目；在新农村基础设施项目投资不景气时，政府可以通过财政资金扶持企业，带动周边经济发展，以培育市场资本的方式，扩充新农村建设资金，推动新农村

可持续发展，缩小城乡间发展差距。

（二）强化财政资金规范化管理

新农村建设要统筹规划建设项目，提前做资金预算。一是合理安排建设项目资金，细化资金分配数额，确保建设中刚性支出，资金优先支持刚性需求项目建设。二是明确资金使用范围，确保下发资金落到实处，监督资金使用情况。三是理顺建设工程的债务关系，一旦项目资金收入到账，立刻还清建设项目债务，不拖欠工程款。四是新农村建设中要做好财务管理，针对农村收到的建设捐款、专款补贴、投资资金，要分类核对入账。五是新农村建设项目的审批工程款用项，要向村集体公开，由村集体监督，确保资金去向公开透明。六是新农村建设中，应该引入财务管理类专业人才，发挥财务管理者专业优势，促进新农村建设资金管理规范化。七是新农村建设对财政资金的管理要做到"预算在先"，在项目投资前，做好投资规划，确保资金足够支付计划投资项目。八是对财政资金管理要做到收支分开，收入和支付要有专门负责人管理，并做好记录，以便日后定期进行账目核对。新农村建设要充分发挥财政资金规范化管理的作用，提高资金的使用效益，推动新农村快速发展，缩小城乡间发展差距。

（三）完善财政支持新农村建设的配套措施

新农村建设，首先，要加强对农业生产费用的补贴，直接对农种、化肥进行补贴；完善农业生产成本财政补贴制度，构建农业专项补贴、不固定补贴、综合补贴格局；明确农业补贴范围，做到政策范围内的普遍补贴；要保护粮食生产价格，在粮食市场出售价格过低时，进行农业价格干预，要加快完善政府补贴粮食生产和粮食价格保护机制；突出农业重点补贴领域，要向农业种植大户和规模化种植场倾斜；加大财政对农业基础建设的支持，建立扶持新农村农业发展的资金体系，推进新农村农业优先发展。其次，要增加教育资源投入。要加大财政教育资源支持，及时更新桌椅、多媒体设备等教育设施，修建操场、篮球场等活动场所，改善新农村教育环境；补贴乡村教师工资，扩大教师规模，促进教师学科教育专职化，分学科教学，配置美术、音乐、体育专业教师，优化教师编制结构，发挥教师队伍整体效能；适度扩大学校规模，增加教学人数，集中教育资源，提高教育资源利用率，提高乡村学校教学质量，缩小城乡间教育差距。

（四）提高新农村社会保障水平

政府财政资金要重点扶持新农村的社会保障事业，向新农村社会保障政策倾斜；新农村建设中社会保障事业要确立政府的主导地位和主要责任，政府要根据新农村实际情况做好新农村社会保障短、中、长期规划；社会保障财政支持，要根据农村居民社会保障项目中最高支出比重进行补贴，站在农村居民最关切的方面进行财政资金扶持。在社会保险方面，尤其要提高财政资金对医疗保险的扶持力度，扩大新型农村合作医疗保险覆盖范围、提高新农村医疗保险报销比例、扩大药品报销范围、更新乡镇医疗设备，实现医疗资源供给有效增加。在社会福利方面，政府要充分发挥再分配功能，促使财政扶持资金向农村倾斜，加大财政对农村社会福利的投资总量，将基本养老服务、残疾人服务、儿童服务纳入财政预算内，补齐农村社会福利短板，缩小城乡社会福利差距。同时，财政要推动农村慈善事业发展，推动农村慈善机构设立，发挥慈善机构的筹款和社会动员能力，为农村福利事业服务。在社会救济方面，政府要充分发挥再分配功能，给予农村资源倾斜，设立专项救助转移资金，精准救济生活困难人群。推动建立社会面的救助资金来源渠道，增强社会救助资金的保障作用。要整合政府部门资源，准确落实社会救助高效服务机制，由政府牵头开展社会救助人文关怀活动，提高新农村社会救济水平。推动建立健全社会保障法，为城乡社会保障一体化做好准备。

（五）完善新农村金融服务体系

政府应正视农村信贷在金融市场上的作用，给予农村信贷合法地位，推动农村信贷健康发展。政府应降低金融机构在农村服务的准入门槛，提高新农村金融机构的覆盖数量，促进民间金融市场竞争机制的形成，推动金融机构创新服务农村经济发展的金融产品，加快资金融通，提升金融机构对新农村建设的服务能力；促进金融机构适应农村投资特点，服务新农村建设中形式多样的信贷服务，弥补正规金融服务体系在小农户经济等领域服务的不足。新农村经济发展，农村经济结构调整，需要大量资金扶持，政府可以引导农村信用社主动服务新农村建设，以"三农"服务为定位，找准农村经济发展的切入点，提供有效金融服务，发挥农村信用社在新农村信贷服务中的主体地位；推动农村信用社引进金融投资领域的专业人才，优化农村信用社投资结构，提高金融盈利能力，实现农村信用社盈利和新农村建设双赢发展。政府要建立健全金融服务体系的法律法规，针对形式多样、地域分散的农村金融服务组织提供法律保障，推动农村金融服务业健康发展。政府要推动建立农业信贷风险补偿基金，降低农村居民投资风险和创业失败成本；推动新农村农业保险的发展，为新农村农业生产提供保障，鼓励农村居民积极从事农业生产。政府应向农村居民普及金融信贷知识，提高农村居民对金融信贷工具的认识，促使农村居民有效利用金融信贷工具发展经济，同时要向农村居民大力宣传契约精神，提高农村居民诚信度，促进农村社会信用体系建设，完善农村居民的信贷评级，推动信贷资金、社会资本流入新农村金融市场。政府要结合新农村经济发展的现状建立多层次的金融服务体系，缩小城乡间金融服务水平差距。

五、结语

共同富裕不是一蹴而就的，共同富裕是一个由渐进共享到共建共享的过程，共同富裕需要由短期目标到长期目标循序渐进地发展。农民群体始终是共同富裕发展过程中需要关注的核心群体，农村居民的收入要提上来就要把农村地区的经济发展起来。在新时代，应当充分发挥财政资金在新农村建设中的支持作用，激励和引导广大农村居民积极投身和主动参与到新农村建设中来。新农村建设是共同富裕实现过程中的基点，是实现共同富裕的重要途径，同时也是践行以人民为中心的发展思想。要根据各地的生产力水平和各地发展生产的优势要素，寻找适合的发展路径，细化实践活动，总结实践经验，带领农民群体循序渐进地发展，实现城乡相融与一体化发展，最终实现共同富裕。

第五篇

乡村振兴与共同富裕

乡村振兴促进共同富裕的实践路径研究

——基于烟台市乡村振兴示范村典型案例考察

为在新发展阶段扎实推进共同富裕，烟台市从 2017 年开始探索党支部领办合作社，成效显著，取得了良好的社会反响。本章运用扎根理论，通过开放式编码、主轴编码和选择性编码对烟台市乡村振兴示范村的探索路径进行剖析，对烟台市实现"以乡村振兴促进共同富裕"的规律进行了系统的梳理和归纳，提出了推动农村走向共同富裕的新思路，以产业发展为共同富裕构筑坚实基础、以组织建设为共同富裕提供组织保障、以人才支撑为共同富裕激活内生动力、以政策支持为共同富裕优化营商环境、以文化繁荣为共同富裕提供精神动力。

一、研究背景

（一）问题提出

实现共同富裕是建设社会主义现代化的重要内容，也是全体人民的共同期望。党的十九届五中全会首次提出实现全民共同富裕，取得更加显著的实质性进步。共同富裕是我国 2035 年实现社会主义现代化的重要目标，是一项长期艰巨的任务，需要选取部分地区先行先试、做出示范，《关于支持浙江高质量发展建设共同富裕示范区的意见》的发布，标志着探索共同富裕道路已经拉开了序幕。习近平总书记在中央财经委员会第十次会议上指出实现共同富裕，目前最艰巨的工作还在农村。如何缩小城乡差距、解决发展不均衡问题，是今后很长一段时期亟须解决的问题。深入烟台市乡村振兴示范村，探寻多元化的乡村发展模式，找到一条有效且可操作的实践路径尤为重要，才能让广大人民真正享受到共同富裕。

（二）现有研究

学界的研究主要集中在以下五个方面：一是共同富裕与乡村振兴的关系研究。共同富裕与乡村振兴的终极目标是一致的，乡村振兴以农业现代化为抓手、以农村为阵地、以农民为发展主体，缩小城乡差距，补齐共同富裕的短板①。二是共同富裕的时代内涵和理论研究。虽然共同富裕的历史源远流长，但学界对它的含义一直未有明确的定义，只是在其基本特征方面达成共识。共同富裕不仅指的是物质上的富裕，还包括政治稳定、社会安定、精神富足、环境宜居等，由此可见共同富裕是个体与社会发展的有机结合②。三是共同富裕的影响因素研究。在经济基础方面，主要包括收入分配、公共服务、生产要素等因素③；在精神生活层面，包括发展机会、文化程度、主观幸福感、精神文明等因素④。四是共同富裕的现实困境研究。在实现共同富裕的进程中，学者注意到了我国城乡发展悬殊、区域发展差距大、收入分配差距、相对贫困、机会不平等等诸多问题⑤。五是共同富裕的推动路径研究。学者多角度深入分析实现共同富裕的路径，包括推动经济高质量发展、调节收入分配、缩小城乡和区域差距、夯实乡村振兴、强化社会治理等⑥。

（三）研究目的与意义

学界进行了卓有实绩的研究，已取得丰硕成果，其研究主题、研究内容和研究方法也呈现出多元化的倾向。但目前学术界对于共同富裕、乡村振兴的研究还停留在概括分析的层面，相对宏观笼统，缺乏对乡村振兴取得成效的乡村进行系统性分析，本部分以烟台市乡村振兴示范村案例为切入点，对烟台市的成功经验进行系统的总结和提炼，可以较为直观地展示烟台市在乡村振兴所做的努力和尝试，以期为乡村振兴促进共同富裕的实践中提供一些有益的经验借鉴，从而更好地发挥示范效应。

二、研究设计

（一）研究方法

研究运用扎根理论研究推进乡村振兴的探索路径。扎根理论（Grounded The-

---

① 汪彬，古晨光，陈洋毅. 乡村振兴推动共同富裕的实现路径［J］. 开放导报，2022（3）：106-112.

② 刘培林，钱滔，黄先海，董雪兵. 共同富裕的内涵、实现路径与测度方法［J］. 管理世界，2021，37（8）：117-129.

③ 罗娟，彭伟辉. 共同富裕目标下我国收入分配结构优化路径［J］. 经济体制改革，2022（1）：35-42.

④ 王金，孙迎联. 精神生活共同富裕的内涵要义、现存问题与优化路径［J］. 理论探索，2023，259（1）：12-18.

⑤ 李敬煊，王乐逍. 新征程上实现共同富裕的困境与路径探析［J］. 学校党建与思想教育，2023，689（2）：1-6.

⑥ 徐凤增，袭威，徐月华. 乡村走向共同富裕过程中的治理机制及其作用——一项双案例研究［J］. 管理世界，2021，37（12）：134-151+196+152.

ory）的两位创立者分别为芝加哥大学的社会学家巴尼·格拉泽（Barney Glaser）与哥伦比亚大学的社会学家安瑟伦·斯特劳斯（Anselm Strauss）。由于烟台市党支部领办合作社的研究还处于探索阶段，推进乡村振兴的实践路径还不成熟，因此需要通过扎根理论深入分析乡村振兴推进情况。通过实地调研，在深入乡村的过程中对相关主体进行访谈，并在对原始材料分析编码的过程中提炼出与共同富裕、乡村振兴相关的概念与范畴，建立联系构建理论模型提出相应的对策建议。

（二）数据采集

研究选取烟台市大户陈家村、西沟村等乡村振兴示范村探析乡村振兴推进经验，原因如下：首先，选取乡村通过党支部领办合作社村集体经济迅速发展，烟台市党支部领办合作社试点范围由 2017 年的 11 个乡村扩大到 2021 年末的 2800 个乡村，约占全市农村总数的 43%，实践经验在全省得到推广。其次，选取乡村入选山东省首批以及第二批乡村振兴示范村，其中大户陈家村获得乡村振兴齐鲁样板示范区的荣誉称号。最后，选取乡村位于烟台市招远市、莱山区、福山区和开发区，各地产业布局、乡村发展各不相同，为研究提供了丰富的样本。研究以烟台市乡村振兴示范村的访谈资料作为研究对象，深入分析烟台市推进乡村振兴的探索路径。为确保研究的科学性，研究资料应尽可能全面、广泛，通过对烟台市农业农村局负责人、镇政府工作人员、乡村振兴示范村党支部书记、村民等多次进行访谈，并通过筛选分类最终形成原始文本资料。

三、基于扎根理论编码技术的案例分析

（一）开放式编码

开放式编码的编码过程是以一种新的方法重新定义原始文本材料，在逐字逐句分析文本资料的过程中提炼出一些关键的信息，并将这些信息真实地表达出来，把相同属性的语句划分为一类，实现概念的重新组合，部分代表性原始语句（初始概念）如表 5-1-1 所示。

表 5-1-1　开放式编码示例

范畴	代表性原始语句（初始概念）编码举例
优化第一产业	注册南海林苑，组建大户庄园，组织企业员工植树造林
扩展第二产业	为农产品配套冷链运输车，形成闭环冷链物流配送体系
延伸产业链	建设果酒生产线，苹果冷风库、葡萄冷风库
发展生态旅游	规划建设田园综合体，集中开发金水湾、汪家沟、陈家岭 3 个景点
挖掘产业特色	种植矮砧苹果、莱州月季、平阴玫瑰等特色农产品

续表

范畴	代表性原始语句（初始概念）编码举例
高效生态农业园区	按照"国家农业公园"的标准建设
打造主导产业	打造集旅游观光、休闲娱乐、科普教育、农事体验等于一体的田园综合体
改善基础设施	庄园区间道路全部硬化、加固通信线杆
推进农村土地流转	流转土地的农民通过土地使用权获得保底收入
整合零散耕地	开垦荒山荒坡以及整合利用周边村落的零散耕地
党支部领办合作社	在村党支部的领导下组建招远市鹏泰农业专业合作社，发展高效农业
研发智能系统	与中科院联合开发了"大户庄园安全农业云"系统
搭建智能化管理平台	园区内还利用土壤监测、滴灌、水肥一体化、远程控制等技术提高产量
使用农业机械	购买使用新型农业机械
产业数字化	将物联网技术应用于生产实践，科学管控农田
引进先进加工生产线	新建一条年分拣7200吨的苹果自动选果生产线
定期开展学习培训	不断提升领导班子成员的业务能力和文化素养
制定村级班子成员职责清单	明确细化工作任务，落实党员干部责任
健全各项规章制度	规范业务处理流程，对各类违法乱纪事件从严处理
加强集体资金管理规范	加强监督，做到村务处理公正公开
坚持党的领导	学习党的政策，优化调整农业产业结构
定期开展党建活动	坚持"三学一做"，定期开展党员主题活动
加强党内监督	强化党风廉政建设，干部树立廉洁自律意识
公共服务事项下沉	集中政务资源，让群众"少跑腿"或"只跑一次腿"
党员模范与群众开展结对帮扶	优先帮助贫困户和流转户解决就业问题
"一村一策"发展规划	西沟村引进莱州市无公害大姜协会的"玉黄大姜"以及荷兰系土豆等品种
成立合作联社联动周边合作社发展	周围乡村组成联合社，共同为产业发展出谋划策
加大驻区高校深度合作	与烟台农科院、鲁东大学等院所建立长期联系
政策引导	绿水青山就是金山银山
改善农村生活条件	为乡村教师提供必需的生活用品，提升农村福利水平
加强农村基础教育	持续改善农村学校办学条件

续表

范畴	代表性原始语句（初始概念）编码举例
提升乡村教师激励力度	提高乡村教师工资水平
定期举办农民技能培训活动	田间组织授课和举办技能大赛
让优秀党支部书记交流经验	定期开展乡村振兴促进交流会
挖掘乡村精英	寻找那些默默无闻，有本领有担当的党员模范
开展优秀党支部书记褒奖活动	让党支部书记讲好乡村振兴故事
财政补贴	扶持贫困村，促进就业
设立专项资金	设立专项资金鼓励优秀返乡青年创业
扶持村集体高效项目运行	发展乡村产业，带动农民就业增收
以奖代补	奖励发展比较好的村集体企业代替补助
出台税收优惠政策	村民享受到了增值税、所得税等税种的减免政策
创新金融产品和服务模式	当前大多数村民在银行选择存死期，而非理财产品
丰富信贷服务方式	农民在创业贷款时没有抵押品，贷款数额及种类受到限制
开展农业保险业务	如果天气不好，农民的收成会受到很大的影响
保障乡村产业用地	在保证村里粮食土地充足的基础上合理规划产业用地
调整土地使用权适用范围	土地所有权人可以依法通过出让、出租等方式交由单位或者个人使用
深挖地方民俗特色	结合胶东地区的特有民俗，将村里废弃房屋改造成姚家湾民俗街
弘扬红色文化	比如纪念抗日英雄的英雄纪念碑、忠烈馆、赵书策故居
孝德宣讲团	成立一支由退休老教师、道德模范和党员干部等组成的孝德宣讲团
文明模范评选	每年开展"好婆婆""贤媳妇""文明家庭"评选活动
建设文化广场	傍晚村民在树下或者路灯下跳广场舞
深入实施各项惠民工程	硬化村里主要道路、安装路灯、美化环境
建设文化场所	便于保存当地历史人物的珍贵史料以及文化典籍
举办各类民俗节日活动	近几年接连举办大户庄园葡萄文化节、招远农民丰收节等重大活动
电影下乡	每年重大节日都会在村里广场放露天电影
戏曲演出	农闲期间组织老年人去村舞台看戏
开展移风易俗活动	简化丧葬事宜，提倡新事新办

（二）主轴编码

主轴编码是对开放式编码的进一步分析研究，通过再次分析不同概念的内涵，经过认真研究从这些概念里找出概念与概念的联系，并从中提取出相应的特征，在此基础上对之进行命名，最后呈现出来的是文本资料逻辑性的排列组合。经过分析，归纳出17个主轴编码，如表5-1-2所示。

表 5-1-2　主轴编码示例

主范畴	对应范畴
三产融合	优化第一产业、扩展第二产业、延伸产业链、发展生态旅游
优化产业布局	挖掘产业特色、高效生态农业园区、打造主导产业、改善基础设施
发展规模经济	推进农村土地流转集中、整合零散耕地、党支部领办合作社
引进先进技术	研发智能系统、搭建智能化管理平台、使用农业机械、产业数字化、引进先进加工生产线
领导班子建设	定期开展学习培训、制定村级班子成员职责清单、健全各项规章制度、加强集体资金管理规范
党建引领	坚持党的领导、定期开展党建活动、加强党内监督、公共服务事项下沉到示范区、党员模范与群众开展结对帮扶
党支部领办合作社	"一村一策"发展规划、成立合作联社联动周边合作社发展
引进高端人才	加大驻区高校合作深度、政策引导、改善农村生活条件
培育本土人才	加强农村基础教育、提升乡村教师激励力度、定期举办农民技能培训活动、让优秀党支部书记交流经验
头雁带领	挖掘乡村精英、开展优秀党支部书记褒奖活动
资金支持	设立专项资金、财政补贴、扶持村集体高效项目运行、以奖代补
税收减免	出台税收优惠政策
加强金融支持和服务	创新金融产品和服务模式、丰富信贷服务方式、开展农业保险业务
土地政策	保障乡村产业用地、调整土地使用权适用范围
传承传统文化	深挖地方民俗特色、弘扬红色文化、孝德宣讲团、文明模范评选
文化设施	建设文化广场、深入实施各项惠民工程、建设文化场所
乡风文明	举办各类民俗节日活动、电影下乡、戏曲演出、开展移风易俗活动

（三）选择性编码

选择性编码是在开放式编码、主轴编码的基础上，通过梳理分析各个主范畴的关系及各主范畴与核心范畴的关系，归纳出产业发展、组织建设、人才支撑、政策支持、文化繁荣共5个核心范畴，如表5-1-3所示。

表 5-1-3　选择性编码示例

核心范畴	主范畴	对应范畴
产业发展	三产融合 优化产业布局 发展规模经济 引进先进技术	优化第一产业 挖掘产业特色 推进农村土地流转集中 研发智能系统
组织建设	领导班子建设 党建引领 党支部领办合作社	定期开展学习培训 定期开展党建活动 "一村一策"发展规划
人才支撑	引进高端人才 培育本土人才 头雁带领	加大驻区高校深度合作 加强农村基础教育 开展优秀党支部书记褒奖活动
政策支持	资金支持 税收减免 加强金融支持和服务 土地政策	设立专项资金 出台税收优惠政策 创新金融产品和服务模式 保障乡村产业用地
文化繁荣	传承传统文化 文化设施 乡风文明	深挖地方民俗特色 建设文化广场 举办各类民俗节日活动

（四）理论饱和度检验

理论饱和度检验不仅能够保证分析结果的可信性，而且对最终是否结束编码具有重要的参考意义。本部分选取 1/3 的有关文本来检验其理论饱和度，依次进行"开放式编码—主轴编码—选择性编码"。饱和度检验节选如下：

原始语句：大户庄园坚持以一二三产业融合发展，探索集农业生产与加工、田园体验与观光、社区养生与田园宜居、科普教育与游乐为一体的特色乡村综合发展模式，朝着"国家农业公园"的目标努力迈进（优化第一产业—三产融合—产业发展）。

在上述分析程序之后，研究表明烟台市乡村振兴示范村的发展模式与文本材料相符合，因而基于扎根理论下的以乡村振兴促进共同富裕的推进路径是饱和的，其结论具有一定的可信度。

四、研究发现

（一）以乡村振兴促进共同富裕的实践路径图

通过分析研究原始文本资料，探究以乡村振兴促进共同富裕的实践路径图，如图 5-1-1 所示。当前烟台市以乡村振兴促进共同富裕主要是从产业发展、组织建设、人才支撑、政策支持、文化繁荣五个方面入手，同时剖析乡村振兴示范村案例中的生动实践，分析烟台市乡村振兴示范村的发展模式，从而深刻把握乡村振兴促进共同富裕的规律。

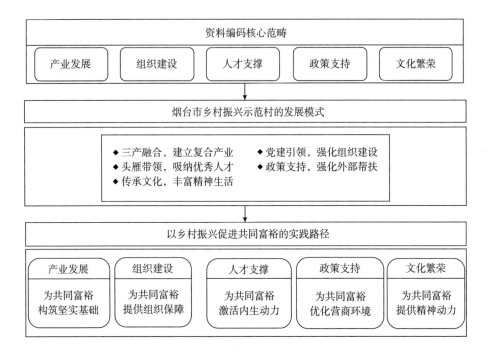

图 5-1-1　以乡村振兴促进共同富裕的实践路径

（二）烟台市乡村振兴示范村的发展模式

1. 三产融合，建立复合产业

实现共同富裕的薄弱环节仍在农村，促进农村农民共同富裕关键是通过产业融合推动产业振兴，实现经济富裕。首先，优化第一产业。当前农村农民的主要收入来源是农业生产，靠天吃饭、投资周期长、高风险、收益低历来都是农民的真实写照。大户陈家村和西沟村通过开垦荒山、流转土地、扩大土地规模。同时大户陈家村还与烟台农科院联系合作，引进种植莱州月季、平阴玫瑰等山东特有品种以及矮砧苹果、大樱桃、葡萄、猕猴桃等优良品种，大幅提升了土地产量的效益；西沟村则是分析环境引进了一批具有良好市场前景的优质品种，如莱州市无公害大姜协会的"玉黄大姜"、荷兰系土豆、新品种紫薯。其次，扩展第二产业，延伸产业链。大户陈家村通过发展果酒生产、建设苹果冷风库、葡萄冷风库、面粉加工厂等方式实现了工业反哺农业。西沟村借鉴经验通过建设冷风贮藏室反季节销售农产品，与公司合作酿造生姜酒从而提升产品附加值。最后，接二连三，一二三产业融合发展。大户陈家村将金水湾、汪家沟、陈家岭三个景点作为旅游发展重点，大力发展田园综合体，实现农业与旅游的有机结合。

2. 党建引领，强化组织建设

在乡村实现共同富裕的进程中，党建引领是不可缺少的一环。如何充分整合、有效利用乡村内部和外部的资源，实现集体经济的发展，需要有一个政治坚定、治理有效的基层党组织。乡村振兴取得重大成效的乡村往往有一个强有力的村党支部，在带领村民致富的过程中逢山开路，遇水搭桥。一是党支部领办合作社组织村民，实现强村致富双赢。这一实践既是对党执政基础的巩固，也是对推进乡村振兴的必然要求。大户陈家村党委领办的大户庄园合作社，已先后培育三联农业、双庙果品、海达植保等区域农业示范社，多年来流转周边 13 个村共1.25 万亩土地，在循序渐进发展自身经济的同时帮助带动西梧桐夼高端水果种植、中华山粮食收储加工等周边村落的发展，间接带动周边上千名村民就业。西沟村为提高村民的人均收入，实行农户以土地入股的方式，组建招远市鹏泰农业专业合作社发展高效农业。二是有紧密的利益链接机制。党支部领办合作社使农民与合作社的利益目标是一致的，不同乡村由于实际情况会在收益比例设置上有所差别。而对于投资企业来说，因为乡村土地产权清晰，可以放心加大投资力度以及技术支持，从而实现规模经营。三是党建引领乡村振兴融合发展区。合作社只是村里农户间的联合，融合发展区则是村与村的协同发展。招远市金岭镇以大户陈家村为中心，将周边村落拢在一起群策群力，成立了一个社区党委，以党建引领为抓手，形成合力协同发展，同时将服务下沉，减少群众跑腿的时间，让群众真正享受到"保姆式"的城市化服务。总而言之，强有力的基层党组织是带领村民致富的重要力量，只有群众信任党支部，才能劲往一处使，真正发挥出群众的积极性与能动性。

3. 头雁带领，吸纳优秀人才

随着我国城市化进程的加快，农村地区的"空心化"问题日益凸显，城乡差距不断扩大。推进农村共同富裕已成为当务之急，基层干部、乡村精英在乡村治理中扮演着越来越重要的角色。一是在推进乡村振兴的过程中，必须要有一个好的领导班子，要有一个有情怀能干实事的支部书记。大户陈家村党支部书记陈松海，自 1983 年从县农村工作队回到村里到现在已经勤勤恳恳工作了四十年。西沟村支部书记刘汝明也是一样，拥有丰富的经商经历和对市场敏锐的洞察力。他们怀着对祖国的深切情感，积极响应国家号召参与乡村建设，带领全村人脱贫致富，扭转了乡村贫困落后的局面。二是引进优秀人才与培养本地人才并举。目前，农村居民普遍年龄偏大，青年大都外出务工，年轻人流失严重。大户陈家村大力引进烟台"双百计划"优秀人才，不断加大人才激励力度，同时注重本土人才的培育，在选择农场主时以本村及周边村民为主，同时吸收外来职业农民，吸纳各类建设乡村的优秀人才。大户陈家村还与国内高校、烟台农科院合作，制订了一套针对本土新型农民的技能提升培养计划，以提升农民的农业技能以及农业设施应用能力，培育了一批懂技术、爱农村的新型农民队伍，从而为实施乡村振兴战略和促进共同富裕持续输送新鲜血液。

4. 政策支持，强化外部帮扶

靠山吃山，靠水吃水一直以来是有着良好生态资源的乡村发展起来的真实写照，但大部分乡村都是资源稀缺、土地贫瘠、交通不便，导致在市场竞争中处于弱势地位。因此乡村发展特色产业离不开政府部门的大力支持，烟台市委组织部自推行党支部领办合作社以来就注重政策学习与因地制宜，坚持试点先行、稳扎稳打。一是财政补贴，扶持村集体高效项目运行。山东省近几年推进乡村振兴的实践如火如荼，比如大力推行乡村振兴创客培育计划，开展齐鲁样板乡村振兴示范区项目实践，以及邀请第一书记、专家、学者录制《第一书记朋友圈》，直播山东新农村建设实况。大户陈家村是齐鲁样板乡村振兴示范区之一，政府的支持让大户陈家村更加坚定走党支部领办合作社道路的信心。二是税收减免，为乡村建设减负增效。发展壮大农村集体经济，党支部领办合作社离不开政府的政策支持，如果按照现行的税收体系，集体经济将会由于税收负担过重影响后续发展，其盈余只能维持现有规模，无法扩大生产。大户陈家村、西沟村在创办合作社的过程中不同程度地享受到不同税种的税收优惠，在很大程度上节省了合作社的运营成本。三是学习相关政策应用于乡村建设。大户陈家村支部书记陈松海在工作之余认真学习党关于乡村振兴的政策，为贯彻落实"绿水青山就是金山银山"，秉持绿色发展的理念，建设了"看得见山、望得见水、记得住乡愁"的大户庄园；党的二十大指出发展乡村特色产业，拓宽农民增收致富渠道。大户陈家村为此因地制宜，打造大户庄园统分模式，将产业融合作为村民发家致富的新路径。

5. 传承文化，丰富精神生活

共同富裕是物质文明和精神文明的有机统一，实现共同富裕不单单是让农民富起来，更是要传承乡村文化，丰富村民精神生活，为乡村建设提供强有力的精神支撑和道德滋养。在传承乡土文化上，大户陈家村历史悠久，通过整合利用村里闲置的房屋资源，在改造姚家湾民俗街的基础上加入胶东特色，成功打造出红色文化旅游带和胶东村落民俗体验带。其中红色文化包括村史馆、英雄纪念碑、忠烈馆、赵书策故居，主要是为了纪念大户陈家社区抗日英烈；而民俗体验主要是参观农耕文化民俗馆和陶艺馆。在丰富村民精神生活方面，陈家村已连续多年举办"南海林苑·大户庄园"葡萄文化节、招远农民丰收节等活动，在提升大户陈家村外在形象的同时丰富了村民的精神生活。另外，大户陈家村每年通过评选"好婆婆""贤媳妇"等称号,鼓励村民人人争当孝亲敬老模范①。在乡村环境治理方面,西沟村先后投入 600 多万元,着力于垃圾处理、环境美化、文化内涵提升等方面,将生态环境保护落到实处,改善村民居住环境。在"增减挂钩"整村改造工程方面西沟村投入 2266 万元,建设完成了水、电、暖、通信、闭路配套齐全的住宅楼,并让 108 户村民成功入住。此外,西沟村每年还给村里 60周岁的老年人发放养老金,以及修建敬老院让老年人老有所居。这些乡村通过挖掘乡土文化资源,打造宜居环境,丰富村民的精神生活,真正实现了农民精神生活的共同富裕。

五、政策建议

(一) 以产业发展为共同富裕构筑坚实基础

缩小城乡差距,促进农村共同富裕,发展特色产业是为农民增收创效的致富途径。只有农民的腰包鼓起来,共同富裕才不是纸上谈兵。实现产业振兴,一是要因地制宜,充分挖掘产业特色。不同情况的乡村应充分分析现有条件找准自身定位,选择主导优势产业,有的乡村传统文化浓厚,通过发展民俗文化带领村民致富。同时优化产业结构和坚持差异化发展形成产业竞争优势,才能在竞争激烈的市场中脱颖而出。二是优化产业布局,走产业融合的现代化道路。在农业生产方面运用高新技术搭建信息化管理平台,在实现产业数字化管理的基础上引进生物防治等先进技术,提升农作物的产量。同时延伸产业链,做到生产加工销售全环节经营,并借鉴其他行业的成功经验实现产业交叉融合发展。最后要形成品牌优势,在产品生产加工流通各个环节将品牌理念贯穿其中,使消费者形成品牌依赖。

(二) 以组织建设为共同富裕提供组织保障

在推进乡村振兴实现农业农村现代化的过程中,只有激发基层组织的发展动力以及充分调动村民改变现状的积极性,才能改变生产要素从农村到城市单向流动的现状,真正解决农村发展相对缓慢及村民收入低的难题。一是要党建引领,坚持党的领导。烟台市党支部领办合作社的实践探索,使村党支部和村民的关系日益密切,村民也从被动配合到现在的积极作为。同时乡村应定期开展党建活动强化基层组织建设,增强组织凝聚力。二是强化农村基层干部队伍的选拔与管理。西沟村为优化领导层结构,遵循"从优选拔、从实培养、从严管理"的理念,在人才选拔时吸纳村里有想法有能力的大学毕业生,在人才培养方面定期开

---

① 寇垠,黄芙蓉.沿海发达地区工业型乡村社区文化治理经验研究——以招远大户陈家社区为例[J].山西大同大学学报(社会科学版),2021,35(3):1-5+22.

展主题学习以及外出培训活动，领导班子成员也要严格要求自身，提升党员的廉洁自律意识。三是加强党风廉政建设。村两委成员在处理重大事项时要做到公正公开，做好党组织监督工作，另外要健全规范村里各项规章制度，严格查处各类违法事件，推动农村基层政权的公开透明以及管理水平的提升。

（三）以人才支撑为共同富裕激活内生动力

城市的高速发展在很大程度上促使农村人才的大量涌入，无形之中加深了城乡之间的巨大鸿沟，为实现全体人民共同富裕增添了许多障碍。乡村振兴是农村经济发展的压舱石，需要网罗英才，实现城乡生产要素的双向流动。但吸引人才返乡，仅靠家乡情怀是远远不够的，需要充分发挥政府的力量。一是政府要为返乡人才提供基本的生活服务，适当增加各种福利，通过多种途径搭建城乡、区域、校地联合培养平台，鼓励和引导各类人才通过多种方式建设家乡和参与乡村振兴。二是政府要持续加强农村基础教育，农村人员向城市的涌入加剧了城乡教育差距，政府要出台相关政策改善农村教育，鼓励优秀青年教师去乡村支教，完善学校基础设施。另外还要与本地高校以及职业院校开展合作，邀请专家定期通过田间培训和上课提升农民技能，真正培养出本土懂技术、善管理的新型农民。三是在开展党支部领办合作社的过程中，要有善于发现人才的眼光，把重点放在平时默默无闻的党支部书记以及有想法敢作为的企业家身上，在推进乡村振兴的过程中锤炼出一个又一个带头人，为实现共同富裕而奋斗终身。

（四）以政策支持为共同富裕优化营商环境

打造乡村振兴齐鲁样板，发展壮大集体经济，需要相关政府部门给予扶持。在脱贫攻坚、实施乡村振兴战略的过程中，政府的扶持是不容忽视的。国家长久以来的政策扶持有助于帮助资源匮乏、产业薄弱的农村在市场环境中可以公平竞争。一是政府要设立专项资金用于改善农村基础设施以及扶持特色产业，并确保资金流向，做到专款专用，避免出现违规操作以及资源浪费等现象，同时要完善涉农资金相关规定，在保证合理有效的前提下提高资金使用效益。二是要完善农村多元化金融服务，加强对农村经济发展的金融支持以及完善相关信贷服务，填充弥补农民创业资金支持政策的空白。三是持续实行税收减免政策，为农村经营主体增权赋能。持续帮扶刚刚脱贫的农村以及一些欠发达地区，在巩固脱贫攻坚成果的基础上实施乡村振兴战略进一步扩大成效。同时根据经济发展新阶段的特征完善土地政策以及灵活调整土地使用权出让收益的使用范围，构建以绿色发展为服务理念的新型农村补助体系，给予村集体和村民更多的支持，在更大程度上满足乡村产业、基础设施建设以及农民住宅用地的合理需求。

（五）以文化繁荣为共同富裕提供精神动力

仅实现人民群众物质上的富裕并不是真正意义上的共同富裕，精神上的富足对于广大群众也不可缺少，物质生活和精神生活两手都要抓，两手都要硬。一是要深层次理解农耕文化的内涵，传承优秀的传统文化以及发扬红色精神。不同乡村应根据自身特色开发建设别具一格的乡村文化产业，以满足农村居民的多元化文化需要。同时村里可以利用短视频拍摄以及公众号发文推送的形式展示农村特色文化，从而达到文化宣传的目的。二是开展家庭家教家风建设活动，提升村民的道德素质。通过育家风、抓家教、睦邻里、评典型等途径开展美丽庭院建设，创建文明和睦的社会风尚。三是建设各种文化设施，开展多种形式的文娱活动。政府通过设立文化专项资金以及实施惠民工程，帮助村集体建设文化广场、阅览室等文化场所丰富村民精神生活。同时定期组织文艺演出、举办各类民俗节庆活动，切实打造农村精神文明高地。

从烟台市乡村振兴示范村案例不难发现，实现共同富裕的路径并非墨守成规，而是一种动态、多层次的发展。农村共同富裕应包括物质富裕、精神富裕、社会安定、环境优美等多方面内容，烟台市推进乡村振兴的实践为实现农村共同富裕积累了丰富的经验，也提供了新的路径参考。到2035年，"全体人民共同富裕取得更为明显的实质性进展"，但目前农村发展相对缓慢，促进农民农村共同富裕将是未来很长一段时间内亟须解决的难题。

基于对上述实践的分析，以产业发展为共同富裕构筑坚实基础，产业发展的循序渐进才可以为农民带来持久稳定的收入，农民的生活幸福指数才可以有效提升。以组织建设为共同富裕提供组织保障，加强党的基层组织建设，强有力的党组织和好的领头人可以带领群众朝着共同富裕这一目标稳步前行。以人才支撑为共同富裕激活内生动力、为建设美丽乡村源源不断输送新鲜血液。以政策支持为共同富裕优化营商环境、切实保障乡村产业致富顺利进行。以文化繁荣为共同富裕提供精神动力，丰富村民的精神文化生活。但总体而言，探索共同富裕道路任重道远，需要持续挖掘更多典型地区的实践经验，为促进农村共同富裕提供更多更好的做法。

后　记

2021 年 5 月，《中共中央　国务院关于支持浙江高质量发展建设共同富裕示范区的意见》发布，标志着推动全体人民共同富裕进入了实施阶段。同年 7 月，山东工商学院在全省率先成立了共同富裕研究院，并在二级学院设立了十三个共同富裕研究中心，以发挥各学科专业优势，推动共同富裕领域重大理论和现实问题研究。研究院采取"全校协同、重点突破、项目驱动"的策略，并将其作为学校财富管理特色建设的重要内容。

2022 年开始，学校特色研究项目设立共同富裕专项，主要支持围绕山东省扎实推动共同富裕重大理论和现实问题的研究，以期取得系列成果，逐步形成研究优势和特色。研究成果要求以智库成果为主，同时也要从理论上对成果进行提炼和深化，发表学术论文，每年至少出版 1 部专著。

第一批共同富裕专项设立了 9 个重点研究课题。受新冠肺炎疫情影响，研究工作有所迟滞，但经过近一年的努力，每一个课题研究也都取得了积极进展，并以课题承担者为主，撰写了本书——《弥合差距：山东省共同富裕研究（2022）》。这是研究院 2022 年的成果，也是山东省促进共同富裕研究系列著作的第一部。

本书包括水平测度与区域差异、共同富裕目标与路径、金融发展与共同富裕、收入分配与共同富裕、乡村振兴与共同富裕五篇共十二篇个专项的研究成果，分别由不同作者完成。《省际共同富裕水平测度研究》和《省际共同富裕水平时空演化特征与区域差异研究》作者李跃、张咏梅、闫晴、方冉，《市域共同富裕评价指标体系研究》作者廖少宏，《山东省扎实推动共同富裕目标路径研究》作者傅志明，《数字普惠金融促进共同富裕效应》作者辛波、陈仙月、孙颖、娄译丹，《山东省数字普惠金融发展对城乡收入差距的影响》作者辛波、陈邵阳、宁国星、金星，《金融集聚对城乡收入差距的影响基于山东省县域样本的实证分析》作者于凤芹、唐寿山，《山东省基本公共服务均等化对共同富裕的影响》作者廖少宏、高晓峰、王晓娟，《改革城乡居民基本养老保险制度促进共同富裕》作者傅志明、刘振琦，《共同富裕背景下山东省第三次分配的民间法调整》

作者魏俊，《共同富裕视域下新农村建设财政支持研究》作者岳宗福、王鑫影，《乡村振兴促进共同富裕的实践路径研究》作者王君玲、郭凯杰、国鑫宇、张添胜、林悦。

　　共同富裕是社会主义的本质特征，也是新时代建设社会主义现代化强国的重要目标追求。不仅涉及经济社会发展的所有方面，更需要长期持续不断扎实推进。对共同富裕的研究，也应立定脚跟，着眼长远，顺应共同富裕进程逐步展开、持续深化。虽然每年只重点研究了少数的几个课题，出版一两部单薄的著作，取得的成果很有限，但集腋成裘，水滴石穿，在众多人共同努力下，日积月累，终会有厚积薄发之时。

傅志明
2023 年 4 月 9 日